우주인들이
인간관계로
스트레스받을 때
우주정거장에서
가장 많이 읽은
대화책

옮긴이 **김영신**

서울대학교 영어교육과를 졸업하고, 한국외국어대학교 통번역대학원에서 석사 학위를
받았다. 이후 미국 하와이대학교 대학원에서 수학했다. 한국외국어대학교, 한양대학교,
서강대학교 등에서 강의했으며, 서울시장 동시통역, TV 외화 번역 등 전문 통번역가로
활동해왔다. 옮긴 책으로는 『무엇이 세계를 움직이는가: 우주』, 『무엇이 세계를 움직이
는가: 마르크스』, 『소중한 사람에게 드리는 지혜의 말』, 『클릭! 이브 속으로』, 『클릭! 미
래 속으로』(공역) 등이 있다.

DIFFICULT CONVERSATIONS

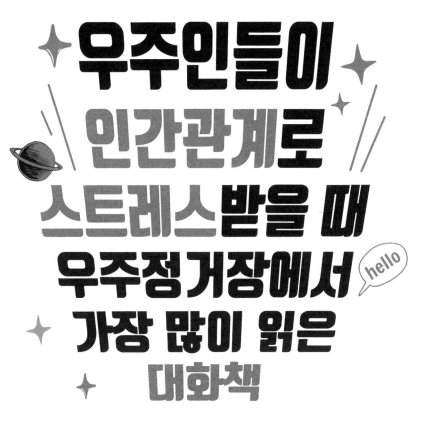

우주인들이 인간관계로 스트레스받을 때 우주정거장에서 가장 많이 읽은 대화책

hello

더글러스 스톤 외 지음 | **김영신** 옮김

21세기북스

일러두기

- 이 책에 나오는 이야기와 대화 내용은 실제 사례의 일부를 각색한 것입니다.
- 이 책은 2003년 출간된 『대화의 심리학』의 10주년 개정증보판입니다.

사랑과 감사를 담아 가족에게

그리고
비전과 헌신을 지닌 친구이자 스승
로저 피셔에게 바칩니다.

서문

10년 전 이 책을 처음 펴냈을 때, 우리는 이 책이 기업들에도 주목받고 사람들의 대인관계에도 도움을 줄 수 있기를 바랐다. 다행히 두 가지 바람이 모두 이루어졌다.

우리는 그동안 독자들로부터 감사를 표하는 이메일을 수없이 받았다. 이 책을 읽고 나서 위태로웠던 결혼 생활이 어떻게 안정을 되찾아갔는지, 관계가 어긋난 형제자매와 어떻게 사이를 회복했는지, 깜깜한 밤을 무서워하는 아이와 어떤 방식으로 대화를 주고받았는지, 그리고 죽음을 앞둔 친구와 무슨 이야기를 나누었는지 등의 내용이었다. 사연은 저마다 다르지만 모두 이 책을 읽고 대화하는 방식을 바꿔보았더니 마침내는 인생까지도 긍정적으로 변화되었다는 것이 핵심이었다. 기꺼이 시간을 내어 자신의 이야기를 들려준 모든 독자에게 깊은 감사를 전한다.

비즈니스 사회의 반응은 더욱 압도적이었다. 대화 기술을 다룬 이 작은 책은 다양한 이해관계자들로부터 어려운 상황에서 현명한 결정을 내리는 법, 직원들의 역량을 끌어올릴 수 있는 올바른 피드백 방법, 조직 내의 커뮤니케이션 문제를 파악하고 이를 바로잡는 방법 등 경영상의 주된 난제를 해결하는 안내서로 인정받았다. 그 결과 이 책은 신입사원에서부터 CEO에 이르기까지 각계각층의 사람들에게 사랑받으며, 업무 사기를 진작시키고 수평적이고 열린 기업 문화를 만들어나가는 데 기여했다는 평가를 받아왔다.

가장 놀라운 것은 이 책이 끼친 영향력의 범위였다. 팔레스타인의 교육자들은 이 책의 아랍어판을 참고해 대화 프로그램을 고안했다. 이스라엘에서는 극단적인 내부 갈등의 해결에 이 책의 히브리어판을 참고했다. 민족 갈등이 첨예한 아프리카 부룬디에서는 전쟁 이후 후투족과 투치족이 함께 이 책의 프랑스어판을 활용해 청소년을 위한 갈등 해결 프로그램을 만들었다. 이 밖에도 보스턴 성폭력 위기 대응 센터Boston Area Rape Crisis Center, 유엔 에이즈 프로그램UNAIDS 등 세계 각국의 여러 단체에서 이 책을 갈등 문제를 관리하는 데 사용하고 있다. 그중 가장 놀라운 소식은 이 책의 전자책 버전이 국제우주정거장에서 현재 25개 언어로 다운로드되며, 우주인들이 가장 많이 빌려 읽은 책 중 하나로 기록되었다는 점이다(여러분도 상상할 수 있듯이 우주정거장은 그 누구도 마음 내키는 대로 벗어날 수 없는 매우 협소한 공간이라는 점에서 갈등이 발생하기 쉬운 장소다).

이 모든 현상을 어떻게 설명해야 할까? 답은 간단하다. 사람들이 어울려 살아가는 한 갈등은 반드시 발생하기 마련이며, 이러한 갈등을 해소하고자 하는 욕구도 매우 강렬하다는 것이다. 모든 사람은 저마다의 인식과 생각과 감정이 있으며, 역시나 자신만의 인식과 생각과 감정을 가진 다른 사람과 교류하며 살아야 한다.

생각해보자. 당신은 연로하신 아버지를 만나기 위해 퇴근 후 쉬지 않고 여섯 시간을 운전해서 고향으로 달려갔다. 그런데 도착하자마자 아버지로부터 들은 첫마디가 "왜 이렇게 늦었어!"였다면? 서로의 입장에 대한 이해보다 먼저 발생하는 것이 갈등이다. 10년 전, 아니 1만 년 전에도 상황은 크게 다르지 않았을 것이다. 무리와 함께 사냥을 나갔다 돌아왔는데 당신 몫의 고기가 옆 사람의 것보다 작아 보인다면? 당신의 마음속에서 '내가 이 사냥을 성공시키느라 얼마나 고생했는데 내 몫이 이것밖에 안 돼?' 하는 갈등이 자라나는 것은 당연하다.

이러한 갈등을 풀어나가는 데 반드시 필요한 것이 대화다. 그러나 갈등 상황에서의 대화는 시작도, 진전도 어려울 수밖에 없다. 그래서 대부분의 사람들은 어려운 대화를 앞두고 큰 스트레스를 받는다. 그런데 주목할 점은, 이 같은 어려운 대화를 잘 다루는 사람일수록 얻을 수 있는 이점도 매우 크다는 것이다. 어려운 대화를 거치지 않고는 성장도 승진도 불가능하다. 어려운 대화는 누구나 바라는 꿈의 직장에도, 다른 사람들의 눈에 완벽해 보이는 가정에도, 또 사랑하는 연인 사이나 오랜 친구 간에도 존재한다. 어쩌면 어려운 대화를 잘하는 것이 바람직한 인간관계의 해법일 수 있다. 삶에 필연적으로 따르는 스트레스에 생산적으로 대처하는 관계일수록 더욱 오래갈 수 있기 때문이다.

특히 기업과 같은 비즈니스 조직에는 어려운 대화를 이끌어나가는 능력이 장기적인 성공은 물론 생존까지 좌우하는 필수 요소라는 점을 강조하고 싶다. 오늘날 기업은 급속한 변화 환경에 놓여 있다. 글로벌 경쟁 구도 속에서 기업들의 규모는 더욱 커졌음에도 불구하고, 첨단 기술의 발달로 인해 이들 기업은 시장에 더욱 민첩하고 유연하게 반응할 것을 요구받고 있다. 그로 인해 많은 조직이 위계에서 벗어나 매트릭스 구조 안에서 운영되고 있으며, 의사결정 및 실행 과정은 더욱 복잡해졌다. 당연히 갈등이 늘어나고 어려운 대화도 많아질 수밖에 없다.

일의 효율성에 대한 압박감은 앞으로 더욱 커질 것이다. 지난 20년 동안 기업들은 일의 절차와 기술 개선, 비용 절감에 집중했다. 앞으로 10년(혹은 50년) 동안은 갈등이나 서로 다른 관점을 효과적으로 다루는 능력이 중요한 경쟁 자산이 될 것이다. 다시 말해 대화 기술을 리더의 핵심 역량으로 함양시키는 기업이 경쟁적 우위를 선점하게 될 것이다.

지난 몇 년 동안 우리를 감동시킨 수많은 독자 편지 중 하나로 서문을 마무리하겠다. 우리는 독자들의 편지에 가능하면 답장을 보내려고 하고, 이 경우처럼 꽤 긴 대화를 할 때도 있다(편지 내용은 당사자에게 허락을 구하여 공개하는 것이며 지면상 약간 편집되었다).

2002년 초에 쩔라는 아랍계 미국인인 알리라는 남성에게서 이메일 한 통을 받았다. 그는 열한 살짜리 아들이 종종 자신의 지갑에서 돈을 몰래 훔쳐 가는 것 같은데, 물어보면 늘 절대 아니라고 부인한다면서 아들과의 대화를 어떻게 해야 할지 조언을 구해왔다. 알리는 이렇게 적었다.

"책에는 이런 경우 상대를 탓하는 것은 올바른 방법이 아니라고 적혀 있더군요. 저도 동의하지만 때로는 아버지와 아들이 진실을 마주해야 할 때도 있다고 생각합니다."

쉴라도 알리의 의견에 동의했다. 가끔은 부모가 아이와 정면으로 맞서 훈육해야 할 때도 있다고, 특히 아이의 도둑질이나 거짓말이 문제라면 더더욱 그렇다고 말이다. 여기에 더해 쉴라는 몇 가지 제안을 덧붙였다. 아들의 감정과 인식에 대한 질문을 계속 이어나가되, 아버지가 모르는 부분이 있을 수도 있다는 가능성을 반드시 열어두라고 조언했다.

며칠 뒤 쉴라는 다음과 같은 이메일을 받았다.

안녕하세요, 쉴라.

시간 내어 답장을 해주셔서 감사드립니다.

어려웠지만 아들과 대화를 시도해본 결과, 원인을 찾을 수 있었습니다. 9·11 테러 이후로 아들이 학교에서 괴롭힘을 당했고, 구타를 피하기 위해 돈을 바쳐야 했더군요.

아들은 두 가지 이유에서 우리 부부에게 말하기를 두려워했습니다. 첫째, 우리 부부는 미국인 친구들과 꾸준히 연락하고 우정을 이어가고 있기 때문에 아이는 우리가 자신의 문제를 이해하지 못할 거라고 생각했다고 합니다. 둘째, 괴롭히는 아이들이 너무 무서워서 누군가에게 알렸다가는 심한 보복이 따를 것 같았다고 합니다.

9·11 테러 이후 우리는 혹시 아이가 괴롭힘을 당할까 걱정되어 아이의 감정 상태를 알아보려고 했지만, 아이는 그때마다 괜찮다고 했거든요.

하지만 이제 와서 생각해보니 우리가 아이의 말에 담긴 깊은 뜻을 헤아리지 못했던 거였습니다.

처음에 제가 망설인 이유는 아들이 평소 사랑과 배려심이 많고 솔직한 성격이기 때문이었어요. 몇몇 사건 이후에도 뭔가가 이상했고 그럴 아이가 아닌데 싶었습니다. 아들과 오랜 대화를 나누었고, 힘들면 언제든지 부모에게 도움을 청해도 된다는 믿음을 심어주려고 계속 노력하고 있습니다.

도움에 진심으로 감사드립니다.

알리 드림

아들과 나눈 훌륭한 대화를 전해준 알리에게 진심으로 감사를 전한다. 그리고 우리에게 사연을 들려준 모든 용감한 분들에게 이 개정증보판을 바친다.

더글러스 스톤
브루스 패튼
쉴라 힌

추천의 말

'하버드협상프로젝트Harvard Negotiation Project'가 널리 알려지게 된 계기는 프로젝트에 참여한 연구자들이 대화와 협상, 문제 해결 방법 등에 관하여 쓴 책들이 수백만 부씩 팔리는 대기록을 세우면서였다. 그중에서도 특히 상호 간 커뮤니케이션을 강조하는 대화 기술은 '하버드식 대화법'이라는 명칭이 생겼을 정도로 널리 회자되었다. 대체 사람들은 왜 하버드협상프로젝트의 연구 결과에 이토록 뜨거운 반응을 보였을까?

흔히 사람들은 갈등 상황에서 대화에 임할 때 말로써 상대방을 이기려는 태도를 보인다. 대화를 마치 승자와 패자가 갈리는 게임인 양 생각하는 것이다. 그러나 대화가 전투처럼 치달으면 결국은 서로에게 상처와 분노, 죄책감만 안겨줄 뿐 본래 의도했던 상호 간의 이해로부터는 더욱 멀어지고 만다. 하버드식 대화법은 이러한 적대적인 대화 태도의 한계를 밝히고, 동등한 관계에서의 커뮤니케이션으로 대화의 프레임을 재정립한 기술이다. 사람들은 대화와 협상을 할 때 대결하기보다는 서로 간 이해의 접점을 찾아 협조하는 자세를 취하는 것이 훨씬 효과적이라는 사실에 공감하게 되었다. 각계각층의 사람들과 수많은 기업들의 뜨거운 반응은 바로 여기에서 비롯된 것이다.

하지만 하버드식 대화법을 일상에서 바로 적용하기란 쉽지만은 않다. 많은 사람들이 어려운 대화를 잘 해내고 싶어 하지만, 막상 갈등 상황에 처하면 무엇을 어떻게 말해야 할지 모르기 때문이다. 이 책은 가족, 친구, 직장 동료와 상사, 집주인과 세입자, 고객, 영업사원 등 일상생활에서 마주하는 거의 모든 관계와 갈등 상황을 두루 아우르고 있다. 다양한 갈등 상황에서 대화를 어렵게 만드는 요인은 무엇인지, 스트레스와 상처 없이 자신의 생각을 상대방에게 전달하기 위해서는 어떻게 대화를 이어나가야 하는지 구체적인 해법을 제시한다.

대화의 기술은 인간관계 내에서 발생하는 의견 차이를 그저 소모적인 논쟁으로 끝내버리는 것이 아니라 발전의 원동력으로 삼는 데 꼭 필요하다. 그동안 나는 갈등 해결을 위한 연구를 지속하는 한편, 많은 사람들에게 그 가치를 널리 알릴 수 있는 방법을 고민해왔다. 이제 하버드협상프로젝트의 젊은 동료들이 내놓은 이 야심찬 책을 보니 내가 추구해온 목표가 그리 머지않았다는 생각이 들어 기쁘기 그지없다.

하버드협상프로젝트 공동 창립자
로저 피셔

contents

서문   6

추천의 말   12

프롤로그   18

Part 1

지구에서 가장 어려운
'세 가지 대화'

어려운 대화에는 패턴이 있다	29
어려운 대화의 세 가지 유형	34
갈등 대화 1 상대방은 당신이 문제라고 생각한다	50
갈등 대화 2 세상을 서로 다르게 보는 세 가지 이유	58
갈등 대화 3 상대방의 이야기를 수용하는 '그리고 대화법'	71
갈등 대화 4 상대방의 의도를 함부로 추측하지 마라	78
갈등 대화 5 의도가 좋다고 결과도 좋은 것은 아니다	87
갈등 대화 6 비난하지 말고 원인을 파악하라	97
갈등 대화 7 원인 제공을 이해하기 위한 도구	121
감정 대화 1 대화의 핵심은 감정이다	130
감정 대화 2 먼저 자기감정을 파악하라	138
감정 대화 3 감정을 건강하게 표현하는 법	151
정체성 대화 1 자신과의 대화법도 배워야 한다	163
정체성 대화 2 정체성을 지키며 대화하는 방법	170
정체성 대화 3 흐트러진 균형을 되찾는 방법	179

Part 2

모든 지구인에게 통하는
실전 대화의 기술

대화의 목적 1 거론해야 할 때와 포기해야 할 때를 안다   189

대화의 목적 2 문제 해결을 포기해야 할 때도 있다   202

대화의 시작 대화의 첫 단추가 중요하다   211

대화의 기술 1 내 이야기를 듣게 하려면 먼저 들어라   231

대화의 기술 2 경청의 세 가지 기술   243

대화의 기술 3 당당하게 표현하라   259

대화의 기술 4 의견을 표현할 때의 주의사항   274

문제 해결 대화를 주도하라   282

하버드식 대화법 체크리스트   304

Part 3

불가능한 대화를 가능하게
만드는 10가지 방법

1 절대적 진리도 대화가 필요한가요?   309

2 나쁜 의도를 가진 사람과 대화해야 한다면?   317

3 정신적 문제가 있는 사람과 어떻게 대화하죠?   325

4 상사와의 대화는 어떻게 해야 할까요?   336

5 아랫사람과의 대화는 어떻게 해야 할까요?   344

6 언어가 달라도 대화 방법은 같을까요?   350

7 직접 만나서 하는 대화가 아닐 때는 어쩌죠?   355

8 직장에서도 감정을 표현해야 할까요?   361

9 하루하루가 너무 바빠서 대화에 신경 쓸 시간이 없어요   369

10 흑백논리에서 벗어나기가 힘들어요   373

처음부터 차근차근
대화를 다시 배워보자

대화의 두려움을 극복하기 위해서는 현실적인 목표를 설정할 필요가 있다. 대화에 대한 두려움과 불안감을 완전히 제거하기란 불가능하므로, 대신 두려움과 불안감을 줄이고 효과적으로 관리하는 방법을 배우는 것이 현실적이며 실천 가능한 일이다. 위험부담 없이 완벽하게 목표를 달성하기는 힘들다. 더 나은 결과를 얻는 정도에 만족하고 다음 기회를 기약하는 것도 좋다. 인간은 나약한 존재이기도 하지만 놀라울 만큼 유연한 존재이기 때문이다.

연봉 인상을 요구할 때, 인간관계를 끊을 때, 업무 성과에 대한 비판적 의견을 전달할 때, 도움이 필요한 사람을 거절할 때, 무례한 태도나 상처 주는 행동 등에 직면할 때, 대다수의 사람과 의견이 다를 때, 그리고 사과해야 할 때 당신은 어떻게 말하는가? 직장에서, 가정에서, 이웃집 문을 두드리며 우리는 매일 이런 '어려운 대화'를 시도하거나 회피한다.

대화하기 어려운 주제라고 하면 즉시 머리에 떠오르는 것이 성, 인종, 성별, 정치, 종교 문제 등이다. 실제로 많은 사람이 이런 주제를 논하는 데 어려움을 느낀다. 그러나 토론 시간에나 다룰 법한 그런 거창한 주제만 어렵고 까다로운 건 아니다. 우리는 자신이 불리한 입장에 처해 있다고 느낄 때, 자존심이 상할 때, 중요한 문제를 다루면서 결과가 불확실할 때, 그리고 관심 많은 주제나 사람을 다룰 때에도 대화에 어려움을 겪는다.

누구에게나 거론하기 두렵고 꺼려지는 대화가 있게 마련이다. 다음과 같은 상황을 상상해보자.

- 회사의 선임 엔지니어 한 사람을 문책할 일이 생겼다. 경영진은 당신에게 그를 해고시킬 것을 요구한다.
- 시어머니가 이웃 사람들에게 당신의 험담을 하고 다닌다는 것을 우연히 알게 되었다. 시댁에서 명절을 보내기로 했는데 과연 시어머니와 충돌하지 않을지 걱정된다.
- 당신이 고객에게 의뢰받은 프로젝트를 진행하면서 애초에 계획했던 것보다 시간이 두 배나 걸렸다. 초과 시간에 대한 비용을 청구해야 하는데 고객에게 말하기가 난감하다.
- 당신은 아버지를 얼마나 사랑하는지 말하고 싶지만, 그런 친밀감의 표현이 두 사람 모두를 어색하게 만들까 봐 걱정스럽다.

이처럼 말을 꺼내기 부담스러운 상황은 일상생활 속에도 수두룩하다. 예를 들면 영수증이 없는 물건을 반품해야 한다든가, 깐깐한 동료에게 서류 복사와 같은 잔일을 부탁해야 한다든가, 페인트칠 하는 사람에게 실내에서는 담배를 피우지 말라고 말해야 하는 경우 등이 그렇다. 이런 종류의 말은 최대한 미루고 미루다가 더는 어쩔 수 없는 상황에서 마지못해 꺼내게 된다. 어떻게 말할지 머릿속에서 수없이 시나리오를 수정하며 연습했는데, 막상 말하고 난 다음에는 다른 식으로 말했더라면 더 좋았을 거라고 후회하기도 한다.

이런 난처한 상황에서 사람들이 대화에 어려움을 느끼는 가장 큰 이유는 무엇일까? 그것은 문제를 거론했을 때 오히려 상황이 더 악화될 것을 지나치게 두려워하기 때문이다. 우리 모두는 이런 딜레마에 대해 잘 알고 있다. '지금 이야기하는 것이 좋을까, 아니면 혼자만 알고 그냥 지나갈까?' 하는 고민을 누구라도 한 번쯤은 해보았을 것이다.

이웃집 개 짖는 소리 때문에 밤잠을 설치다 보면 이런 생각을 하게 된다. '이웃에게 말할까 말까?' 처음에는 그냥 넘어가기로 마음먹지만, 다음 날에도 개가 계속 짖어대면 '더는 못 참겠어. 내일은 꼭 말해야지' 하고 결심한다. 그러고 나면 이제는 개 짖는 소리에 잠을 못 자는 것이 아니라 개 때문에 싸우게 될지도 모른다는 생각에 불안해지고 잠이 안 온다. 어쩌면 자신이 지나치게 예민한 것일지도 모른다는 생각이 들어 말하지 않기로 마음을 고쳐먹자 불안감이 가라앉는다. 마음이 진정되어 겨우 잠이 들려고 하는데 그 '빌어먹을' 개가 또 짖어대기 시작한다. 이제 당신이 잠을 자기 위해서 선택할 수 있는 대안은 없는 것 같다.

만일 그 문제를 회피한다면 자신이 바보 같다는 생각에 기분이 나빠질 것이다. 반면에 그 문제를 거론해서 이웃과 부딪친다면 상황이 더욱 악화될 수도 있고, 거절당하거나 비난받을 수도 있으며, 의도와는 전혀 다르게 다른 사람에게 상처 주고 서로의 관계가 나빠지는 결과를 초래할 수도 있다.

'어려운 대화'라는 수류탄의 안전핀을 뽑자

이런 딜레마에서 탈출할 수 있는 간단한 방법은 없을까? 상황에 따라서는 요령이나 잔꾀처럼 적당히 문제를 피해 가는 방법이 있을 수도 있다. 그러나 그것은 어디까지나 임시방편일 뿐 갈등 상황에 대한 근본적인 해결책이 될 수는 없다. 요령은 아버지와의 사이를 친밀하게 만들어주지도 않으며, 액수가 늘어난 청구서에 대한 고객의 분노를 가라앉혀주지도 못한다. 마찬가지로 부하 직원을 해고할 때나 시어머니 때문에 얼마나 화가 나 있는지를 말할 때, 혹은 동료들의 편견에 얼마나 상처를 받는지에 대해 이야기할 때도 손쉽게 요령껏 빠져나갈 수 있는 방법이란 없다.

어려운 메시지를 전달하는 것은 수류탄을 던지는 것과 같다. 겉모양을 아무리 그럴듯하게 꾸민다 해도, 세게 던지든 약하게 던지든 간에 결과는 파괴적일 수밖에 없다. 아무리 노력해도 수류탄을 요령껏 던질 수는 없으며, 던지기 전의 상황으로 되돌아갈 수도 없고, 수류탄을 던지지 않을 수도 없다. 어려운 메시지를 전달하지 않기로 결정하는 것은 안전핀을 뽑은 수류탄을 손에 들고 있는 것과 같다.

그러나 희망은 있다. 우리는 하버드협상프로젝트를 수행하면서 수

천 명의 사람을 대상으로 어려운 대화에 관해서 연구한 결과, 스트레스를 적게 받으면서 생산적인 결과를 가져올 수 있는 대화 방법을 알아냈다. 이것은 사람들을 품위 있고 성실하게 대하면서도 곤란한 문제를 창의적으로 다룰 수 있는 방법으로, 다른 사람들이 공감을 하든 안 하든 간에 마음의 평화를 얻는 데 도움이 되는 접근법이다.

이제 우리는 메시지를 전달하고 전달받는 부담에서 당신을 구해내고 수류탄의 딜레마에서 벗어나도록 도와줄 것이다. '대화를 처음부터 다시 배운다'라는 건설적인 접근법으로 전환 방법을 제시할 것이다. 어려운 대화에 대처하는 방법을 바꾸려면 그만큼 노력해야 한다. 골프 스윙 자세를 바꾸거나 차량 통행 방식이 반대인 도로 운전에 적응하거나 새로운 언어를 배울 때처럼 처음에는 아주 어색하게 느껴질 것이다. 심지어는 위기감까지 느낄 수 있다. 자신이 '익숙한 상황'을 깨뜨린다는 것은 결코 쉽지 않은 일이며, 위험이 뒤따를 수도 있기 때문이다.

자신의 방법을 바꾸려면 자기 스스로를 냉철하게 직시해야 하며, 때로는 변화하고 성장해야 한다. 다행인 점은 노력한 만큼 충분한 보상이 주어질 가능성이 아주 높다는 것이다. 이 책에서 제시하는 단계를 잘 따라간다면 어려운 대화가 조금씩 풀릴 것이며, 그 결과에 만족하게 될 것이다.

실제로 우리 프로젝트를 통해 대화에 임하는 새로운 접근법을 배운 사람들은 다양한 상황의 대화에서 불안감이 줄어들었으며 결과도 좋았다. 그리고 다른 사람들이 어떻게 말할지에 대해 덜 두려워하게 되었다. 어려운 상황에서도 자유롭게 행동하게 되었으며 자신감과 성실성, 자부심도 생겼다. 또한 어려운 주제와 난감한 상황을 적극적으로 다루면서 오히려 관계가 강화된다는 것도 알게 되었다. 어려운 대화가 오히려 놓치기 아까운 기회가 된 것이다.

해결할 수 없는 문제란 없다

　물론 당신은 이 책에 대해 의구심을 가질 수도 있다. 어려운 대화 상황에서 몇 주일, 몇 달, 심지어는 몇 년 동안 애를 태워왔을지도 모른다. 문제는 생각보다 복잡하고, 상대방은 결코 다루기 쉬운 사람들이 아니다. 그런데 책을 읽는다고 해서 과연 도움이 될까?

　책을 통해서 인간관계를 배우는 데 한계가 있는 것은 사실이다. 책을 쓰는 사람들은 당신이 처한 특수한 상황이 어떤 것인지, 당신에게 가장 중요한 일이 무엇인지, 혹은 당신만의 특별한 약점과 강점이 무엇인지를 구체적으로 알지 못하기 때문이다. 그럼에도 불구하고 우리는 상황이 어떻든 간에 어려운 대화를 더욱 어렵게 만드는 사고방식과 행동에 몇 가지 공통점이 있다는 것을 발견했다. 사람들은 모두 근본적으로는 비슷한 두려움을 지니고 있으며, 그로 인해 함정에 빠지는 양상도 비슷하기 때문이다. 그러므로 당신이 어떤 문제에 당면해 있든, 누구와 부딪히든 간에 이 책이 도움이 될 것이다.

　아무리 똑똑한 사람이라도 문제를 전혀 해결할 수 없을 때가 있다. 서로 감정이 아주 악화되어 있다거나, 갈등의 골이 너무 깊어서 그 어떤 책이나 전문가의 조언도 전혀 소용이 없을 수 있다. 그러나 전혀 가망 없어 보이는 일도 실제로는 그렇지 않은 경우가 수없이 많다. 사람들은 종종 우리를 찾아와서 이렇게 말한다.

"나는 당신들의 조언을 원하지만, 한 가지 미리 말씀드리자면 이 상황은 전혀 개선될 여지가 없습니다."

물론 당신이 어려운 상황이나 관계에 효과적으로 대처할 준비가 되어 있지 않거나 능력이 없을 수도 있다. 상처를 달래며 슬퍼하거나 그저 시간이 흐르기만 기다리고 있을 수도 있다. 또는 분노에 치를 떨고 있거나 자신이 무엇을 원하는지조차 모를 수도 있다. 그러나 당신이 실질적인 대화를 시작할 준비가 되어 있지 않더라도 이 책은 당신의 감정을 정리하고 더 나은 해결책을 모색하는 데 분명 큰 도움이 될 것이다.

대화는 '전달'이 아니라 '이해'다

그렇다면 당신이 미처 생각하지 못했던 것은 무엇일까? 아마도 상당히 많을 것이다. 문제 해결의 열쇠는 당신이 지금까지 어려운 대화에 대한 해답을 얼마나 '열심히' 찾았는지에 있는 것이 아니라, 얼마나 '올바른' 곳에서 찾았는지에 있다. 근본적으로 당신의 행동이 문제가 아니라 사고방식이 문제이기 때문이다. 그러므로 어려운 대화에서 당신이 무엇을, 어떻게 행동해야 하는지에만 초점을 맞춘다면 여전히 새로운 돌파구를 찾기는 어려울 것이다.

이 책에는 어려운 대화를 어떻게 다루어야 하는지에 대한 수많은 조언이 담겨 있다. 그중에서 가장 중요한 것은 당신이 현재 당면하고 있는 문제를 제대로 파악하고, 자신의 메시지를 일방적으로 '전달하려는 자세'에서 서로를 이해하고 '배우려는 자세'로 전환하는 것이 반드시 필요하다는 것을 인식하는 것이다.

또한 갈등 상황에 대한 대처 능력이 좋아졌다 하더라도 어려운 대화는 커다란 도전이 될 것이다. 일상생활의 경험을 통해 우리는 그것을 너무나 잘 알고 있다. 다른 사람에게 상처를 줄지도 모른다는 두려움과 자신이 상처받게 될지도 모른다는 두려움이 어떤 것인지도 잘 알고 있다. 자신의 행동이 다른 사람에게 잘못된 영향을 미치거나 자기 자신을 실망시킨 것에 대한 죄책감에 시달리는 것이 얼마나 소모적인지도 잘 알고 있다. 그리고 선의의 행동에 의해서도 인간관계가 악화되고 복잡해질 수 있다는 사실을 잘 알며, 사람들이 항상 선의에 의한 행동만 하며 살지 않는다는 사실도, 인간의 마음과 정신이 얼마나 나약한지도 잘 알고 있다.

그러므로 현실적인 목표를 설정할 필요가 있다. 대화에 대한 두려움과 불안감을 완전히 없애버리기란 불가능하다. 두려움과 불안감을 줄이고, 남아 있는 부정적인 감정을 효과적으로 관리하는 방법을 배우는 것이 현실적이며 실천 가능한 일이다.

Part 1

지구에서 가장 어려운
'세 가지 대화'

어려운 대화에는
패턴이 있다

제이슨은 이른바 '어려운 대화'의 상황에 처해 있다. 그의 설명은 이렇다.

어느 날 오후에 친구이면서 가끔 일을 주기도 하는 마이클이 전화를 걸어 이렇게 말하더군요. "큰일 났네. 내일 오후까지 재무 자료 브로슈어를 작성해서 제작까지 해줘야 하는데 늘 그 일을 맡아서 하던 디자이너가 마침 휴가 중이야. 자네가 좀 도와줄 수 없겠나?" 그 친구는 시간에 쫓겨 심한 스트레스를 받고 있었습니다.

나는 다른 프로젝트에 매달려 있는 중이었지만 마이클이 친구이기 때문에 모든 일을 잠시 중단하고 밤늦게까지 그의 브로슈어 작업을 했습니다. 다음 날 아침 일찍 마이클은 초안을 검토한 후 인쇄에 들어가도록 오케이를 했습니다. 그 결과 정오에는 브로슈어가 완성되어 그에게 전달되었죠. 나는 기진맥진한 상태가 되었지만 친구를 도왔다는 사실이 기쁘기만 했습니다. 그런데 사무실로 돌아와서 보니 자동응답기에 다음과 같은 메시지가 녹음되어 있었습니다.

"이봐, 제이슨! 일을 이렇게 해놓으면 어떻게 하나? 물론 시간에 쫓기는 상황이었다는 것은 잘 알고 있네. (한숨) 하지만 이 브로슈어는 수익성 차트가 불명확하고 그래프도 약간 틀렸잖아. 이건 엄청난 실수야. 자네가 즉시 고쳐줘야겠네. 도착하는 대로 전화해주게!"

그 메시지를 받은 내 기분이 어땠을지 한번 상상해보십시오. 그 차트가 약간 어긋나 있는 것은 사실이지만 극히 미세한 정도였습니다. 나는 즉시 마이클에게 전화를 걸었습니다.

제이슨 자네가 남긴 메시지 잘 받았네.

마이클 이봐 제이슨, 아무래도 다시 해야겠어.

제이슨 아니, 잠깐 내 말 좀 들어봐. 그 차트가 완벽하다고는 할 수 없지만 내용은 명확하잖아. 누구나 쉽게 이해할 수 있다고!

마이클 그러지 마. 이런 상태의 자료를 내보낼 수 없다는 것은 자네도 잘 알고 있잖아.

제이슨 글쎄, 내 생각에는……

마이클 이봐, 이러고 있을 시간 없어. 하여튼 빨리 수정하자고.

제이슨 그럼 왜 아침에 초안을 보여주었을 때는 아무 말도 하지 않았나?

마이클 제이슨, 나는 교정보는 사람이 아냐. 난 이 일을 꼭 해야 하고, 그것도 제대로 잘해야 하기 때문에 엄청난 스트레스를 받고 있어. 할 건지 말 건지 말해. 다시 작업할 거야, 말 거야?

제이슨 (잠깐 쉬었다가) 알았어, 알았다고. 다시 할게.

제이슨과 마이클의 대화는 어려운 대화의 전형적인 요소를 모두 가지고 있다. 그 후 몇 달이 지나도 제이슨은 그 대화를 생각하기만 하면 기분이 나빴고 마이클과의 관계도 여전히 불편했다. 제이슨은 그때 자신이 어떻게 했어야 했는지, 그리고 지금은 어떻게 해야 하는지 도무지 알 수가 없다.

대화의 심리 구조

겉으로는 아주 달라 보이지만 모든 어려운 대화는 놀랍게도 비슷한 구조를 가지고 있다. 당신이 어떤 세부적 내용에 지나치게 신경을 쓰거나 화가 나 있을 때는 그 구조를 볼 수가 없다. 그러나 그 구조를 이해하는 것은 어려운 대화를 풀어나가는 데 꼭 필요한 일이다.

앞에 인용한 제이슨과 마이클의 대화에서 그들이 주고받은 말은 실제로 진행되고 있는 상황의 겉모습에 불과하다. 어려운 대화의 구조를 파악하기 위해서는 말로 표현된 것뿐만 아니라 표현되지 않은 것까지도 이해해야 한다. 대화 당사자들이 생각하고 느끼고 있지만 말로 나타내지 않은 부분을 이해해야 한다는 말이다. 서로 대화하면서 제이슨이 생각하고 느꼈지만 말로 표현하지 않은 내용을 아래의 표로 살펴보자.

한편 마이클 역시 생각하고 느끼고 있지만 말하지 않은 것들이 있다. 무엇보다도 우선 제이슨에게 부탁하는 게 아니었다는 생각을 하고 있다 사실 과거에도 제이슨의 작업이 항상 만족스러운 것은 아니

제이슨의 심리	제이슨과 마이클의 실제 대화
아니 어쩌면 이럴 수가 있을까? 내가 모든 일을 중단하고, 아내와 저녁 약속까지 취소하면서 밤새워 작업했는데, 고작 이것이 감사 인사란 말인가!	**제이슨** 자네가 남긴 메시지 잘 받았네. **마이클** 이봐 제이슨, 아무래도 다시 해야겠어.
말도 안 되는 과민반응이군. 공인회계사라도 그 그래프가 잘못되었다고 할 수는 없을 거야. 하여튼 그런 실수를 한 나 자신에게 화가 날 뿐이지.	**제이슨** 아니, 잠깐 내 말 좀 들어봐. 그 차트가 완벽하다고는 할 수 없지만 내용은 명확하잖아. 누구나 쉽게 이해할 수 있다고! **마이클** 그러지 마. 이런 상태의 자료를 내보낼 수 없다는 것은 자네도 잘 알고 있잖아.
마이클은 동료들에게도 자기주장만 강요해. 하지만 나한테까지 그러면 안 되지. 난 친구잖아! 따지고 싶긴 하지만, 친구로서든 고객으로서든 마이클을 놓치고 싶진 않아. 어떡하면 좋지?	**제이슨** 글쎄 내 생각에는…… **마이클** 이봐, 이러고 있을 시간 없어. 하여튼 빨리 수정하자고.
잘못됐다고? 그건 내 잘못이 아니야. 자네가 확인하고 승인했잖아, 기억 안 나? 아니, 그렇다면 날 뭐로 보는 거야? 내가 교정보는 사람이란 말이야?	**제이슨** 그럼 왜 아침에 초안을 보여주었을 때는 아무 말도 하지 않았나? **마이클** 제이슨, 나는 교정보는 사람이 아냐. 난 이 일을 꼭 해야 하고, 그것도 제대로 잘해야 하기 때문에 엄청난 스트레스를 받고 있어. 할 건지 말 건지 말해. 다시 작업할 거야, 말 거야?
저 친구 성격을 받아주는 것도 이젠 정말 지겨워. 그렇지만 상황이 이러니까 할 수 없군. 이번만은 참고 다시 해주는 수밖에.	**제이슨** (잠깐 쉬었다가) 알았어, 알았다고. 다시 할게.

었지만, 자신이 좀 손해를 보더라도 친구에게 기회를 주기 위해서 일을 맡기곤 했던 것이다. 지금 마이클은 너무 짜증이 나서 자기가 제이슨에게 일을 주었던 것이 개인적으로나 일적으로나 올바른 결정이었는지 회의적인 생각이 드는 것이다.

그렇다면 대화의 구조에 대한 첫 번째 통찰은 간단하다. 제이슨과 마이클 사이에는 말로 표현되지 않은 수많은 내용이 진행되고 있다는 사실이다.

그것은 대화의 전형적인 현상이고, 실제로 생각하고 있는 것과 말하는 것 사이의 차이가 바로 대화를 어렵게 만드는 요인이다. 말을 할 때는 내면에서 진행되고 있는 수많은 생각 때문에 주의가 분산되는 데다 어떤 것을 말해야 할지, 어떤 것을 말하지 말아야 할지 확실히 알 수 없기 때문이다. 게다가 자신이 생각하고 있는 것을 전부 말해봤자 아무 도움이 되지 않는다는 사실도 잘 알고 있다.

어려운 대화의
세 가지 유형

    다양한 종류의 대화 사례 수백 건을 연구하는 과정에서, 우리는 진행되고 있는 대화의 저변에 어떤 공통적인 구조가 있다는 것과 그 구조를 이해하는 것이 어려운 대화에 대처하는 능력을 키우는 효과적인 첫걸음이 될 수 있다는 사실을 발견했다.

    주제가 무엇이든 사람들의 생각과 감정은 모두 다음과 같은 세 가지 유형의 대화, 즉 '갈등 대화, 감정 대화, 정체성 대화' 중 하나에 해당된다. 그리고 사람들은 그 세 가지 유형의 대화 속에서 서로의 생각과 감정을 왜곡함으로써 상황을 더욱 악화시키는 등 흔히 예측할 수 있는 오류들을 범한다.

    마이클과 제이슨의 말과 생각과 감정 중에서 문제가 되고 있는 모든 것이 그 세 가지 대화 중의 하나에 해당된다. 당신의 경우도 마찬가지일 것이다. 세 가지 대화는 다음과 같다.

1. 갈등 대화

대부분의 어려운 대화에는 무슨 일이 일어났는지에 대한, 혹은 어떻게 되어야 하는지에 대한 갈등이 수반된다. 즉 누가 무슨 말을 하고 어떤 행동을 했는지, 누가 옳은지, 그 말을 하는 의도가 무엇인지, 누구의 잘못인지에 대한 설명이 서로 다르다는 것이다. 제이슨과 마이클이 말로써 혹은 마음속으로 서로 다투고 있는 문제도 바로 그런 것들이다.

2. 감정 대화

모든 어려운 대화에는 감정에 대한 질문과 대답이 수반된다. 나의 감정이 타당한 것인가, 부당한 것인가? 나의 감정을 인정해야 하나, 부정해야 하나? 그것을 표현해야 하나, 억제해야 하나? 상대방의 감정에 대한 나의 대응은 어떤가? 그들이 화를 내거나 상처를 받으면 어떻게 해야 하나? 이런 감정들은 비록 말로 직접 표현되지 않는다 해도 어떤 방법으로든지 전달되게 마련이다.

3. 정체성 대화

문제 상황이 자신에게 어떤 의미를 지니고 있는지에 대해서 자기 자신과 주고받는 대화다. 그 상황과 관련해서 그것이 자신이 유능하다는 의미인지 아닌지, 착한 사람이라는 의미인지 아닌지, 사랑받을 자격이 있다는 것인지 아닌지에 대해 내면적인 논쟁을 벌인다. 그것이 자신의 이미지와 자존심, 미래, 그리고 자신의 행복에 어떤 영향을 미칠 것인가 생각한다. 이에 대한 대답에 따라 우리가 대화를 하면서 '균형'을 유지할지, 혹은 중심을 잃고 불안감을 느낄지에 영향을 받는다.

세 가지 대화 속에는 우리의 대화 능력이 아무리 향상되어도 결코 변화시킬 수 없는 부분이 있다. 또 '자신의 의견'에 대한 설명이 애초 생각했던 것보다 훨씬 더 복잡해지는 경우도 많다. 사람들이 저마다 지니고 있는 정보가 각각 다르므로 서로의 인식을 바꾸는 것은 결코 쉬운 일이 아니다. 게다가 상대방이 자신의 정체성 등 민감한 부분을 건드리면 위협을 느껴 감정적으로 대응하기도 한다.

우리가 변화시킬 수 있는 것은 그런 도전에 대처하는 방법이다. 사람들은 대부분 상대방이 갖고 있는 정보가 무엇인지를 탐색하기보다는, 자신이 상황을 이해하는 데 필요한 모든 것을 잘 알고 있다고 확신한다. 감정을 건설적으로 관리하려고 노력하기보다는 감추려고 애쓰거나, 그냥 폭발시키고 나중에 후회한다. 자신이나 상대방이 가장 중요하게 여기는 정체성의 문제가 무엇인지를 생각하는 대신, 마치 서로의 정체성과는 아무 상관이 없는 것처럼 대화를 진행시키기 때문에 자신이 느끼는 불안감의 근본적인 원인을 파악하지 못한다.

이런 오류와 오류의 원인을 이해할 때 비로소 더 나은 대화의 접근법을 찾을 수 있다. 이제 각각의 대화에 대해 좀 더 자세히 살펴보자.

갈등 대화

갈등 대화는 가장 많은 시간을 잡아먹는 부분이다. 누가 옳은지, 그 사람들의 의도가 무엇인지, 그리고 누가 잘못한 건지에 관한 주장이 서로 다르기 때문이다. 진실, 의도, 책임이라는 세 가지 측면에서 우리는 흔히 잘못된 추측을 한다. 어려운 대화에 대처하는 능력을 키우기 위해서는 그런 왜곡된 전제들을 바로잡는 단계가 아주 중요하다.

우리가 큰소리로 자신의 견해를 주장할 때 그 대화를 지배하고 있는 것은 '나는 옳고 당신은 틀렸다'는 전제이며, 대부분의 경우 그 사실을 추호도 의심하지 않는다. 그러나 그 간단한 전제가 수많은 문제의 원인이 된다는 사실을 명심하라.

도대체 자신이 무엇에 대해 옳다는 말인가? 과속운전을 한다는 자신의 말이 옳고, 어린 동료들을 잘 이끌어주지 못한다는 자신의 말이 옳고, 추수감사절 때 적절치 못한 말을 했다는 자신의 말이 옳고, 그토록 고통스러운 수술을 한 환자에게 더 많은 약을 주어야 했다는 자신의 말이 옳고, 그 업자가 과다청구를 했다는 자신의 말이 옳고, 연봉을 올려 받을 자격이 있다는 자신의 말이 옳고, 그 자료는 현재 그대로도 훌륭하다는 자신의 말이 옳고……. 자신이 옳다는 것의 목록은 이처럼 끝이 없다.

여기에 대응하는 접점은 단 한 가지뿐이다. '내가 옳지 않은 것은 무엇인가?'를 찾는 것이다. 그렇다면 어떻게 해야 그런 생각을 할 수 있는가? 그렇게 생각하기란 힘든데, 사실 가끔은 '내가 옳다!'가 맞을 것이다. 그러나 중요한 것은 어려운 대화는 대부분 어떤 사실을 바로잡기 위한 것이 절대로 아니라는 점이다. 그것은 상충하는 인식과 해석 그리고 가치관에 관한 것이다. 그것은 계약서 내용에 관한 문제가 아니라 그 계약서가 지니는 의미에 관한 것이다. 그것은 어떤 육아 책이 가장 널리 읽히는가의 문제가 아니라, 어떤 육아법을 따라야 하는가의 문제다. 그것은 결국 진실이 무엇인가에 관한 문제가 아니라 무엇이 중요한가에 관한 것이다.

　제이슨과 마이클의 대화로 다시 돌아가보자. 그들의 문제는 그래프가 정확한지 아닌지에 대한 논쟁이 아니다. 브로슈어에 약간의 문제가 있다는 데는 두 사람 모두 동의했다. 그러므로 이 문제의 쟁점은 그 오류가 걱정할 정도인지, 그렇다면 그것을 어떻게 처리해야 하는지에 관한 것이다. 옳고 그른 것에 관한 문제가 아니라 어떻게 해석하고 어떻게 평가하는가의 문제다. 해석과 판단은 중요한 의미를 지니지만 누가 옳고 누가 틀린지를 결정하는 것 자체는 둘 사이에 아무런 의미가 없다.

　갈등 대화에서 진실을 밝혀야 한다는 강박관념에서 벗어나면 대화의 초점은 자연히 자신이 옳다는 사실을 밝히려는 것으로부터 상대방의 인식, 해석, 가치관을 이해하려는 서로의 노력으로 옮겨질 수 있다. 그렇게 되면 자신의 메시지를 전달하려고 애쓰기보다는 상대방의 말이 얼마나 일리가 있는가를 탐색하면서 질문을 하게 된다. 그리고 자신의 견해를 절대적인 진실이 아닌 자기 나름대로의 인식, 해석, 가치관으로써 제시하게 된다.

상대를 잘 알고 있다는 착각

　갈등 대화의 두 번째 논점은 상대와 나의 '의도'에 관한 것이다. 상대가 소리를 지르는 것은 나의 감정을 상하게 만들기 위해서인가, 아니면 단지 자신의 요점을 강조하기 위해서인가? 상대가 내 담배를 던진 의도는 나의 행동을 통제하기 위한 것인가, 아니면 담배를 끊겠다는 나의 결심을 도와주기 위해서인가? 상대방의 의도가 무엇인지에 따라서 그 사람에 대한 내 생각이 달라지고, 궁극적으로는 대화에 영향을 미칠 것이다.

'의도'라는 측면과 관련해서 우리가 자주 범하는 오류는 단순한 것이지만 문제는 심각하다. 우리는 흔히 다른 사람의 의도를 잘 모르고 있음에도 불구하고 잘 알고 있다고 착각한다. 더욱 심각한 문제는 어떤 사람의 의도를 잘 모르는 경우, 대부분은 그 의도를 나쁜 것으로 간주한다는 사실이다.

사실 의도는 눈에 잘 보이지 않아서 다른 사람의 행동을 보고 추정할 수밖에 없다. 다시 말하면, 상대방의 의도란 우리가 지어내는 것으로, 그것은 우리의 창조물이다. 그러나 다른 사람의 의도에 대한 우리의 생각은 의외로 정확하지 못하다. 왜 그럴까? 어려운 대화의 다른 요소와 마찬가지로 사람들의 의도가 복잡하기 때문이다. 사람들은 때로는 복합적인 의도를 갖고 행동하고, 때로는 아무런 의도 없이 행동한다. 상대방의 의도는 좋았지만 나는 상처를 받는 일도 생긴다. 어려운 대화를 할 때는 상대의 의도에 대한 나의 생각이(그리고 나의 의도에 대한 상대의 생각이) 아주 중요한 문제이기 때문에 근거 없는 추측으로 비약하는 것은 아주 위험하다.

비난하는 습관을 버려라

갈등 대화에서 우리가 범하기 쉬운 세 번째 오류는 '비난하기'와 관련된 것이다. 어려운 대화의 경우 대부분은 그런 상황이 발생한 것이 누구의 탓인가를 따져 비난하는 데 중점을 둔다. 예를 들어 어떤 회사가 큰 고객을 잃게 되면 즉시 여기저기서 무자비한 비난이 화살이 난

무한다. 그때 자신이 그 화살을 맞지만 않는다면 어디에 꽂히든 상관하지 않는다. 인간관계에서도 마찬가지다. 혹시 당신과 계모의 관계가 나쁜가? 그렇다면 순전히 계모 탓이다. 당신의 방이 아무리 지저분해도, 당신이 어떤 친구들과 어울려 다녀도 계모가 잔소리를 하지 말아야 한다고 생각하는 것이다.

제이슨과 마이클 사이의 갈등에서 제이슨은 모든 문제가 마이클 때문이라고 생각한다. 포맷에 관해서 그렇게 민감하게 굴려면 인쇄하기 전에 말했어야 한다고 생각한 것이다. 그러나 마이클은 모든 문제가 당연히 제이슨의 잘못 때문이라고 믿는다. 그 작업을 한 사람은 제이슨이고, 실수는 그의 책임이라는 것이다.

그러나 누구의 잘못인가를 따지는 것도 진실을 밝히려 하는 것과 별반 다르지 않다. 결과는 의견 차이와 부인이며, 이 두 가지를 갖고는 어떤 문제도 해결할 수 없다. 처벌에 대한 두려움을 불러일으켜 양자택일의 대답만 강요할 뿐이기 때문이다. 어느 누구도 비난받기를 원하는 사람은 없다. 부당한 비난이라면 특히 그렇다. 그러므로 이 때 대부분의 사람들은 자신을 방어하는 데 전력투구하게 된다.

어린 자녀를 둔 부모는 그런 상황에 대해 잘 알고 있다. 쌍둥이가 자동차 뒷좌석에서 소란을 피울 때 한 아이를 야단치면 그 아이는 틀림없이 울음을 터뜨리며 "쟤가 먼저 나를 때렸단 말예요!" 혹은 "쟤가 나를 놀렸기 때문에 때린 거예요"라고 말할 것이다. 아이들이 잘못을 부인하는 것은 단지 벌로 디저트를 못 먹게 될까 봐 그러는 것만이 아니라 정의감 때문이기도 하다. 두 아이가 모두 자신만의 잘못이 아니라고 생각하기 때문이며, 그것 또한 사실이다.

부모의 입장에서 보면 그 싸움에서 누가 얼마나 잘못했는지 쉽게 알 수 있다. 그러나 자신이 개입된 문제에서는 자기가 그 문제에 얼마나 원인을 제공했는지 정확하게 알기 어렵다. 어려운 대화를 해야 하는 상황이 발생했다면 대부분의 경우 양쪽 모두에 원인이 있다. 그러므로 어느 한쪽을 벌주는 것은 타당하지도 적절하지도 않다. 유능하고 현명한 사람이 무언가 바보스러운 짓을 했다면 우선 무엇이 그 사람에게 결과를 예측하지 못하도록 했는가를 파악하는 것이 중요하고, 둘째로는 그런 일이 다시 발생하지 않도록 예방하는 것이 중요하다.

비난에만 초점을 맞추는 것은 문제의 원인을 찾고 잘못을 시정하여 앞으로 나아가는 데 방해가 된다. 그러나 문제를 발생시킨 근본 원인을 이해하는 것에 초점을 맞춘다면 문제의 진짜 원인을 알아내고 그것을 시정하기 위해 노력할 수 있다. 이는 쉽지 않은 일이지만 그 차이를 이해하고자 노력하는 것은 가치 있는 일이다. 그것은 어려운 대화를 다루는 능력을 향상시키는 데 큰 도움이 되기 때문이다.

감정 대화

어려운 대화의 문제는 '갈등을 푸는 데' 국한되지 않는다. 거기에는 감정도 수반된다. 격렬한 감정이 생기는지 여부가 문제가 아니라, 그 감정을 어떻게 다루어야 하는지가 문제인 것이다. 상사의 관리 스타일에 대해서, 혹은 자신의 아이디어를 훔쳐간 동료에 대해서 당신이 어떻게 느끼고 있는지를 말해야 할까? 절친한 친구가 당신의 예전 남자친구와 친하게 지내기 때문에 상처받고 있다는 것을 그녀에게 말해야 할까? 어떤 사람의 성차별적 발언에 대해서 그 사람에게 말하기로 작정했을 경우 그 후에 겪게 될 일을 어떻게 처리할 것인가?

격렬한 감정이 일어나면 대부분의 사람은 이성을 잃지 않으려고 애쓴다. 그러나 감정에 너무 깊이 빠지면 마음이 산란해지고 판단력이 흐려져서, 특히 직장 같은 곳에서는 업무에 심각한 지장을 초래할 수 있다. 감정을 표출하기로 마음먹는다 해도 두려움과 불안감은 떨치기 어렵다. 만일 상대방이 나의 감정을 무시하거나, 진정으로 이해하려 하지 않는다면 어떻게 해야 할까? 혹은 너무 심각하게 받아들여서 상처받고 회복이 불가능한 관계가 되면 어떡하나? 내가 먼저 감정을 토로하면 그다음은 상대방 차례다. 그들이 표출하는 분노와 고통을 나는 감당할 수 있을까?

이런 복잡한 생각들 때문에 우리는 감정 대화를 회피하려고 한다. 제이슨은 자신이 느낀 분노와 상처를 말하지 않는 편이 낫다고 생각하고, 마이클 역시 제이슨에 대한 실망스러운 감정을 표현하지 않는 편이 낫다고 생각한다. 자료에 관한 문제에만 초점을 맞춘 채 차라리 일 얘기만 하는 것이 낫다고 생각한 것이다. 과연 그럴까?

감정을 표현하지 않는 대화는 없다

위와 같은 논리의 문제점은 단순한 사실을 간과한다는 데 있다. 어려운 대화에는 당연히 감정이 수반되고, 감정에 대한 것이 핵심이다. 감정은 어려운 대화의 부산물이 아니라 그런 갈등의 근본적인 원인이다. 자신의 감정에 대해 말하지 않고 어려운 대화에 임한다는 것은 음악 없는 오페라나 요점 없는 이야기와도 같다. 예를 들면 제이슨과 마이클의 대화에서 제이슨은 자신이 부당한 대접을 받고 있으며 자신의 노력이 과소평가되고 있다는 감정을 결코 드러내 말하지 않았지만, 몇 달이 지나도록 마이클에 대한 분노와 증오를 떨쳐버리지 못했다.

당신이 겪은 어려운 대화를 떠올려보라. 어떤 감정이 수반되었는가? 분노나 상처? 실망감, 수치심, 혼란스러움? 혹은 부당하거나 소홀한 대접? 어떤 사람들은 "너를 사랑한다" 혹은 "네가 자랑스럽다"라는 말조차 기분 나쁘게 느낀다. 어려운 대화에서 감정을 털어놓지 않으면 일시적으로 시간을 절약하고 불안감을 줄일 수는 있다. 당신이나 다른 사람에게나 혹은 어떤 인간관계에서나 심각한 위험부담을 회피하는 방법처럼 보이기도 한다. 그러나 문제는 해결되지 않고 그대로 남게 된다. 문제의 핵심이 감정인데 감정에 대해 말하지 않는다면 도대체 무엇을 얻을 수 있겠는가?

감정을 이해하고, 감정에 대해 말하고, 감정을 관리하는 것은 인간으로서 가장 중요한 도전 과제다. 감정을 다루는 데는 쉬운 방법도 없고, 위험부담이 따르지 않는 것도 없다. 그렇지만 우리 대부분은 감정 대화에서 현재보다 더 잘할 수 있다. 감정에 대해 이야기하는 것도 학습할 수 있는 하나의 기술이기 때문이다.

물론 감정에 대해 얘기하는 것이 항상 바람직한 것만은 아니다. 격언에도 있듯이, 때로 잠자는 개는 그냥 놔두어야 한다. 그러나 불행하게도 감정 대화의 기술이 부족하면 잠자는 개뿐만 아니라 모든 개, 심지어는 당신의 잠을 방해하는 개까지도 회피하게 될지 모른다.

정체성 대화

세 가지 대화 중에서도 정체성 대화가 가장 미묘하고 가장 어렵다. 그러나 정체성 대화는 다른 두 가지 대화에 수반되는 불안감을 해결하고, 대화 능력을 향상시키는 중요한 수단이 된다.

정체성 대화는 자신의 내면에서 벌어지는 대화다. 자신이 누구이며 자신을 어떻게 인식하는지에 관한 문제다. 어떤 사건이 나의 자부심과 이미지, 존재 의미, 그리고 나의 미래에 어떤 영향을 미칠 것인가? 나는 자신에 대해 어떤 회의를 품고 있는가? 즉, 어려운 대화가 진행되는 과정에서(혹은 그 전후로) 이루어지는 정체성 대화는 나 자신과 나에 대해 이야기하는 것이다. 당신은 이렇게 생각할지도 모른다. '나는 그저 상사에게 연봉 인상을 요구하려는 것뿐이야. 그것은 나 자신에 대한 인식과 아무런 상관이 없어.'

그러나 어떤 대화가 어렵게 느껴진다면, 어쩌면 대화의 일부가 자신에 대한 것이기 때문에 그렇게 느껴지는 것일 수 있다. 개를 조용히 시켜달라고 이웃에게 말하기 어려운 문제를 보자. 당신은 자신이 다정한 사람이며 좋은 이웃이라는 강력한 자기 이미지를 갖고 있기 때문에, 남들이 당신을 공격적인 사람으로 볼까 봐 걱정하는 것이다.

연봉 인상을 요구하는 경우에는 어떤가? 거절당하면 어떻게 할까? 상사가 나의 요구를 거절하면서 타당한 이유를 댄다면 어떻게 할까? 그렇게 되면 능력 있고 존경받는 사람이라는 내 이미지에 어떤 영향을 미칠까? 겉으로는 돈과 관련된 문제처럼 보이지만, 사실 당신을 망설이게 만드는 진정한 이유는 자신의 이미지가 손상될 가능성이 있기 때문이 아닌가.

나쁜 소식을 전달해야 하는 경우에도 정체성 대화가 작용한다. 예를 들어 한 회사가 제안한 매력적인 새로운 사업 계획을 거부해야 한다고 가정해보자. 비록 당신이 그런 결정을 내린 책임자가 아니라 할지라도 그들에게 그 말을 어떻게 전해야 할지 매우 걱정스러울 것이다. 그 이유는 그런 대화로 인해 당신 자신에 대해 스스로가 어떤 감정을 갖게 될지 두렵기 때문이다.

"나는 사람들을 실망시키거나 그들의 열의를 짓밟는 사람이 아니다. 나는 가능성을 짓밟아버리기보다는 어떤 일이 가능해지는 방법을 찾아내기 때문에 사람들의 존경을 받는 것이다."

어떤 일을 할 수 있도록 도와주는 사람이라는 자기 이미지와 그들의 제안에 대해 거부 의사를 전달해야 하는 현실 사이에 갈등을 느끼는 것이다. 그러나 만일 당신이 더 이상 영웅이 아니라면, 사람들은 이제부터 당신을 악한으로 볼까?

대화에서 '나'를 지키기

그 대화가 당신의 이미지에 어떤 영향을 미칠 것인가 생각하면서 당신은 균형을 잃기 시작한다. 젊은 시절의 당신을 상기시키는 상대 회사의 열정적인 젊은 사장은 사업 제안을 거절당하자 배신당했다는 표정을 짓는다. 순간 당신은 혼란을 느끼고 불안감에 빠져든다. 그런 아이디어를 거절하는 것이 정말 타당한 일인지 의구심이 생긴다. 당신은 다시 생각해볼 가능성도 있다고 더듬거리며 말하지만, 실제로 그렇게 될 가능성은 거의 없다. 이처럼 균형을 잃으면 자신감과 집중력이 확연하게 낮아진다. 정도가 심한 경우에는 두려움 때문에 도망치고 싶은 충동을 느끼거나 호흡곤란까지 일으킬 수 있다.

그러나 정체성 대화가 어려운 대화의 구성 요소라는 사실을 인식하는 것만으로도 큰 도움이 되며, 앞에서 언급한 두 가지 대화처럼 당신은 상상하는 것 이상으로 훨씬 더 잘해낼 수 있다. 때때로 어쩔 수 없이 균형을 잃는 경우가 생기더라도 정체성 대화가 지금처럼 큰 불안감을 일으키지는 않을 것이다. 정체성 대화의 기초만 익혀도 불안감의 원인을 오히려 강점으로 바꾸어놓을 수 있다.

배우는 대화를 위하여

어려운 대화를 하는 본래 목적은 어떤 사실을 증명하거나 우리의 견해를 피력하기 위해서, 혹은 다른 사람들이 우리가 원하는 대로 행동하도록 만들기 위해서다. 일단 세 가지 대화에 수반되는 어려움과 그와 관련해 사람들이 자주 범하는 오류를 이해할 수 있다면 우리의 대화 목적도 달라지기 시작할 것이다. 대화를 나눌 때 우리의 인식과 의도가 얼마나 복잡한지 이해하고, 대부분의 문제는 양쪽이 함께 원인을 제공한다는 사실과 감정이 핵심적 역할을 한다는 것, 그리고 그런 문제들이 각자의 자존심과 정체성에 미치는 영향을 깨닫게 될 것이다. 그러면 자신의 메시지를 일방적으로 전달하려고 애쓰는 것은 아무 의미가 없다는 것도 알게 될 것이다.

자신이 원하는 방향으로 상대방을 설득하는 대신에, 일단 다른 사람의 관점에서 상황을 이해한 뒤 자신의 견해를 설명하고, 감정을 서로 나누며, 문제의 해결 방법을 찾아내기 위해 함께 노력하게 될 것이다. 그렇게 함으로써 상대방은 마음을 열어 당신의 말에 공감하게 되고, 당신은 문제를 이해하는 방식에 획기적인 변화를 얻게 될 것이다. 우리의 자세가 바뀐다는 것은 곧 상대방과 대화하도록 만들고 문제 해결에 도움이 되도록 한다는 의미다. 목적을 달성하려면 우리는 서로 많은 것을 배워야 하며 '배우는 대화'가 필요하다. 이 책을 통해 당신은 세 가지 대화를 각각 더욱 생산적으로 만들고, 세 가지를 한꺼번에 다루는 능력을 키울 수 있다.

이 책에서는 대화를 하면서 사람들이 흔히 범하기 쉬운 실수에 대해 깊이 있게 살펴볼 것이다. 그러기 위해 책의 앞부분에서는 어려운 대화를 갈등 대화, 감정 대화, 정체성 대화로 유형을 나누어 살펴본다. 그리고 후반부에서는 대화 자체에 좀 더 초점을 맞춰 어떤 문제를 언제 거론해야 할지 혹은 언제 끝내야 할지, 그리고 그것을 거론할 경우 얻을 수 있는 것은 무엇이며 얻을 수 없는 것은 무엇인지, 즉 어떤 것이 타당한 목표인가에 대해 논의한다. 그리고 나서 중요한 문제에 관해 생산적으로 대화할 수 있는 기술들을 살펴볼 것이다.

자, 이제 시작해보자.

갈등 대화

문제점: 양쪽이 각자 보는 것보다 실제 상황은 더 복잡하다.

싸우는 대화	배우는 대화
전제 나는 이 상황을 이해하는 데 필요한 모든 것을 알고 있다.	전제 우리는 각각 서로 다른 정보와 인식을 지니고 있다. 우리가 서로 모르는 중요한 것이 있을 가능성이 있다.
목표 내가 옳다는 것을 설득시킨다.	목표 상대방의 말을 귀담아듣는다. 우리가 상황을 어떻게 인식하고 있는지, 그리고 그 이유가 무엇인지를 탐색한다.
전제 나는 상대방의 의도를 알고 있다.	전제 나는 내 의도와 그의 행동이 나에게 미치는 영향에 대해 알고 있다. 그러나 그의 의도는 모르겠고 알 수도 없다.
목표 그에게 자신의 행동이 틀렸다는 것을 알게 만들어야 한다.	목표 나에게 미치는 영향에 대해 의견을 나누고 그의 생각을 알아낸다. 또한 내가 그에게 어떤 영향을 미치는지 알아낸다.
전제 모든 것은 그의 (혹은 나의) 잘못이다.	전제 아마도 우리 양쪽 모두 원인을 제공했을 것이다.
목표 그가 잘못을 인정하고 바로잡는 책임을 지도록 만든다.	목표 근본 원인을 이해한다. 우리의 행동이 어떻게 상호작용하여 이런 결과를 가져왔는지 이해한다.

감정 대화

문제점: 감정이 잔뜩 개입되어 있는 상황이다.

싸우는 대화	배우는 대화
전제 감정과는 아무 상관없으므로, 감정을 서로 나누는 것은 도움이 안 된다 (또는 지금의 내 감정은 그의 잘못 때문이므로, 그는 내 감정에 대해 들어야 한다).	전제 문제의 핵심에는 감정이 있다. 감정은 대체로 아주 복잡하다. 내 감정을 이해하기 위해서는 먼저 나 자신에 대해 이해하고자 노력해야 한다.
목표 감정에 대해 말하는 것을 회피한다 (또는 그는 마땅히 내 감정에 대해 들어야 한다).	목표 어떤 판정이나 비난을 삼가고 나와 상대방의 감정에 대해 탐색한다. 문제 해결 이전에 서로의 감정을 인정한다.

정체성 대화

문제점: 정체성이 위협받는 상황이다.

싸우는 대화	배우는 대화
전제 나는 유능하거나 무능하다. 착하거나 나쁘다. 사랑받을 만하거나 사랑받을 만하지 못하다. 양극단 중 하나에 속하며, 중간은 없다.	전제 심리적으로 양쪽 모두에게 중요한 점이 많이 있을 것이다. 우리는 모두 복잡하고 그 누구도 완벽하지 못하다.
목표 흑백논리로 자기 이미지를 보호한다.	목표 각자가 위협을 느끼고 있는 정체성 문제에 대해 이해한다. 균형을 더욱 잘 유지하기 위해서 더 복잡한 자기 이미지를 구축한다.

갈등 대화 1

상대방은 당신이
문제라고 생각한다

제이슨과 마이클의 갈등 상황에서 제이슨의 입장은 충분히 들었다. 그렇다면 이제 마이클의 이야기를 들어보자.

> 지난 몇 년간 손해를 보면서도 제이슨을 도와주려고 애썼습니다. 하지만 그때마다 무언가 한두 가지씩 꼭 일이 잘못되곤 했죠. 그런데도 그는 나와 논쟁을 하려고 합니다. 그러니 내가 어떻게 그를 계속 쓰겠습니까? 무엇보다도 내가 정말 화가 난 이유는 제이슨이 늘어놓는 변명입니다. 그 브로슈어가 기대에 미치지 못한다는 건 제이슨도 알고 있습니다. 더구나 재무 관련 브로슈어에서는 수익성 그래프가 가장 중요한 부분이거든요.

갈등 대화에 있어서 가장 전형적인 현상은 각자의 말이 서로 다르다는 것이다. 의견이 다르다는 것 자체로는 나쁠 것이 없으며, 그것이 반드시 어려운 대화로 이어지는 것도 아니다. 우리는 항상 다른 사람들과 의견을 달리하지만 대부분의 경우 아무도 신경 쓰지 않는다.

그러나 때로는 서로 다른 의견이 민감한 문제가 되기도 한다. 일이 잘못된 진정한 원인이 서로의 의견 차이에 있는 것처럼 보이기 때문이다. 사람들은 우리가 찬성해주기를 원하는 것에 찬성하지 않으며, 해주었으면 하는 일을 행하지 않는다. 결과적으로 우리가 목표한 것을 달성하든 못하든 간에 우리는 좌절을 느끼고 상처받고 오해를 받는다. 또한 의견 차이는 앞으로도 계속 일어날 것이며, 그때마다 상황이 악화되거나 서로에게 공격적이 될 것이다.

의견 차이가 생겼을 때 논쟁을 하는 것은 자연스럽고 합리적일지 모르지만 결코 도움이 되지는 않는다.

우리는 늘 먼저 상대 탓을 한다

어려운 대화 중에 정말 무슨 일이 진행되고 있는지, 혹은 무엇을 해야 하는지에 대해 중요한 의견 차이가 있다면 먼저 생각해보라. 그런 문제가 발생하게 된 원인을 당신은 어떻게 설명하겠는가?

누구든지 기분이 좋을 때는 '사람마다 나름대로 의견을 갖고 있는 법이지', '모든 일에는 양면성이 있지'라고 여유 있게 생각한다. 그러나 그건 우리의 진심이 아니다. 마음속 깊은 곳에서는 상대방이 문제라고 생각한다.

1. 그들은 이기적이다

여자친구와 함께 커플 상담사에게 가려고 했지만 여자친구가 돈 낭비라며 가지 않으려고 한다. 나에게는 중요한 일이라고 아무리 말해도 전혀 신경 쓰지 않는다.

2. 그들은 순진하다

딸은 뉴욕에 가서 연예계에 진출하겠다는 꿈을 갖고 있다. 그것이 얼마나 힘든 일인지 아무리 말해도 이해하지 못한다.

3. 그들은 자기 주장만 한다

우리는 뭐든지 상사의 방식대로 해야 한다. 언제나 자신의 아이디어가 최고라고 생각하는 그의 태도가 나를 미치게 한다. 그는 자신이 무슨 얘기를 하고 있는지조차 모를 때도 자기 방식을 고집한다.

4. 그들은 비합리적이다

고모할머니 베티는 다 낡아빠져 푹 꺼진 매트리스에서 주무신다. 새 매트리스를 사주겠다고 제안해도 거절한다. 집안사람들은 누구나 내게 이렇게 말한다. "로리, 고모할머니는 제정신이 아니야. 누가 말해도 통하지 않아."

만일 우리가 이런 식으로만 생각한다면 대화는 결국 논쟁으로 끝날 수밖에 없다. 예를 들어 로리가 고모할머니를 생각해주는 것은 사실이다. 그녀를 도와줄 용의도 있고 능력도 있기 때문에 우리 모두가 하듯이 행동한다. 그런데 상대방이 완강하게 자신의 합리성을 가로막고 있다면 그것을 깨뜨리기 위해 더욱 강력하게 주장한다("일단 새 매트리스를 한번만 써보면 그것이 얼마나 편하고 좋은지 알게 되실 거예요!").

만일 상대방이 순진하다면 우리는 인생은 이런 것이라고 그 사람을 가르치려 든다. 만일 이기적이거나 능수능란한 사람이라면 반대로 순진한 척하며 상대방을 비난하려고 한다. 어떤 식으로든 자신이 말하는 것이 결과적으로 효과가 있으리라는 희망을 갖고 끈질기게 밀어붙인다.

그러나 우리의 끈질김은 논쟁으로 이어질 뿐이며, 결국 아무런 효과도 얻지 못한다. 아무것도 해결되지 않은 채 그저 각자가 자신의 말이 무시당했고 자신이 부당한 대접을 받았다고 생각하게 된다. 상대방의 비합리성에 화가 날 뿐만 아니라 자신이 아무것도 할 수 없다는 사실에 좌절감을 느낀다. 이때 계속 논쟁하는 것은 서로의 관계에 전혀 도움이 되지 않는다.

더욱 큰 문제는, 그렇다면 논쟁하는 대신에 무엇을 어떻게 해야 하는지 모른다는 사실이다. 의견 차이가 없는 척할 수도 없고, 그것이 중요한 문제가 아닌 척할 수도 없고, 아무래도 상관없는 척할 수도 없다. 그것은 중요한 문제이고 서로에게 밀접하게 관련되어 있기 때문에 끈질기게 집착하는 것이다. 그렇다면 해결되지 않는 논쟁 말고 우리가 할 수 있는 일은 무엇인가?

우리가 해야 할 일은 상대방의 말에 귀 기울이는 것이다. 내 의견만 내세우지 말고 고모할머니의 말을 들어보는 것이다.

왜 나에게는 문제가 없다고 생각할까

고모할머니도 자신의 매트리스가 정말 낡고 닳아빠졌다는 사실을 잘 알고 있다.

"그 매트리스는 내가 40년 동안이나 남편과 함께 썼던 거예요. 그래서 정말로 내 마음을 편하게 해주죠. 내 인생에는 수많은 변화가 있었답니다. 그러니 변하지 않는 조그만 안식처, 그 상징물 하나쯤 있는 것도 좋지 않겠어요?"

낡은 매트리스는 베티에게 자신이 자기 인생의 주인이라는 느낌을 갖게 해주는 유일한 물건이다. 그녀가 허리가 아프다고 불평하는 것은 어떤 해결책을 원해서가 아니라 그저 자신의 일상을 사람들에게 알리고 서로의 유대감을 확인하기 위한 방편일 뿐이다. 베티는 로리에 대해 이렇게 말한다.

"나는 그 애를 사랑해요. 하지만 대하기 쉬운 애는 결코 아니에요. 그 애는 다른 사람이 어떻게 생각하는지 별로 신경 쓰지 않아요. 그런데 이런 얘기를 그 애에게 했더니 화를 내더군요."

로리는 베티가 문제라고 생각하고, 베티는 오히려 로리가 문제라고 생각하는 것 같다. 여기에서 재미있는 의문이 생겨난다. 왜 사람들은 순진하거나 이기적이거나 비합리적이거나 지나치게 자기주장을 하는 쪽은 '상대방'이라고 생각하는 것일까? 왜 자신에게 문제가 있다고는 생각하지 않는 것일까?

우리가 자신을 문제로 보지 않는 이유는 실제로 자신이 문제가 아니기 때문이기도 하고, 자신의 말에도 일리가 있기 때문이기도 하다. 반면에 상대방의 말에도 일리가 있다는 사실은 깨닫기 어렵다. 로리와 베티의 경우처럼 각자의 생각과 이야기는 서로 다르다. 로리의 말을 들어보면 로리가 옳고, 베티의 말을 들어보면 베티가 옳다. 로리는 자신의 이야기 속에만 등장하는 인물이 아니다. 베티의 이야기 속에도 방문객으로 등장한다. 그런데 베티의 이야기 속에 등장하는 로리는 자기중심적이며 사려 깊지 못하고, 로리의 이야기 속에 등장하는 베티는 비합리적이다.

나의 이야기와 다른 사람의 이야기가 서로 충돌하는 부분이 바로 어려운 대화가 발생하는 곳이다. 게다가 나는 그런 충돌이 일어나는 이유가 전적으로 상대방 때문이라고 생각하고 상대방은 나 때문이라고 생각한다. 그 충돌의 원인은 단지 각자의 이야기가 서로 다르기 때문인데, 어느 쪽도 그런 사실을 인식하지 못한다.

먼저 이해하지 않으면 대화는 바뀌지 않는다

논쟁은 서로의 이야기가 다르다는 것을 인식하지 못하는 데서 비롯된 결과이자 원인이다. 논쟁은 상대방이 세상을 어떻게 보고 있는지에 대해 깨닫지 못하게 한다. 논쟁을 할 때 흔히들 어떤 결론, 즉 자신의 최종적인 생각을 다음과 같이 서로 주고받는다. "새 매트리스를 사세요"에 대해 "나를 좌지우지하려 들지 마라", "나는 성공을 위해서 뉴욕으로 갈 거예요"에 대해 "너는 너무 순진하다", "커플 상담을 받는 것은 도움이 된다"에 대해 "커플 상담을 받는 것은 시간 낭비다"라는 식이다.

논쟁은 서로 다른 견해를 이해하는 데 도움이 되기보다는 자신의 메시지 전달을 위한 싸움으로 귀결된다. 이처럼 논쟁은 서로를 깊이 안기보다는 분열시킬 뿐이다.

논쟁은 또 다른 문제점을 야기하는데, 바로 변화를 가로막는다. 누군가에게 변화하라고 말하면 그 사람이 변화할 가능성은 오히려 줄어든다. 왜냐하면 다른 사람이 자신을 이해해준다는 느낌이 먼저 들지 않으면 결코 변화하지 않기 때문이다.

리버와 카렌의 대화를 예로 들어보겠다. 리버는 주 사회복지부의 재무담당관이고, 카렌은 같은 부서에 근무하는 사회복지사로 병원의 환자 복지에 관련된 업무를 담당하고 있다. 리버는 이렇게 설명하고 있다.

"카렌은 도무지 보고서를 제시간에 제출한 적이 없어요. 마감 시간이 임박했다고 아무리 여러 번 말해줘도 소용없어요. 게다가 내가 그것에 대해 얘기하면 오히려 화를 냅니다."

물론 이런 이야기에는 다른 사정이 있는데, 불행히도 리버는 그것이 무엇인지 모른다. 리버는 카렌에게 그녀가 해야 할 일에 대해 말했지만, 그 문제에 대해 쌍방의 대화가 이루어진 것은 아니다. 늦는 것이 왜 나쁜가에 대해 논쟁을 벌이다가, 리버가 대화의 방향을 카렌의 행동을 변화시키려는 것에서 우선 그녀를 이해하고 그녀의 이해를 구하려고 노력하는 것으로 바꾸자 상황은 눈에 띄게 좋아졌다.

카렌은 자신이 얼마나 지치고 일에 쫓기는지에 대해 설명했습니다. 그녀는 도움이 절실하게 필요한 환자들을 위해서 모든 힘을 쏟아냅니다. 그러나 내가 자기를 인정해주지 않는다고 느꼈고 사실 그랬습니다. 나는 그녀의 입장을 잘 이해하게 되었음을 그녀에게 전달했습니다. 그다음으로 내 처지를 설명했습니다. 그녀가 보고서를 늦게 내면 일이 얼마나 번거로워지는지와 추가적으로 발생하는 일에 대해서 이야기한 것입니다. 그것에 대해서 카렌은 아주 미안해했는데, 지금까지 그런 측면에서 내 입장을 생각해본 적이 없었던 것이 분명했습니다. 그녀는 보고서를 제시간에 내도록 노력하겠다고 약속했고 지금까지 그렇게 하고 있습니다.

리버와 카렌은 서로를 이해하려고 노력함으로써 무언가를 배웠고 의미 있는 변화를 위한 환경을 만든 것이다. 이처럼 의견 차이를 극복하려면 상대방의 이야기를 잘 듣고 그의 말에도 일리가 있다는 것을 이해해야 한다. 또한 자신의 결론도 타당하다는 것을 상대방이 이해하도록 도와주어야 한다. 물론 이런 자세가 문제를 전부 해결해주지는 않지만, 카렌과 리버의 경우처럼 아주 중요한 첫걸음이 될 수는 있다.

세상을 서로 다르게 보는
세 가지 이유

논쟁을 피하고 상대방의 이야기를 이해하려고 노력할 때 사람들의 이야기가 제각각인 이유를 알면 도움이 될 것이다. 우리의 이야기는 그냥 저절로 생겨난 것이 아니며, 누가 제멋대로 만든 것도 아니다. 대부분의 경우에는 무의식적이지만 아주 체계적인 방식으로 구축된다.

첫째, 우리는 정보를 받아들인다. 즉 시각·청각·촉각 등 오감을 통해 세상을 경험하는 것이다. 둘째, 우리가 보고 듣고 느낀 것을 해석한다. 받아들인 정보에 의미를 부여하는 것이다. 그러고 나서 어떤 일이 일어났는가에 대한 결론을 내린다. 여기서 각 단계마다 사람들의 이야기가 서로 달라질 수 있는데, 똑같은 정보라도 그것을 해석하는 것은 지극히 주관적이기 때문이다. 즉, 각자 독특한 방법으로 해석한다. 어려운 대화에서는 우리 각자가 나름대로 세상을 인식하게 만드는 정보와 그 해석 방법에 대한 대화 없이 결론만 주고받을 뿐이다.

첫째, 정보가 서로 다르다

사람들이 서로 다른 정보를 지니게 되는 데는 두 가지의 이유가 있다. 첫째, 인생을 살아나가고 어려운 상황을 헤쳐나가는 과정에서 주어지는 정보의 양이 너무나 방대하기 때문이다. 어떤 우연한 마주침에서조차 그에 수반되는 시각적·청각적·촉각적 정보를 전부 받아들일 수는 없다. 어쩔 수 없이 어떤 것은 인식하고 어떤 것은 무시하게 되는데, 어떤 것을 인식하고 어떤 것을 무시하게 되는지가 사람마다 다르다. 각자가 접근할 수 있는 정보의 종류가 서로 다르기 때문이다.

더그는 여섯 살짜리 조카 앤드루를 데리고 축구 우승 축하 퍼레이드를 보러 갔다. 축구선수들, 치어리더들, 그리고 학교 밴드가 화려한 장식의 퍼레이드카를 타고 지나가자 삼촌의 어깨에 올라앉은 앤드루는 즐거운 환호성을 질렀다. 그러고 나서 "지금까지 내가 본 것 중에서 제일 멋있는 트럭 퍼레이드예요!"라고 소리쳤다. 트럭을 좋아하는 앤드루는 축구선수보다 트럭이 더 인상적이었던 것이다. 그러나 트럭에 관심이 없는 더그 삼촌은 트럭을 전혀 보지 못했다. 어떤 의미로는 앤드루와 삼촌이 완전히 다른 퍼레이드를 구경한 셈이다.

더그와 앤드루처럼 우리가 무엇을 인식하는가의 문제는 우리가 누구이며, 무엇에 관심이 있는가와 깊은 관련이 있다. 어떤 사람들은 감정과 관계에 관심을 더 보이고, 어떤 사람들은 지위와 권력에, 또 다른 사람들은 사실과 논리에 더욱 관심을 보인다. 어떤 사람은 예술가이고, 어떤 사람은 과학자 혹은 실용주의자다. 어떤 사람은 자신이 옳다는 것을 증명해 보이고 싶어 하고, 어떤 사람은 갈등을 회피하거나 적당히 얼버무리려 든다. 어떤 사람은 자신을 피해자로 보는 반면에 어떤 사람은 자신을 영웅이나 관찰자 혹은 생존자로 본다. 각각의 경우에 따라 우리가 인식하는 정보가 달라지는 것이다.

물론 더그도 앤드루도 퍼레이드에 대해 '관심을 가진 정보를 중심으로 퍼레이드의 특정한 측면을 즐겼다'라고는 생각하지 않았다. 그들은 각자 '그 퍼레이드를 즐겼다'라고 생각했다. 그들은 자신이 관심을 가졌던 측면이 그 퍼레이드에서 가장 중요한 의미를 가지고 있다고 생각한다. 그리고 자신은 그 퍼레이드의 '모든 것'을 보았다고 생각한다.

조립 라인에서 함께 일하는 랜디와 대니얼은 좀 더 심각한 상황에서 똑같은 역학관계를 경험하고 있다. 그들은 인종 문제와 관련해서 팽팽한 대화를 많이 주고받았다. 백인인 랜디는 자신이 다니는 회사가 소수민족 출신의 채용과 승진에 있어서 다른 회사에 비해 상당히 열려 있다고 믿고 있다. 그는 자기 팀원 일곱 명 중 두 명은 흑인이고, 한 명은 라틴계이며, 노조위원장 역시 라틴계 사람이라는 것을 인식하고 있다. 또한 팀장 역시 원래 필리핀 출신이라는 것을 알고 있다. 랜디는 직장에서 다양성이 가져다주는 장점을 신봉하는 사람이며, 최근 소수민족 몇 명이 승진한 사실에 대해 긍정적으로 생각한다.

그러나 아시아계 미국인인 대니얼의 견해는 다르다. 그는 종종 자신의 자질을 의문스러워하는 질문을 받는다. 그는 동료들로부터 인종차별적 발언을 들은 적이 몇 번 있으며, 팀장에게서 직접 들은 적도 있었다. 이런 경험은 그의 마음속에 뿌리 깊이 박혀 있다. 또한 그는 소수민족 출신 동료들이 승진에서 번번이 제외된 사실을 기억하고 있으며, 높은 직위에 백인의 비율이 불공평할 정도로 높게 자리 잡고 있다고 생각한다. 게다가 경영진들이 마치 백인과 흑인만이 중요한 인종 그룹인 것처럼 말하는 것을 계속 들어왔다.

랜디와 대니얼은 일부의 정보는 공유하지만, 많은 부분에서는 그렇지 못하다. 그럼에도 불구하고 각자 자기는 사실을 분명히 알고 있으며, 자신이 생각하는 것이 바로 현실이라고 믿고 있다. 그들은 같은 회사를 다니는데도 어찌 보면 서로 다른 회사에 다니는 셈이다. 사람들은 서로 다른 것에 관심을 갖고 있고 각자의 생각은 서로 다른 정보에 바탕을 두고 있다는 사실을 인식하지 못한 채 대화를 하고 관계를 유지한다.

똑같은 정보가 주어져도 서로 다른 정보를 선택하는 것은 물론이고, 우리 각자에게 주어지는 정보 자체가 다른 경우도 많다. 예를 들면 사람은 누구나 자기 자신에 대해서 다른 사람들이 가지고 있지 못한 정보를 갖고 있다. 나는 나 자신의 한계를 알고 있지만 다른 사람들은 모른다. 자신의 희망과 꿈과 두려움에 대해 알고 있는 건 자신뿐이다. 우리는 마치 상대방에 대해 알아야 할 중요한 정보를 다 갖고 있는 것처럼 행동하지만 사실 그렇지 못하다. 그들의 내면적인 경험은 상상하는 것보다 훨씬 더 복잡하다.

다시 한번 제이슨과 마이클의 대화로 돌아가보자. 무슨 일이 있었는지에 대한 마이클의 설명에는 제이슨이 밤새워 작업했다는 말이 없다. 어쩌면 제이슨이 밤을 새웠다는 사실을 몰랐을 수도 있지만, 설사 알았을지라도 그것에 대한 마이클의 '지식'은 제이슨 자신이 알고 있는 것에 비해 아주 제한적이었을 것이다. 밤을 새운 것은 제이슨이다. 잠을 안 자려고 애쓰는 것이 어떤 것인지 제이슨은 잘 알고 있다. 한밤중에 난방이 중단되었을 때 얼마나 추웠는지 제이슨은 기억하고 있다. 그리고 아내와 저녁 약속을 취소했을 때 그녀가 얼마나 화를 냈는지 잘 알고 있다. 마이클이 부탁한 일을 하기 위해 자신이 하고 있던 일을 중단했을 때의 마음도 잘 알고 있다. 그래도 친구를 위해 호의를 베푼다고 생각하니 얼마나 기뻤는지도 잘 알고 있다.

그러나 제이슨이 모르고 있는 것도 많다. 제이슨은 마이클의 고객이 그날 아침 브로슈어에 잘못 들어간 자료 때문에 얼마나 화를 냈는지를 모른다. 제이슨은 그 고객이 근래에 내린 사업적 의사결정에 의문이 제기되고 있기 때문에, 특히 수익성 관련 자료가 얼마나 뜨거운 쟁점이 되어 있는지를 모른다. 그리고 마이클의 회사가 가장 바쁜 시기에 편집 디자이너가 갑자기 휴가를 내는 바람에 그 프로젝트뿐만 아니라 다른 일에도 얼마나 지장을 받고 있는지에 대해서도 모른다. 제이슨이 과거에 수행했던 작업에 대해 마이클이 불만스럽게 느낀 부분이 있었다는 사실도 모른다. 그리고 제이슨은 친구에게 호의를 베푸는 것에 대해 마이클이 얼마나 기쁘게 생각했는지에 대해서도 모른다.

물론 우리가 모르고 있는 것이 무엇인지를 미리 알 수는 없다. 그러나 우리가 알아야 할 것을 모두 이미 알고 있다고 전제하기보다는 우리가 알지 못하는 중요한 정보가 있다는 사실을 인식해야 한다. 사실을 사실대로 아는 것이 중요하다.

둘째, 해석이 서로 다르다

"우리는 도무지 섹스를 하지 않아요."

우디 앨런의 영화 〈애니 홀〉에서 앨비 싱어가 이렇게 불평했다. 그러나 그의 여자친구는 이렇게 말한다.

"우리는 끊임없이 섹스를 해요."

의사가 두 사람에게 얼마나 자주 하는지 물었다. 그러자 두 사람이 동시에 대답했다.

"일주일에 세 번이요!"

우리가 세상에 대해서 서로 다른 이야기를 하는 두 번째 이유는 똑같은 정보를 가지고 있는 경우에도 서로 다르게 해석하기 때문이다. 즉 같은 일에 서로 다른 의미를 부여하는 것이다. 컵에 물이 반쯤 찬 것을 보면 나는 물이 반밖에 없다고 보지만, 다른 사람은 물이 반이나 있다고 말한다. 우리가 보는 것에 대한 해석이 서로 달라지는 이유는 먼저, 경험 때문이다. 둘째는 어떤 일이 어떻게 되어야 하고, 어떻게 되어서는 안 되는지에 대해 그동안 배워온 암묵적인 규칙이 다르기 때문이다.

우리는 경험에 영향을 받는다. 과거는 현재에 의미를 부여한다. 사람들이 말하고 행하는 것을 조금이라도 이해할 수 있는 이유는 오로지 경험이라는 맥락 속에서 보기 때문이다.

오랜 시간 해오던 프로젝트의 마감을 축하하는 뜻에서 보니와 동료들은 상사인 캐롤린에게 멋진 레스토랑에서 저녁을 대접하기 위해 돈을 걸었다. 그러나 캐롤린은 식사하는 동안 내내 "너무 비싸요",

"아니, 디저트가 5달러라니, 말도 안 돼!"라는 불평만 늘어놓았다.

보니는 집으로 돌아오면서 생각했다.

'원래 구두쇠인 줄은 알았지만 그래도 너무 했어. 돈 내는 사람은 우리니까 자기는 걱정할 필요가 없는데도 계속 비싸다고 불평만 늘어놓아 저녁을 망치다니!'

보니는 캐롤린이 그저 싸구려나 좋아하는 사람이거나 찬물을 끼얹어 흥을 깨뜨리는 사람이라는 생각이 머리에서 떠나지 않았다. 결국 다음 날 캐롤린에게 회식 비용에 대해서 왜 그렇게 과민반응을 보였는지 이유를 물어보았다. 캐롤린은 곰곰이 생각하더니 이렇게 설명했다.

아마도 대공황 시절의 내 성장 과정과 상관이 있는 것 같아요. 내가 학교에 다닐 때 아침마다 나를 부르던 어머니의 목소리가 지금도 생생하거든요. "캐리, 탁자 위에 점심 값 5센트 있다!" 어머니는 나에게 매일 점심 값을 줄 수 있다는 사실을 아주 자랑스러워했어요. 내가 여덟 살인가 아홉 살이 되었을 때는 이미 그 돈으로는 점심을 사 먹을 수 없었지만, 어머니에게 차마 그 말을 할 수가 없었어요.

아주 오래전의 경험 때문에 캐롤린은 세월이 많이 흘렀어도 음식의 일반적인 가격조차 너무 비싸게 느낀 것이다.

당신이 지니고 있는 확고한 생각은 모두 당신의 경험에 영향을 받은 것이다. 어디로 휴가를 갈지, 아이들을 어떻게 훈육할지, 광고비를 얼마나 책정할지 등은 모두 가정생활에서 겪은 것이나 인생을 통해서 배운 것들에 영향을 받는다. 그러나 대부분의 사람들은 그런 경험이 어떻게 해서 세상을 해석하는 우리의 방식에 영향을 미치는지 인식조차 하지 못하고 있다. 우리는 그저 세상이 그렇게 되어 있다고 믿을 뿐이다.

경험은 흔히 인생의 '규칙'으로 발전한다. 그런 규칙을 인식하든 못하든 간에 사람들은 모두 그것을 따르고 있다. 그 규칙은 우리에게 이 세상이 어떻게 돌아가는지, 사람들이 어떻게 행동해야 하는지, 혹은 어떤 일이 어떻게 되어야 하는지에 대해 말해준다. 그리고 어려운 대화를 할 때 각자가 하는 이야기는 그 규칙에 크게 영향을 받는다.

규칙이 서로 충돌할 때는 문제가 발생한다. 예를 들면 올리와 텔마는 상충하는 규칙 때문에 어려움을 겪고 있다. 영업사원인 그들은 많은 시간을 길에서 함께 보낸다. 어느 날 저녁 그들은 프리젠테이션 준비를 위해 다음 날 아침 7시, 호텔 로비에서 만나기로 했다. 평소처럼 텔마는 7시 정각에 도착했지만 올리는 7시 10분에 왔다. 올리가 늦게 온 것이 이번이 처음이 아니었으므로 텔마는 너무 화가 났고, 미팅을 시작한 후 처음 20분 정도는 미팅에 집중할 수가 없었다. 올리도 역시 텔마가 화를 내는 것에 대해서 화가 났다.

각자가 무의식중에 적용하고 있는 암묵적 규칙을 한번 살펴보면 이해가 될 것이다. 텔마의 규칙은 '늦는 것은 프로답지 못하고 사려 깊지 못하다'이고, 올리의 규칙은 '조그만 일에 너무 집착해서 중요한 것에 집중하지 못하는 것은 프로답지 못하다'라는 것이다. 텔마와 올리 양쪽 모두가 자신의 암묵적 규칙이라는 렌즈를 통해서 상황을 해석하므로 서로 상대방이 적절치 못한 행동을 하고 있다고 보는 것이다.

우리가 지니고 있는 암묵적 규칙은 종종 사람들이 '해야 하는 것'

혹은 '하지 말아야 하는 것'이라는 형태로 규정된다. 자녀 교육에는 돈을 써야 하지만 옷에는 돈을 쓰면 안 된다, 다른 사람들 앞에서 동료를 비난하는 것은 절대로 안 된다, 변기 덮개를 열어놓아서는 안 된다, 치약을 가운데부터 짜면 안 된다, 아이들에게 텔레비전을 두 시간 이상 보게 해서는 안 된다 등 예를 들자면 끝이 없을 것이다.

그런 규칙을 가지고 있는 것 자체가 잘못은 아니다. 오히려 질서의 측면에서 볼 때 그것들은 꼭 필요하다. 그러나 갈등이 있을 때는 자신의 규칙을 명시적으로 밝히고 상대방의 것도 알려달라고 요구하는 것이 좋다. 그렇게 하면 상충하는 규칙 때문에 우발적인 싸움이 일어날 가능성이 줄어들기 때문이다.

셋째, 이익이 서로 다르다

마지막으로 우리 각자가 세상에 대해 자기만의 이야기를 하는 이유가 무엇인지를 생각해볼 때, 우리 결론은 편파적이며 대부분의 경우 자신의 이익을 반영한다는 사실에는 의심의 여지가 없다. 자신의 생각을 뒷받침해줄 정보를 찾아내고 그 정보를 자신에게 가장 유리한 방법으로 해석한다. 그러고 나서는 자신의 생각이 옳았다고 더욱 확신하게 된다.

하버드 경영대학의 하워드 라이파 교수가 학생들을 상대로 실험을 해보았을 때 그런 현상이 여실히 증명되었다. 그는 한 그룹에게는 기업을 사기 위해 협상을 하도록 권유했고, 다른 그룹에게는 그 기업을 팔기 위한 협상을 할 것이라고 말했다. 그러고 나서 각 팀에게 그 회사의 가치(사거나 팔기 위해서 제시할 금액이 아니라 그 회사의 실제 가치라고 생각되는 금액)를 최대한 객관적으로 평가해보라고 했다. 그러자 팔려는 사람들은 독립적으로 공정하게 평가된 시장가치보다 30퍼센트 정도 높게 값을 매겼고, 사려는 사람들은 30퍼센트 정도 낮게 값을 매겼다.

각 그룹은 자신도 모르게 스스로에게 유리한 쪽으로 생각을 발전시킨 것이다. 그들은 자신이 믿고 싶은 것과 일치하는 것들에만 초점을 맞추고, 그렇지 않은 것들은 무시하고 곧 잊어버렸다.

어떤 은퇴한 변호사는 자신의 젊은 시절을 면밀히 돌이켜보면서 이런 현상을 찾아냈다.

"나는 판사에게 내가 옳다는 사실을 설득하는 데 실패한 적이 있지만, 나 자신을 설득하는 데는 결코 실패한 적이 없습니다!"

자신도 모르게 편향된 인식을 만들어내는 경향은 어찌 보면 인간적이지만 때로는 위험할 수도 있다. 특히 중요한 문제가 걸려 있을 때는 이야기의 '정당성'에 대해 다소의 겸손함이 요구된다.

상대방을 이해하는 유일한 길, 호기심

다른 사람의 이야기를 이해하는 길은 오직 한 가지밖에 없다. 그것은 호기심을 갖는 것이다. '그들은 어떻게 그렇게 생각할 수 있을까?'라고 묻지 말고 '그들은 내가 갖고 있지 않은 어떤 정보를 갖고 있을까?'라고 자문해보라. '그들은 세상을 어떻게 보는 것일까?'라고 물어보라. 자기 생각에 기초한 확신은 우리가 그들의 이야기를 이해할 수 있는 길을 막아버리지만, 호기심은 그 길을 열어준다.

토마스와 그의 아내 게이코 사이의 의견 충돌에 대해 살펴보자. 토마스의 여동생이 첫아이를 출산했다. 바로 다음 날 게이코는 병원에 갈 준비를 하고 있었다. 그런데 뜻밖에도 토마스는 집에서 축구 중계를 보겠다고 했다. 게이코가 그 이유를 묻자 토마스는 중요한 경기라고 얼버무리면서 병원에는 '내일' 가겠다고 덧붙였다.

게이코는 도무지 이해가 되지 않았다. 도대체 어떤 사람이 가족보다 축구 시청을 더 중요하게 생각하는지, 그렇게 이기적이고 즉흥적이고 웃기는 말은 생전 처음이라고 생각했다. 그러나 자기가 너무 자신만의 확신에 사로잡혀 있는 것인지도 모른다는 생각이 들었다. "도대체 어떻게 그럴 수가 있어요?"라고 따져 묻기 전에 호기심을 가지고 남편을 관찰해보기로 했다. 토마스는 알고 있지만 자신이 모르고 있는 것이 무엇인지, 그리고 토마스가 이 세상을 어떤 관점으로 보기에 그런 생각을 하는지 호기심이 생겼다.

그런데 토마스의 얘기는 게이코가 상상했던 것과는 전혀 달랐다. 겉으로 보면 토마스가 그저 축구 중계를 보는 것이지만, 실상은 그의 정신건강에 관한 문제였다. 토마스는 일주일 내내 하루에 10시간씩 극도의 스트레스를 받으면서 일하고 집에 와서는 두 아들과 놀아주며 애들이 원하는 것을 대체로 다 해준다.

애들을 겨우 재워놓고 나서는 아내와 시간을 보내면서 하루를 어떻게 지냈는지 얘기를 듣는다. 그리고 마침내 쓰러지다시피 잠자리에 들곤 한다. 그런 토마스에게 축구를 보는 것은 일주일 중에서 유일하게 갖는 진정한 휴식 시간이었다. 그때는 마치 명상을 할 때처럼 스트레스가 풀리고, 오직 자신만을 위한 두 시간은 다음 주의 업무 효율성에 중대한 영향을 미친다. 토마스는 자신이 오늘 가든 내일 가든 여동생에게는 크게 상관이 없을 것이므로 자신의 정신건강을 먼저 생각한 것이다.

물론 얘기는 여기서 끝나지 않는다. 게이코도 자신의 이야기를 토마스와 함께 나누어야 한다고 생각해서 일단 모든 것을 얘기했고, 그러고 나서 어떻게 해야 할지를 함께 결정할 수 있었다. 만약 게이코가 처음부터 토마스에 대해 다 알고 있다고 확신하고 비난부터 했다면 그렇게 될 수 없었을 것이다.

자신이 완벽하지 않다는 것을 인정하라

어떤 일에 대해 가능한 모든 측면을 다 생각해보았다고 믿는 자세를 버릴 수 있는 한 가지 방법은 자신에 대해서 모르고 있는 것이 무엇인지 살펴보는 것이다. 이 말이 쓸데없는 소리처럼 들릴지도 모르겠지만, 사람은 항상 자기 자신의 생각을 아주 잘 알고 있다고 생각한다.

그러나 사실을 말하자면 그렇지 않다. 대부분의 경우 사람들이 자신의 이야기를 구축하는 과정은 너무 순식간에 자동으로 이루어지기 때문에 나의 생각이 어떤 것에 영향을 받았는지조차 인식하기 어렵다. 예를 들어 제이슨이 마이클과 대화에서 진정으로 생각하고 느낀 것이 무엇인지를 살펴보면 거기에는 난방이 중단된 것이나 저녁 약속 취소로 인한 아내의 분노에 대한 얘기는 전혀 없다는 것을 알 수 있다. 당사자인 제이슨조차도 자신의 반응 뒤에 숨어 있는 모든 정보를 다 인식하고 있지 못하다.

그러면 그에게 중요한 암묵적 규칙은 무엇일까? 제이슨은 속으로 '마이클이 어떻게 나를 그렇게 대접할 수가 있어?'라고 생각하지만, 그런 생각은 '다른 사람을 대할 때는 어떻게 해야 하는가'에 대한 암묵적 규칙에서 나온다는 사실을 인식하지 못하고 있다.

제이슨의 규칙은 '사람은 어떤 상황에서도 고마움을 표해야 한다'는 것이다. 많은 사람들이 그런 규칙에 동의하지만 그것은 진리가 아니라 규칙일 뿐이다. 어쩌면 마이클의 규칙은 '친구 사이에는 한쪽이 순간적으로 화를 냈다고 해서 그것을 개인적인 감정으로 받아들여서는 안 된다'일지도 모른다. 여기서 중요한 것은 누구의 규칙이 더 나은가가 아니라 사람마다 규칙이 다르다는 사실이다.

퍼레이드를 구경했던 앤드루와 더그 삼촌의 이야기를 상기해보자. 앞에서 앤드루를 '트럭을 좋아하는 아이'라고 했지만, 그것은 삼촌의 관점에서 본 것이다. 삼촌인 더그는 '앤드루가 어떤 아이인지'에 대해서는 인식하고 있지만, '자신이 어떤 사람인지'에 대해서는 그만큼 잘 알지 못한다. 트럭에 관심이 전혀 없는 더그 삼촌을 기준으로 삼는다면 앤드루를 '트럭을 좋아하는 아이'라고 할 수 있지만, 앤드루의 관점에서 보면 삼촌은 '치어리더를 좋아하는 사람'이라고 생각될지도 모른다. 네 살짜리 아이들 사이에서는 앤드루의 관점이 오히려 정상이다.

상대방의 이야기를 수용하는 '그리고 대화법'

우리가 자기 생각만 갖고 있거나 어떤 한 가지 주장만 옳다고 믿고 있을 때, 다른 사람의 이야기에 관심을 가지기는 매우 어렵다. 자기 이야기는 다른 사람들의 것과 너무 다르기 때문에 결국 자신의 이야기만 옳다고 믿는 것이다. 다른 사람의 이야기에 관심을 보여야 한다는 스트레스를 완화시키는 방법은 이른바 '그리고 대화법'을 사용하는 것이다.

우리는 보통 다른 사람의 이야기를 받아들이든 거부하든 어느 한쪽을 선택해야 하며, 만일 받아들인다면 자기의 주장은 버려야 한다고 전제한다. 그러나 마이클과 제이슨, 올리와 텔마, 보니와 그녀의 상사 캐롤린 중에서 누가 옳단 말인가? 창문을 열고 자는 사람과 창문을 닫고 자는 것을 좋아하는 사람 중 누가 옳단 말인가? 이것은 질문 자체가 말이 되지 않는다.

어느 하나의 이야기를 선택하려고 하지 말고, 둘 다 수용하는 것이 바로 '그리고 대화법'이다. 양쪽 이야기를 모두 수용하라는 얘기는 어쩌면 기회주의적이거나 이중적으로 들릴지도 모른다. 마치 '양쪽 이야기가 모두 옳다고 생각하는 척하라'는 말처럼 들릴 수도 있지만 결코 그런 말이 아니다.

다른 사람의 이야기를 받아들이거나 거부하는 것에 대해 걱정하지 말고 우선 이야기를 이해하려고 노력해라. 다른 사람의 주장을 이해하려 한다고 해서 자기 이야기를 포기해야 하는 것은 아니다. '그리고 대화법'은 사물을 보는 개개인의 관점과 느낌이 중요하다는 것을 깨닫게 해준다. 자기가 결과적으로 무엇을 하게 되든지 상관없이, 그리고 자기 생각이 그들의 이야기에 영향을 미치든 혹은 그 반대가 되든 상관없이 양쪽의 견해는 모두 중요하다.

'그리고 대화법'은 이 세상은 복잡하다는 것과 자신이 상처받고 화나고 부당한 취급을 받을 수 있다는 것, 그리고 상대방도 똑같이 상처받고 화나고 부당한 취급을 받을 수 있다는 것을 전제로 하고 있다. 상대방은 최선을 다하고 있을지도 모르는데 자기는 그것만으로는 부족하다고 생각할 수도 있다. 자신이 바보 같은 행동을 했을 경우 상대방이 그 행동에 중요한 원인을 제공했을지도 모른다. 당신은 그들에게 분노를 느낄 수도 있고 거꾸로 사랑과 감사의 마음을 느낄 수도 있다.

'그리고 대화법'은 다른 사람의 생각과 감정을 해치지 않으면서 자신의 생각과 감정을 충분히 주장할 수 있는 바탕을 마련해준다. 다른 사람이 사물을 얼마나 다르게 느끼고 다르게 보는지를 듣기 위해 자기의 생각과 감정을 포기할 필요는 없다. 각자 지니고 있는 정보나 해석 방법이 다르기 때문에 견해가 달라지는 것이며, 따라서 양쪽 모두 옳을 수도 혹은 틀릴 수도 있다.

서로 이야기하는 중에 새로운 정보나 관점이 반영되어 각자의 생각들이 조금씩 달라질 수 있다. 물론 그렇다고 각자의 주장이 완전히 일치하지는 않을 것이다. 그러나 그래도 괜찮다. 때로는 정직한 의견 차이라는 것이 있으며, 그때 가장 중요한 질문은 '누가 옳은가' 하는 것이 아니라 '이제 우리는 진정으로 서로 이해하게 되었으니, 이 문제를 해결하는 좋은 방법이 무엇일까'라고 묻는 것이다.

옳고 그름이 문제가 아니다

확신과 논쟁에서 호기심과 '그리고 대화법'으로 전환하라는 조언은 일반적으로는 일리가 있지만 그래도 예외를 인정해야 한다고 생각할지 모른다. 그럼 이제 예외처럼 보이지만 사실은 그렇지 않은 두 가지 중요한 질문을 살펴보자. 먼저 '내가 옳다는 것이 확실히 맞을 때는 어떻게 해야 하는가?' 그리고 '상대방의 이야기를 이해하라는 제안이 항상 적용되는가? 예를 들어 내가 누군가를 해고하거나 관계를 끊어야 할 때도 그런가?'이다.

정말로 내가 옳다면?
옛날에 두 사람의 성직자가 하느님의 일을 어떻게 수행해야 하는가에 대해 논쟁을 하고 있었다. 논쟁의 끝이 안 보이자 결국 서로 화해하려는 마음으로 한 사람이 다른 사람에게 이렇게 말했다.

"자네와 나는 사물을 보는 시각이 다른 것 같네. 그럼 할 수 없지. 우리의 의견이 일치해야만 하는 것은 아니니까. 자네는 하느님의 일을 자네의 방법으로 하게, 나는 하느님의 방법으로 할 테니까."

이런 방식으로 생각하는 경향이 지배적인데, 진정한 통찰력과 공감으로 다른 사람의 말을 이해한다 해도 그다음 단계에서 장애에 부딪힌다. 상대방이 아무리 일리가 있다고 여기고 말할지라도, 당신은 여전히 당신 생각이 옳고 상대방은 옳지 않다고 확신하는 것이다.

예를 들어 딸이 담배 피우는 것에 대해서 당신과 딸이 대화하는 경우를 생각해보면 어떨까? 딸이 담배 피우는 것은 건강에 나쁘고, 빨리 끊을수록 좋다고 여기는 당신의 생각은 옳다.

당연히 모든 면에서 당신이 옳다. 그러나 그 대화의 진정한 쟁점은 그것이 아니라는 데 문제가 있다. 그것은 당신과 딸이 그녀의 흡연에 대해 어떻게 느끼는지, 그녀가 흡연에 대해 어떻게 해야 하는지, 그리고 당신이 어떤 역할을 해야 하는지에 관한 문제다. 딸이 병들면 어떻게 하나 하는 상상만으로도 당신이 얼마나 두렵고 슬프게 느끼는지의 문제이며, 딸이 담배를 끊게 할 수 없다는 데 대한 무력감과 분노의 문제다.

딸의 입장에서는 자신이 어른이라는 느낌과 질식할 것만 같은 '착한 아이'의 틀을 깨고 싶어 하는 것이 문제다. 한편으로는 기분이 좋아지지만 동시에 두려움도 느끼고 싶어 하는 그녀의 '반대 감정 병존의 심리'에 관한 문제다. 그 대화는 당신과 딸, 두 사람 사이의 복잡하고 중요한 많은 문제에 대한 것이다. 그것은 단순히 흡연이 건강에 나쁜지 아닌지에 관한 문제가 아니다. 그에 대해서는 이미 두 사람 모두 잘 알고 있다.

어떤 경우 자신이 옳다는 사실이 아무런 의미가 없다는 것을 깨닫게 될 것이다. 당신의 친구는 자신이 알코올 중독이라는 사실과 그의 음주가 결혼 생활에 영향을 미친다는 사실을 부인할 것이다. 모든 사람이 당신의 평가에 동의할지라도 당신이 옳다는 것을 주장하고 그가 그 사실을 인정하게 만들려고 애쓰는 것은 친구를 돕는 데 아무런 도움이 안 된다. 그에게 도움이 되는 것은 그의 음주가 당신에게 미치는 영향에 대해서 말하고, 더 나아가서 그의 이야기를 이해하려고 노력하는 것이다.

무엇이 그가 부인하도록 만드는 것일까? 자신에게 문제가 있음을 인정한다는 것은 그에게 어떤 의미가 있을까? 그를 가로막고 있는 것은 무엇일까? 당신이 그의 이야기를 이해하고, 그에게 당신의 이야기를 하기 전에는 그가 더 나아질 방법을 찾도록 도와줄 수 없다. 이런 경우 당신이 당연히 옳고 당신의 친구가 옳지 않을지라도 당신이 옳다는 것이 문제 해결에 아무런 도움이 되지 않는다.

상대를 이해하면 내가 지는 거다?

만일 당신이 누구를 해고하거나 관계를 끊어야 하거나 혹은 납품 업자에게 주문량의 80퍼센트를 줄이겠다고 통보해야 한다면 어떻게 하겠는가? 어려운 대화에서는 당신이 일방적으로 어떤 결과를 가져올 만한 힘을 갖고 있지 못하다. 그러나 누군가를 해고하거나 관계를 끊거나 주문량을 감소시키는 경우에는 그렇게 할 수 있다. 이런 상황에서는 상대방의 이야기가 타당한지 의문을 갖는 것이 합리적이다.

누군가를 해고할 때나 관계를 끊을 때 겪는 어려움의 대부분은 감정 대화와 정체성 대화 부분에서 발생한다. 그러나 관점의 차이도 중요하다. 다른 사람의 이야기를 이해한다고 해서 당신이 그것에 동의하거나 자신의 생각을 버릴 필요가 없다는 점을 기억하라. 게다가 당신이 그들의 생각을 이해하려고 노력한다고 해서 당신의 결정을 실행시키기 힘들거나 최종 결정권이 약해지는 것은 아니다.

사실 어려운 대화를 하거나 나쁜 소식을 전하거나 실행해야 할 경우에는 '그리고 대화법'이 가장 효과적이다. 당신이 누군가와 관계를 끊어야 할 경우 이렇게 말할 수 있다.

"나는 그렇게 하는 것이 옳다고 생각하기 때문에 당신과의 관계를 끊으려고 합니다. (그 이유를 댄다.) 그리고 당신이 속상하다는 것, 당신은 우리가 다시 노력해야 한다고 생각한다는 것을 잘 알고 있습니다. 그리고 나의 마음은 바뀌지 않을 것이며, 그리고 당신이 내가 좀더 일찍, 혼란의 여지가 없도록 분명히 했어야 한다고 생각한다는 것을 잘 알고 있으며, 그리고 그것 때문에 내가 나쁜 사람이 될 것이라고 생각하지는 않으며, 그리고 내가 당신에게 상처를 주었다는 것을 잘 알고 있으며, 그리고 당신도 나에게 상처 주었으며, 그리고 이 결정에 대해 후회하게 될지도 모른다는 것을 알고 있으며, 그리고 아직도 그것에 대해서…… 그리고…… 그리고…… 그리고…….'

'그리고 대화법'은 당신이 상대방을 알고 싶어 한다는 뜻을 나타내고 당신 자신의 뜻도 분명히 하는 데 도움이 된다.

어려운 대화를 다루는 능력을 향상시키기 위한 길을 가다 보면 우리 각자가 세상을 어떻게 이해하고 있는가 하는 문제가 마치 그림자처럼 계속 우리를 따라다닌다는 사실을 알게 될 것이다. 그것은 당신이 어디에 있든, 어떤 어려운 문제에 당면하든 당신을 이끌어주는 등불이 될 것이다.

상대방을, 그리고 당신 자신을 더 깊이 이해할 수 있게 된다는 것은 서로의 차이점이 사라진다는 의미가 아니다. 다만 새로운 정보와 해석 방법에 비추어보았을 때 당신의 확고한 생각이 여전히 일리가 있는지 평가하는 데 도움이 될 것이며, 그런 생각의 효과를 다른 사람이 인정하는 데 도움이 될 것이다.

당신이 가기를 원하는 곳이 어디든 그 첫걸음은 이해하는 것, 즉 다른 사람의 이야기 속으로 들어가보는 것이 되어야 한다. 앞으로 어떻게 나아가야 하는지를 생각하기 전에 자신이 어디에 있는지를 먼저 알아야 한다.

상대방의 의도를 함부로
추측하지 마라

어려운 대화 중 갈등에 관한 이야기에서는 누가 무엇을 의도했는 지가 가장 핵심적인 문제가 된다. 의도가 무엇이었는지는 우리의 판단에 큰 영향을 미친다. 만일 누군가가 의도적으로 상처를 주었다면 실수한 경우보다 훨씬 더 가혹하게 판정을 내린다. 누군가가 우리에게 불편을 끼치더라도 타당한 이유가 있으면 기꺼이 받아들인다.

또한 어떤 사람이 자기의 행동이 남에게 미치는 영향에 대해서 전혀 신경 쓰지 않는다면 우리는 분노한다. 그러나 똑같이 통행에 불편을 주더라도 좁은 골목길에 이중 주차를 한 차가 앰뷸런스인 경우와 BMW 승용차인 경우에 우리의 반응은 달라진다.

2년 동안 사귀면서 계속되는 싸움으로 괴로워하고 있는 리사와 레오의 이야기를 살펴보자. 그들이 어떤 파티에 참석했을 때의 일이다. 리사가 아이스크림을 먹으려고 할 때 레오가 이렇게 말했다.

"리사, 그만 좀 먹지 그래?"

살을 빼려고 애쓰고 있던 리사는 레오를 쏘아보았고, 두 사람은 한참 동안 서로를 피했다. 그날 이후 상황은 더욱 악화되었다.

리사 파티에서, 더구나 친구들 앞에서 나를 그런 식으로 대했기 때문에 나는 아주 화가 나.

레오 내가 너를 어떻게 대했는데? 무슨 소리야?

리사 아이스크림 말이야. 네가 우리 아버지라도 되니? 그런 방식으로 나를 지배하거나 누르려고 하지 말라고.

레오 리사, 난 너에게 상처를 주려고 그런 게 아냐. 네가 다이어트를 하고 있다고 말했기 때문에 도와주려고 한 것뿐이야. 너는 너무 자기방어적이야. 모든 것을 다 너를 공격하는 말로 듣잖아. 내가 너를 도와주려고 하는 경우조차도.

리사 도와준다고? 친구들 앞에서 나를 모욕하는 게 날 도와주는 거야?

레오 그만둬. 내가 너를 말로 이길 수 있겠니? 내가 무슨 말을 하면 너를 모욕했다고 하고, 또 내가 아무 말도 안 하면 네가 그렇게 많이 먹는데도 왜 그냥 놔뒀냐고 따지고. 이젠 정말 지겨워. 때로는 네가 고의적으로 이런 싸움을 일으키지 않나 하는 의심이 든다고.

리사와 레오는 모두 화가 났고 상처받고 서로를 오해하고 있었다. 더욱 큰 문제는 그들 사이에 이런 대화가 반복된다는 사실이다. 이른바 '의도에 대한 전쟁'을 하고 있는 것이다. 리사는 레오가 의도적으로 자신에게 상처를 주었다고 비난하고, 레오는 그것을 부인한다. 그들은 상호 오해의 악순환에 빠져 있지만, 그 고리를 끊는 방법을 모르고 있다.

리사와 레오의 대화에서는 두 가지 중요한 잘못이 있어 대화를 어렵게 만들고 있다. 하나는 리사에 의한 것이고 다른 하나는 레오에 의한 것이다. 리사가 "너는 그런 방식으로 나를 지배하거나 누르려고 한다"고 말할 때, 그녀는 레오의 의도에 대해서 말하고 있다. 그녀의 잘못은 실제로는 잘 모르면서 자신이 레오의 의도를 알고 있다고 전제한 것이다. 이것은 흔히 범하는 잘못으로, 인간관계를 악화시킨다.

한편 레오의 잘못은 자신이 좋은 의도에서 그렇게 말한 것이라고 해명했는데도 리사가 화를 내는 것은 용납될 수 없다고 생각한 것이다. 그는 상처를 주려고 한 것이 아니며 사실은 리사를 도와주려고 한 것이라고 설명한다. 그리고 그런 설명을 했으면 거기서 끝나야 한다고 생각한다. 결과적으로 그는 리사가 정말로 어떻게 느꼈고, 왜 그렇게 느꼈는지에 대해 알려고 노력하지 않았다. 이런 잘못도 흔히 저질러지는 것으로 똑같이 해롭다. 다행스러운 것은 인식을 조금만 바꾸면 두 가지 잘못을 모두 피할 수 있다는 점이다.

상대방의 의도를 잘 알고 있다는 착각

리사의 잘못을 탐색해보기 위해서는 우리가 다른 사람의 의도에 대해 이야기할 때 우리의 마음이 어떻게 작용하는지를 이해해야 하며, 그런 이야기를 만들어내는 근거가 되는 전제들을 인식하는 방법을 배워야 한다. 문제는 흔히 다른 사람의 의도에 대해 크게 신경 쓰지만 실제로는 그들의 의도가 무엇인지 알 수 없다는 것이다. 다른 사람의 의도는 그의 마음과 머릿속에만 있기 때문에 우리는 그것을 볼 수 없다. 다른 사람의 의도에 대한 우리의 전제가 아무리 사실이며 옳은 것처럼 보일지라도 그것은 완전치 못하거나 틀린 것이다.

결과를 근거로 의도를 추측하는 오류

첫 번째 잘못의 원인은 다른 사람의 행동이 우리에게 미치는 영향을 근거로 그 사람의 의도를 추측하는 것이다. 우리는 상처를 받거나 무시를 당하면 상대방에게 그런 의도가 있었다고 생각한다. 그런 생각이 자동적으로 이루어지기 때문에 우리가 내린 결론이 단지 추측일 뿐이라는 것을 인식하지 못한다. 상대방의 의도를 강하게 확신하기 때문에 그들의 의도가 다른 것이었을 수도 있다는 사실을 상상조차 못하는 것이다.

어떤 행동이 우리에게 미치는 영향을 근거로 그 의도를 추측하여 내리는 결론은 결코 우호적이지 못하다. 같이 영화를 보기로 한 친구가 늦게 오면 '그 애가 어쩔 수 없이 중간에 누구를 만나게 되었나 보다'라고 생각하는 것이 아니라 '그 애는 내가 영화의 첫 부분을 놓치게 되어도 신경도 안 쓴다니까'라고 생각한다. 누군가의 행동에 의해 상처를 받으면 우리는 최악의 의도를 추측한다.

마가렛도 그런 습관에 젖어 있었다. 그녀는 유명한 외과의사에게 엉덩이 수술을 받았는데, 그 의사는 퉁명스럽고 말을 걸기 어려운 사람이었다. 수술 후 첫 번째 진료 예약을 해놓은 날 마가렛이 절름거리며 병원에 들어가자 직원이 그녀에게 의사가 갑자기 휴가를 연장하게 되었다고 말하는 것이었다. 화가 난 마가렛은 그 돈 많은 의사가 아내나 여자친구와 카리브해에서 신나게 휴가를 즐기는 장면을 상상하면서 일정에 맞춰 돌아오지 않는 것은 너무 이기적이고 몰지각한 행동이라고 생각했다. 상상 속의 그런 장면은 그녀의 분노에 불을 붙였다.

일주일 후 마침내 그 의사를 만나자 마가렛은 퉁명스럽게 휴가가 어땠느냐고 물었다. 그가 아주 좋았다고 대답하자 그녀는 "당연히 그랬겠죠"라고 했다. 그러자 의사는 이렇게 말했다.

"그것은 일하는 휴가였지요. 보스니아에 병원 건립하는 일을 도와주었는데 그곳의 상황은 정말 끔찍했어요."

이제 그 의사가 휴가 동안 무엇을 했는지 알게 되었다고 해서 마가렛이 겪은 불편이 없던 일로 되는 것은 아니지만, 그가 이기적인 이유 때문이 아니라 선의의 동기에서 그랬다는 것을 알고 나서는 마가렛도 화가 상당히 풀렸다.

우리는 항상 다른 사람의 의도가 무엇인지를 추측한다. 비즈니스나 인간관계가 점점 더 이메일이나 음성 메시지, 팩스, 화상 회의 등을 통해 이루어지면서 상대방의 진정한 의도를 알기 위해서 행간을 읽어야 하는 경우가 많아졌다. 어떤 고객이 "당신이 아직 나의 주문을 처리하지 못했다고 생각하는데요"라는 메일을 보내왔다면 그가 빈정대는 것일까, 화를 내는 것일까, 당신이 얼마나 바쁜지 잘 알고 있다는 의미일까 고민하게 된다. 이때 의미 파악에 단서가 되는 목소리를 들을 수 없는 경우에는 최악의 의도를 추측하기 쉽다.

다른 사람의 의도를 나쁘게 추측하려는 경향과 관련해서 정말 아이러니하고 어찌 보면 너무 인간적이기도 한 것은 자기 자신에 대해서는 전혀 다르게 생각한다는 것이다. 남편이 드라이클리닝 한 옷을 찾아오는 것을 깜빡 잊었을 때 그는 무책임한 사람이다. 그렇지만 당신이 비행기 티켓 예약하는 것을 깜빡 잊었을 때는 너무 바쁘고 스트레스를 받았기 때문이다. 파트너가 동료들 앞에서 당신의 업무에 대해 비난하면 당신에게 모욕을 주려고 한 것이다. 그렇지만 당신이 똑같은 상황에서 의견을 말하는 것은 그에게 도움을 주기 위한 것이다.

우리 자신이 행동의 주체가 될 때는 다른 사람을 괴롭히거나 모욕을 주거나 무시하려는 의도가 아니라는 것을 잘 안다. 우리는 자신의 문제에 열중한 나머지, 다른 사람에게 부정적인 영향을 미치고 있다는 사실을 거의 인식하지 못한다. 그러나 다른 사람이 우리에게 행동할 때는 너무 쉽게 나쁜 의도, 나쁜 사람으로 몰아간다.

그렇다면 나쁜 의도가 절대로 없다는 것인가? 때로는 누군가가 의도적으로 상처를 주는 경우도 물론 있다. 상대방이 못된 사람이거나 몰지각한 사람일 수도 있고, 그래서 우리를 나쁜 사람으로 보이게 만들거나 우정을 깨뜨릴 수도 있다. 그러나 실제로 이런 경우는 훨씬 적으며 당사자의 말을 들어보지 않고서는 결코 의도를 알 수 없다.

상대방의 의도를 잘못 파악했을 때

의도는 대단히 중요하며, 잘못된 추측은 관계에 악영향을 미친다. 그런데 우리는 나쁜 의도와 나쁜 사람을 동일시한다. 상대방이 나쁜 의도를 가졌다고 추측했을 때 가장 위험한 것은 '그의 의도는 나빴다'를 '그는 나쁜 사람이다'로 비약시키는 것이다. 그리고 그 사람의 인간성에 대한 판정을 내리고, 그른 색안경을 쓰고 본다. 그것은 그와 나누는 대화뿐만 아니라 그와 갖는 관계 전체에 큰 영향을 미친다. 일단 어떤 사람에 대해 나름대로 파악하고 나면 우리는 그의 모든 행동을 그 렌즈를 통해서 보게 되는데, 거기서 문제가 발생한다. 다른 사람의 인성을 나쁘게 볼수록 그들을 회피하거나 그들 뒤에서 험담하는 것을 손쉽게 합리화하게 된다.

만일 '저 교통경찰은 단속광이야', '우리 상사는 교활해', '우리 이웃은 구제불능이야'라는 생각이 들 때 그렇게 생각하는 이유가 무엇인지 스스로에게 물어보라. 그렇게 생각하는 근거가 무엇인가? 만일 힘이 없다고 느껴져서, 조종당하는 것이 두려워서, 혹은 좌절감을 느껴서라면 당신의 결론은 순전히 그들의 행동이 당신에게 미친 영향 때문임을 인식하라. 그리고 그것은 어떤 사람의 의도나 인성을 판단하는 근거로 충분치 못하다는 것을 알아두라.

의도에 대한 비난은 상대방에게 방어적 자세를 불러일으킨다. 다른 사람의 의도를 추측하는 것은 우리의 대화에 중대한 영향을 미칠 수 있다. 우리가 추측한 내용은 주로 다음과 같은 비난 섞인 질문을 통해서 나타낸다. "네가 어떻게 나에게 상처를 줄 수가 있어?", "도대체 왜 나를 이런 식으로 무시하는 거야?", "도대체 내가 뭘 어떻게 했다고 나를 이렇게 깔아뭉개는 거야?" 등이다.

우리는 말 속에서 자신의 상처, 좌절감, 분노 혹은 혼란스러움을 표현하고 있다고 생각한다. 그리고 이해의 폭을 넓히기 위해서, 행동을 개선하거나 사과를 이끌어내기 위해서 대화를 시작하려고 노력한다. 그러나 상대방은 우리가 약 올리고 비난하고 헐뜯으려 한다고 생각한다(다시 말하면 그들 역시 우리의 의도를 파악함에 있어서 똑같은 오류와 비약을 범하는 것이다).

우리의 추측이 얼마나 불완전하고 그릇된 것인지를 감안한다면 상대방도 그저 비난받았다고 생각하는 것이 아니라 부당하게 비난받았다고 느낄 것이다. 이보다 더 사람을 화나게 만드는 것은 없다. 그렇게 되면 상대방이 방어적 자세를 취하거나 반격을 가하는 것이 너무 당연하다. 상대의 관점에서 보면 부당한 비난으로부터 자신을 방어하는 것이고, 내 관점에서는 상대가 무조건 방어적인 자세를 취하는 것처럼 보여 결국 그들이 비난을 받아들일 만큼 마음이 넓지 못하다는 증거라고 생각한다. 결과는 엉망진창이다. 아무것도 배우지 못하고 아무도 사과하지 않고 아무것도 변한 것이 없다.

리사와 레오도 바로 이런 상황에 빠졌다. 레오는 계속 방어적 자세를 취하고, 결국 리사가 "일부러 이런 싸움을 시작한 것이 아닌지 의심스럽다"는 말을 함으로써 실제로 레오의 나쁜 의도에 대해 비난한다. 그렇게 해서 비난의 악순환이 시작된다. 만일 그들의 대화에 대해 이후에 인터뷰를 했다면, 리사와 레오 양쪽 모두가 자신은 상대방의 나쁜 의도에 상처받은 희생자라고 말했을 것이다. 또 그들 각자는 자기가 그런 말을 한 것은 자신을 방어하기 위해서였다고 할 것이다. 이것이 바로 악순환의 가장 전형적인 두 가지 특징이다. 즉 양쪽 모두가 자신이 피해자라고 생각하고, 양쪽 모두가 자신의 행동은 오로지 자신을 방어하기 위한 것이라고 주장한다. 이렇게 해서 선의의 행동을 한 사람도 스스로 곤란한 상황에 빠지게 된다.

상대방의 의도에 대한 우리의 추측은 처음에는 전혀 사실이 아니었는데도 불구하고 종종 그대로 실현된다. 당신은 상시기 자신에게 책임 있는 일을 별로 안 맡긴다고 생각한다. 그것은 그녀가 당신의 업무 능력을 신뢰하지 않기 때문일 것이라고 추측한다. 당신은 그런 상황으로 인해 사기가 떨어지고 이제는 무슨 일을 해도 상사의 마음을 바꾸어놓을 수 없을 것이라고 생각한다. 따라서 당신의 업무 효율성은 점점 떨어지고, 그때까지는 당신의 업무 능력에 대해 별 걱정을 하지 않던 상사가 정말로 걱정하기 시작한다. 그래서 결국 당신에게 예전보다 일을 덜 맡기게 된다.

다른 사람이 나에게 나쁜 의도를 가지고 있다고 생각하게 되면, 그것은 나의 행동에 영향을 미친다. 나의 행동은 또다시 나에 대한 그들의 태도에 영향을 미친다. 그렇게 해서 내가 미처 인식하지 못하는 사이에 그들이 나쁜 의도를 가지고 있다는 나의 최악의 추측이 그대로 실현된다.

의도가 좋다고
결과도 좋은 것은 아니다

앞서 살펴본 것처럼 레오의 의도를 알고 있다고 생각한 리사의 잘못은 언뜻 보기에 작은 실수 같지만 큰 부작용을 초래했다. 그리고 레오 역시 리사와 똑같은 오류를 저질렀다. 자신의 의도가 선의였으므로 리사가 상처받지 말았어야 했다고 생각하는 것이다. 그는 '나는 리사에게 상처 주려고 의도하지 않았고, 또 그 사실을 리사에게 해명하기도 했다. 그런데도 리사가 계속 화를 낸다면 그건 그녀에게 문제가 있는 것이다'라고 생각한다.

자신의 의도를 해명하는 데만 초점을 맞출 경우 결과적으로 다른 사람이 말하려는 것의 중요한 부분을 놓치게 된다. 어떤 사람이 "당신은 왜 나에게 상처를 주려고 합니까?"라고 물을 때 그들은 실제로 두 가지 메시지를 전달하고 있는 것이다. 첫째는 "나는 당신의 의도가 무엇인지 압니다"이고, 둘째는 "나는 상처받았습니다"이다. 그들이 비난하면 우리는 오로지 첫 번째 메시지에만 집중하고 두 번째 메시지는 무시한다. 왜 그럴까? 자신을 방어할 필요를 느끼기 때문이다. 레오는 자신을 방어하는 데 급급한 나머지 리사가 상처받았다는 메시지를 놓쳤다. 그는 이것들이 리사에게 왜 그렇게 고통스러운 문제가 되는지를 이해하지 못했다.

어떤 사람이 "당신은 나에게 상처를 주려고 했습니다"라고 말한다면 그 사람이 정말로 무슨 말을 하려는 것인지 이해하는 것이 중요하다. 의도에만 초점을 맞추는 것은 대화에 먹구름을 드리우게 된다. 실제로 "당신은 나에 대한 배려가 부족해요"라는 의미를 전달하려 할 때 우리는 흔히 "당신은 나에게 상처를 주려 했습니다"라고 말한다. 그 차이는 아주 중요하다.

일이 너무 바빠서 아들의 야구 경기에 참석하지 못한 아버지는 아들에게 상처를 주려는 의도가 전혀 없었다. 오히려 상처를 주지 않으려 했을 것이다. 일을 해야 할 필요성이 더 강했을 뿐이다. 그러나 다른 사람의 말을 들을 때 우리는 '그는 나에게 상처를 주려 했다'와 '그는 나에게 상처 주기를 원하지 않았지만, 나에게 우선순위를 두지 않았다' 사이에 차이를 두지 않는다. 아버지가 불평하는 아들에게 "너에게 상처를 주려고 하지 않았다"라고 말한다면 아버지는 아들의 진정한 메시지를 놓친 것이다. 아들은 "아버지가 나에게 상처를 주려는 의도는 없었겠지만 상처를 주게 될 것임을 나는 알고 있었고, 결과적으로 상처를 받았어요"라고 말할 것이다.

당신의 의도를 해명하려는 시도는 필요하다. 그렇지만 언제 해야 하는지가 문제다. 만일 대화의 첫머리에서 다짜고짜 그렇게 한다면 당신은 상대방의 진정한 메시지를 이해하지 못했을 가능성이 높다.

의도는 생각보다 복잡하다

우리는 의도가 좋다면 부정적인 영향을 미치지 않을 것이라고 추측한다. 그런데 그 의도라는 것이 간단히 좋다, 나쁘다로 말하기에는 너무 복잡하다는 게 문제다. 레오의 의도가 순수하게 좋은 것이었을까? 정말로 그는 리사의 다이어트를 도우려고 한 것일까? 어쩌면 리사의 과식에 대해 자신이 창피하게 느껴서 한마디해야 한다고 느꼈을지도 모른다. 아니면 리사보다는 오히려 자신을 위해 그녀가 살을 빼기를 원했을지도 모른다. 자신이 말했듯이 정말로 리사를 생각한다면 자신의 말이 상대에게 어떤 영향을 미칠지 좀 더 생각했어야 하지 않을까?

많은 사람들이 그렇듯이 레오의 의도 역시 복합적이었을지도 모른다. 그 자신조차 진정한 동기가 무엇인지 잘 알지 못했을 수 있다. 그러나 레오의 진정한 동기가 무엇이었는지에 대한 답보다 더 중요한 것은 그가 그 문제를 거론하고 해답을 찾으려는 용의를 가지고 있었다는 사실이다. 그가 리사에게 보인 최초의 반응이 "아니, 나는 좋은 의도였어"였다면 그는 그 대화를 통해 아주 중요한 것을 배우게 될 기회를 차단해버린 것이다. 그리고 리사에게는 다음과 같은 메시지를 보내고 있는 것이다.

"우리 관계에서 발생한 복잡한 문제를 해결하는 것보다 나 자신을 방어하는 것이 더 중요해."

흥미롭게도 자신의 의도에 대해 열심히 생각해보려고 노력하면 상대방에게 그들의 관계를 중요하게 생각한다는 긍정적인 메시지를 보내게 된다. 결국 그것은 자신에게 중요한 사람을 위해 노력한 결과를 가져다줄 것이다.

추측-방어-무시의 역학관계

의도를 추측하고 자신을 방어하며 내가 다른 사람에게 미치는 영향을 무시하는 이런 역학관계는 그룹 간의 갈등에서 특히 빈번하다. 예를 들면 노사관계, 지역사회단체와 개발업자, 행정 직원들과 그들이 지원해주어야 하는 전문가들, 혹은 우리 가족과 당신의 가족 사이에서 발생한다. 인종·성별·성적 태도 등과 같이 서로의 '차이점'이 주요 쟁점인 상황에서는 영향을 받지 않으려는 욕구가 흔히 나타난다.

몇 년 전 어느 신문사의 직원들 사이에 인종적 갈등 문제가 발생했다. 아프리카계 미국인과 라틴아메리카계 기자들은 편집 방향에 소수민족 출신들의 의견이 반영되지 않는 데 대해 불만을 제기하고 관행을 바꾸지 않으면 보이콧을 행사하겠다고 위협했다. 이 문제로 고위 편집자들이 비공개 대책회의를 가졌는데, 소수민족 출신 기자들을 한 명도 참석시키지 않았다. 얼마 후에 그런 회의가 열렸다는 사실을 알게 된 소수민족 출신들의 분노가 폭발했다. 당시 어떤 기자는 이렇게 말했다.

"그들이 우리의 의견에 전혀 신경 쓰지 않는다는 것을 또다시 증명한 것이다."

백인 기자들 중 한 사람이 이 말을 듣고, 그것이 부당한 비난이라고 느끼고 그 회의의 의도에 대해 이렇게 해명했다.

"여러분이 왜 소외당했다고 느끼는지 알겠어요. 그러나 그것은 결코 우리가 의도한 것이 아니에요. 단지 편집자들이 어떤 방법으로 소수민족 출신들의 목소리를 반영해야 하는지를 모색하기 위한 모임이었어요."

그 백인 기자는 자신들의 의도를 밝혔기 때문에 '모임의 의도'에 대한 문제는 해결되었다고 생각했다. 그러나 그것은 그렇게 간단한 문제가 아니었다. 백인 기자들의 의도가 무엇이었는지도 물론 중요하지만, 소수민족 출신들을 소외시키려는 의도가 있었는지 없었는지 못지않게 중요한 것은 사람들이 이미 소외감을 느꼈다는 사실이다.

의도와 결과를 구분하라

리사는 레오가 의도하지 않은 것을 비난했다. 어떻게 하면 그런 잘못을 피할 수 있을까? 먼저 레오의 행동이 자신에게 미친 영향과 레오의 의도는 서로 다르다는 사실을 인식해야 한다. 그 두 가지를 분리하지 않으면 아무것도 해결되지 않는다. 의도와 결과를 구분하기 위해 '내가 상처받았다'를 '네가 의도적으로 나에게 상처 주었다'로 비약하지 않도록 주의해야 한다. 일단 다음 세 가지 질문을 해보라.

- **행동**: 상대방이 실제로 어떤 말이나 행동을 했는가?
- **결과**: 그것이 나에게 어떤 영향을 미쳤는가?
- **추측**: 그런 결과를 근거로 나는 상대방의 의도가 무엇이라고 추측하고 있는가?

앞의 세 가지 질문에 명백하게 대답한 다음에는 그 사람의 의도에 대한 당신의 생각은 단지 추측일 뿐이라는 사실을 반드시 인식하는 것이 중요하다. 그것은 단지 하나의 추측, 하나의 가설일 뿐이다.

• **내가 알고 있는 것**: 나의 의도와 상대방이 나에게 미친 영향
• **내가 모르고 있는 것**: 상대방의 의도와 내가 상대방에게 미친 영향

당신의 가설이 아무런 근거도 없는 것은 아니다. 당신은 그들이 어떤 말과 행동을 했는지를 알고 있다. 그러나 이미 살펴보았듯이, 그것은 충분한 증거가 되지 못한다. 당신의 추측이 옳을 수도 있고 틀릴 수도 있다. 실제로 당신은 그들의 행동에 대해서 반응하는 것 못지않게 자신에 대해 반응하는 것일지도 모른다. 과거의 어떤 경험으로 인해 당신이 그들의 행동에 특별한 의미를 부여하는지도 모르기 때문이다. 예를 들면 형제들 사이의 나쁜 경험 때문에 많은 사람은 어떤 특정한 종류의 농담을 모욕적이라고 느끼는 반면에, 다른 사람들은 그저 친밀감과 애정 표현의 한 방법이라고 생각한다. 그렇지만 특수한 경험을 근거로 비난의 수준을 결정해서는 안 된다.

앞에서 열거한 세 가지 질문에 대한 대답을 활용하여 어려운 대화를 시작할 수 있다. 상대방의 행동에 대해 말하고, 그것이 당신에게 어떤 영향을 미쳤는지, 그리고 당신은 그 의도가 무엇이라고 추측하는지 설명하라. 그러나 그것이 사실이라고 주장하기보다는 하나의 가설로써 확인하는 것임에 유의하라.

이런 자세를 지닐 경우 리사와 레오의 대화 첫머리가 어떻게 바뀔

수 있는지 살펴보자. 리사가 처음부터 레오를 비난하는 대신에 그가 말한 내용을 확인하고, 그것이 자신에게 어떤 영향을 미쳤는지 설명하면서 대화를 시작할 수 있다.

> **리사** 네가 나에게 "그만 좀 먹지 그래"라고 말한 거 생각나지? 나는 그 말을 듣고 크게 상처를 받았어.
>
> **레오** 난 너의 다이어트를 도와주려고 한 것뿐인데. 그 말에 왜 그렇게 화가 난 거니?
>
> **리사** 네가 친구들 앞에서 그런 말을 했기 때문에 창피했어. 나는 네가 나에게 창피를 주거나 상처를 주기 위해서 일부러 그런 말을 한 건 아닌지 의심스러워. 네가 왜 그렇게 말하고 싶었는지 잘 모르지만 나는 그렇게 생각했어.
>
> **레오** 절대 의도적으로 그런 게 아니야. 그 말이 너를 그렇게 화나게 만들 줄 미처 몰랐어. 그렇지만 네가 다이어트를 망치는 것을 보면서 내가 뭐라고 말하기를 원하는지 도무지 모르겠다…….

아직 대화의 시작에 불과하지만 출발은 훨씬 좋아졌다. 물론 앞선 이야기가 상대방의 의도를 절대 추측하지 말아야 한다고 말하는 것이 아니라는 점에 유의하라. 그것은 현실적으로 불가능하다. 더구나 당신의 생각을 감추라는 것도 아니다. 그 대신 그들에 대한 당신의 생각이 단지 하나의 추측이며, 그것은 틀렸을 수도 있고 용납되지 않을 수도 있다는 점을 인식하라는 것이다.

리사는 "네가 왜 그런 말을 했는지 생각해본 적 없어"라고 말하지도, "네가 나에게 상처 주려 한 것이 아니라는 걸 알고 있어"라고 말하지도 않았다. 그런 말들은 사실이 아니다. 상대방의 의도에 대한 생각을 말할 때는 그저 당신의 추측일 뿐이며, 상대방이 일리가 있다고 생각하는지 확인하기 위해 말한다는 것을 분명히 하면 된다.

물론 당신이 여러 가지를 아무리 능숙하게 다룬다 해도 상대방은 어느 정도 방어적 자세를 취할 가능성이 높다. 의도와 결과라는 문제는 아주 복잡하며 때로는 그 차이가 미세하다. 그러므로 약간의 방어적 자세를 예측하고 당신이 전달하려는 것과 그렇지 않은 것을 분명히 하는 편이 낫다. 상대방에게 자기방어를 할 필요성을 덜어주면 당신이 하려는 말을 받아들이고 자기 동기의 복잡성을 생각해보게 만들 수 있다. 예를 들어 이런 식으로 말할 수 있을 것이다.

"그런 말을 해서 놀랐습니다. 당신은 그런 사람이 아닌데……."

이 말이 사실이라면(당신답지 않다는 것) 상대방에게 말하려는 정보에 약간의 융통성을 발휘할 여지를 남겨놓는 것이다. 만일 상대방의 말에 약간의 나쁜 의도가 섞여 있었다면 그런 여지를 줌으로써 그들이 사실을 털어놓기 쉽게 만든다.

상대방의 감정을 먼저 보듬어라

우리가 만일 레오처럼 나쁜 의도에 대해 비난받는 입장에 처한다면 "내 의도는 그런 것이 아니었다"라고 말하며 자기방어를 하려고 할 것이다. 그러나 이렇게 시작하는 것은 갈등을 심화시킬 뿐이다.

나쁜 의도에 대한 비난은 항상 두 가지 요소를 지니고 있다는 사실을 상기하라. 하나는 나쁜 의도에 대한 것이고, 다른 하나는 그 사람이 느낀 좌절감·상처·창피함에 관한 것이다. 그들이 말하는 의도를 못 들은 척할 필요는 없다. 그러나 상대방의 감정을 무시해서는 안 된다. 만일 감정에 대해 듣고 인정하는 것으로 대화를 시작한다면 그다음엔 의도에 관한 문제로 넘어가라. 그러면 훨씬 더 수월하고 건설적인 대화를 할 수 있게 될 것이다.

당신 의도의 복잡성에 대해 솔직하게 돌이켜보라. 당신의 의도를 돌이켜보면서 "내 의도는 순수했어"라고 말하고 싶은 유혹을 물리쳐라. 우리는 흔히 자신에 대해서는 그렇게 생각한다. 때로는 그것이 사실일 수도 있지만 이미 살펴보았듯이 대부분의 경우 의도는 복합적이다. 만일 레오가 그런 조언을 따른다면 리사와 나눈 대화가 어떻게 달라질 수 있는지 살펴보자.

리사 파티에서, 더구나 친구들 앞에서 나를 그렇게 대했기 때문에 아주 화가 났어.

레오 내가 너를 어떻게 대했는데? 무슨 소리야?

리사 아이스크림 말이야. 마치 너는 우리 아버지나 되는 것처럼 행동했어. 그런 방식으로 나를 지배하거나 누르려고 하지 말라고.

레오 이런, 내 말이 너에게 상처를 준 것 같네.

리사 물론이지. 난 상처받았어. 무슨 의도로 그랬어?

레오 글쎄, 그때 네가 다이어트 한다고 말한 것이 생각났고, 내가 너의 다이어트를 도와줄 수 있다고 생각했던 것 같아. 하지만 다른 사람들

앞에서 그런 말을 듣는 것이 얼마나 당황스러운 일인지를 지금에야 알게 되었어. 내가 왜 그런 생각을 못했을까?

리사 너도 너무 당황한 나머지 그렇게 말했을 거야.

레오 그래. 아마도. 네가 자제력을 잃었다고 생각했을 수도 있지! 그리고 그건 나에게 중요한 일이고.

리사 사실 그래. 아마 내가 자제력을 잃었던 것 같아.

레오 아무튼 미안해. 난 너에게 상처 주고 싶지 않아. 그럼 내가 그런 상황에서 어떻게 행동하고 말해야 했을지 같이 생각해보자.

리사 좋은 생각이야!

우리가 다른 사람의 의도를 어떻게 왜곡하고, 어려운 대화를 얼마나 더 어렵게 만드는지 이해하는 것은 문제 해결에 있어서 아주 중요하다. 그러나 갈등 대화에서 문제를 복잡하게 만드는 또 다른 중요한 요소가 있다. 그것은 바로 '누구의 잘못인가'에 관한 문제다.

비난하지 말고
원인을 파악하라

당신이 근무하는 광고회사에서 익스트림스포츠 사의 임원들을 공략하기 위해 지방 출장을 보냈다. 그 회사는 요즘 한창 잘 나가고 있는 스포츠웨어 회사이며, 아주 중요한 잠재 고객이다. 그런데 프레젠테이션을 시작하려는 순간 엉뚱한 스토리보드를 가져왔다는 걸 발견했다. 중요한 고객에게 엉뚱한 자료라니! 당신은 당황한 나머지 횡설수설한다. 당신의 서류 가방을 꾸린 비서의 실수가 몇 주 동안 열심히 준비한 모든 노력을 헛수고로 만들어버린 것이다.

당신은 비서를 비난한다. 그녀가 쉽게 화를 낼 수 있는 대상이기 때문도 아니고 일을 망친 것은 당신의 잘못이 아니라 그녀의 잘못이라는 것을 사람들에게 알림으로써 체면을 세우려는 것도 아니다. 단지 한 가지 사실, 그녀가 잘못했기 때문이다. 비서와 함께 왜 그런 일이 일어났는지 살펴볼 때, 당신은 다음 둘 중의 한 가지 방법을 택할 수 있을 것이다. 그녀를 멸시적으로 비난하면서 이런 식으로 말한다,

"도대체 어떻게 이런 실수를 할 수 있는지 모르겠군요!"

만일 당신이 직접적인 대결을 좋아하지 않는 사람이라면(혹은 사람을 비난하는 게 도움이 안 된다는 것을 배운 사람이라면) 덜 위협적인 어조로 "다음에는 더 잘하도록 합시다"라고 말함으로써 암묵적으로 비난할 것이다. 어떤 방법으로 말하든 그녀는 '당신 탓이다'라는 메시지를 받을 것이다.

'비난하기'는 많은 어려운 대화에서 중요한 쟁점이 된다. 표면적으로든 심층적으로든 대화는 자꾸만 누구의 잘못인가를 따지는 문제로 귀결된다. 누가 나쁜 사람인가, 누가 잘못을 저질렀나, 누가 사과해야 하나, 당연히 분노를 느낄 사람은 누구인가?

다른 사람을 비난하는 데 초점을 맞추는 것은 좋은 생각이 못 된다. 말하기 어렵기 때문도 아니고, 관계를 손상시키고 고통과 분노를 일으키기 때문도 아니다. 말하기 어렵고 부정적인 효과를 일으키더라도 중요한 주제는 반드시 다뤄야 한다.

그렇지만 비난 자체에 초점을 맞춘다면, 문제를 일으킨 진정한 원인이 무엇인지 파악하고 무언가 의미 있는 시정 조치를 취할 기회를 놓치게 된다. 또한 다른 사람을 비난하는 것은 대부분 부적절하고 부당하다. 비난에 대한 욕구는 문자 그대로 당신과 상대방 사이에 생긴 문제의 원인에 대한 오해와 자신이 비난받을지도 모른다는 두려움에서 비롯되기 때문이다. 또한 많은 경우에 비난은 상처받은 심정을 간접적으로 토로하는 수단이 된다.

그러나 '다른 사람을 비난하지 말라'는 조언은 해결책이 못 된다. 비난한다는 것이 무엇인지, 우리가 서로를 비난하는 동기가 무엇인지를 이해하고 어려운 대화의 목적 달성에 도움이 되는 무언가 다른 수단을 찾아내기 전에는 비난하는 것에서 벗어날 수가 없기 때문이다. 그 '무언가 다른 수단'이 원인 분석의 개념이다. '비난하기'와 '원인 파악하기' 사이의 구분이 항상 쉽지는 않지만, 그것은 어려운 대화를 효과적으로 다루는 능력을 향상시키는 데 꼭 필요하다.

비난은 과거의 잘못을 따지는 일

핵심만 말하자면, 비난하는 것은 판정에 관한 것이고, 원인을 분석하는 것은 이해에 관한 것이다. 우리가 "누구의 잘못인가?"라는 질문을 할 때 사실은 하나의 질문 속에서 세 가지를 묻고 있는 것이다. 첫째, 그 사람이 문제를 일으켰는가? 즉 비서의 실수로 엉뚱한 스토리보드를 가지고 갔는가? 둘째, 그렇다면 비서의 행동은 여러 가지 행동 기준에 비춰볼 때 어떻게 판정되어야 하는가? 즉 비서는 무능한가, 비합리적인가, 비윤리적인가? 그리고 셋째, 판정 결과가 부정적이라면 비서는 어떤 처벌을 받아야 하는가? 비서에게 고함을 칠 것인가, 경고를 줄 것인가, 아니면 해고시킬 것인가?

우리가 "이건 당신 잘못이야"라고 말한다면 그것은 위의 세 가지 질문 모두에 대한 비난이 한마디로 함축된 것이다. 즉 당신이 문제의 원인일 뿐만 아니라 무언가 나쁜 행동을 했으며, 그러므로 마땅히 처벌받아야 한다는 뜻이다. 비난한다는 것은 이렇게 복잡한 문제이기 때문에, 누구라도 자신이 비난받을 것처럼 느껴지면 즉각 자기방어를 하는 것은 당연한 일이다.

비난이 오가면 자연히 방어적 자세, 고조된 감정, 남의 말 중간에 끼어들기가 뒤따르고 '좋은 비서', '사랑스러운 배우자' 혹은 '합리적인 사람'이라면 무엇을 해야 하고 무엇을 하지 말아야 하는지에 대한 논쟁으로 이어질 것이다. 우리가 어떤 사람을 비난한다는 것은 그 사람에게 '비난받는 자'의 역할을 부여하는 것이며, 결국 그 사람은 비난받는 자가 흔히 하는 행동을 취하게 마련이다. 즉, 가능한 모든 방법을 동원해서 자기방어를 한다. 그러므로 서로 손가락질하며 비난하는 행동이 왜 상황을 악화시키는지 쉽게 알 수 있다.

원인 분석을 위해 던져야 하는 질문

원인 분석에서는 서로 연관되어 있지만 다른 질문들을 한다. 첫 번째 질문은 "우리 각자가 현재의 상황에 얼마나 원인을 제공했는가?"이다. 다시 말하면 "우리 각자의 어떤 행동이 이런 문제를 발생시켰는가?"를 추적하는 것이다. 두 번째 질문은 "원인을 분석한 다음에는 어떻게 그것을 변화시킬 수 있는가? 앞으로 우리가 무엇을 할 수 있는가?"이다.

간단히 말해 실제로 무슨 일이 있었는지를 이해하고 앞으로 서로 협력하는 방법을 개선하는 것을 목표로 한다면 원인 분석이 도움이 된다. 비즈니스 세계에서나 인간관계에서나 우리의 진정한 목표는 이해와 변화임에도 불구하고 비난을 일삼기 일쑤다. 그렇다면 익스트림스포츠 사의 사례로 돌아가서 당신과 비서 사이에 주고받을 수 있는 두 종류의 대화를 상정하여 비교해보자.

당신 익스트림스포츠 사의 프레젠테이션에 관해 얘기 좀 하고 싶어요. 서류 가방에 엉뚱한 스토리보드가 들어 있더군요. 얼마나 당황스러웠는지 말로 다 할 수 없는 정도이고, 나는 완전히 이상한 사람이 돼버렸어요. 이런 식으로는 도저히 안 될 것 같아요.

비서 알고 있어요. 정말 죄송합니다. 그런데 제 변명 같은 것은 듣고 싶지도 않으시겠죠.

당신 어떻게 이런 실수를 할 수 있는지 도저히 이해가 안 돼요.

비서 정말 죄송합니다.

당신 일부러 그런 게 아니라는 것도, 그리고 얼마나 기분이 참담할지도 잘 알지만 또다시 이런 일이 일어나서는 안 된다고 생각해요. 내 말 무슨 뜻인지 알겠어요?

비서 앞으론 절대 그런 일 없을 거예요. 약속드리겠습니다.

위의 대화에는 비난의 모든 요소가 다 포함되어 있다. 이런 상황의 원인은 비서이며, 나는 비서에 대해 부정적으로 평가한다는 것과, 심지어 "내 말이 무슨 뜻인지 알겠어요?"라는 말에는 그런 일이 또다시 발생한다면 어떤 방법으로든 처벌할 것이라는 뜻을 암시하고 있다.

비난에 초점을 둔 이런 대화와는 대조적으로 원인을 분석하는 대화는 다음과 같이 이루어질 것이다.

당신 익스트림스포츠 사의 프레젠테이션에 관해 얘기 좀 하고 싶어요. 그곳에 도착한 뒤에야 서류 가방에 엉뚱한 스토리보드가 들어 있는 걸 알았어요.

비서 알고 있어요. 정말 죄송합니다. 저도 참담한 심정이에요.

당신 이해해요. 나도 정말 참담한 심정이에요. 우리의 업무 과정을 추적해보고 도대체 어떻게 이런 일이 발생했는지에 대해 생각해봅시다. 그 문제에 대해 우리 둘 다 책임이 있다고 생각해요. 과거와 비교해볼 때 이번 일에 뭐라도 과거와 달랐던 점이 있었습니까?

비서 잘 모르겠는데요. 세 건을 한꺼번에 진행하고 있었는데, 그 직전의 프로젝트에서 제가 어떤 보드를 넣어야 하느냐고 여쭤보니까 화를 내셨어요. 어떤 자료가 필요한지 알고 있어야 하는 것은 저의 책임입니다만, 일이 너무 바쁠 때는 헷갈리는 경우도 있어요.

당신 확실히 알 수 없을 때는 언제든지 물어봐야 해요. 그렇지만 설명을 듣고 보니 내가 편안하게 물어보도록 해주지 못한 것 같군요.

비서 글쎄요. 가끔은 걱정이 되기도 했어요. 정말로 바쁠 때는 누가 귀찮게 하는 걸 싫어하시는 것 같아요. 출장 가시던 날도 그랬던 것 같아요. 가뜩이나 바빠서 짜증이 나실 텐데 귀찮게 해드리지 않으려고 애썼어요. 전화 통화가 끝나면 어떤 스토리보드를 넣어야 하는지 다시 한번 여쭤보고 확인하려고 했는데, 그때 바로 복사실로 달려가야 했어요. 출발하신 다음에 생각이 났지만 항상 서류가방을 꼼꼼하게 확인하시니까 괜찮을 거라고 생각했어요.

당신 그래요. 대부분의 경우 내가 다시 확인하죠. 그런데 이번에 너무 바빠서 깜빡했어요. 앞으로는 반드시 우리 둘 다 다시 한 번 확인해야

겠군요. 그리고 가끔은 내 기분이 정말 그래요. 그때는 내게 말하기가 어려웠을 수도 있을 거예요. 나도 무슨 일을 너무 서두르거나 갑작스럽게 하지 않도록 노력할 필요가 있네요. 하지만 내 기분이 어떻든 확실히 알지 못하는 사항이 있으면 꼭 물어봐야 해요.

비서 설사 방해가 되더라도 물어볼 것은 물어보라는 말씀이시죠?

당신 그래요. 나도 덜 예민해지도록 노력하겠습니다.

비서 이렇게 같이 얘기하니까 마음이 좀 편해졌어요. 그것이 중요한 문제라는 것도 알게 되었고요.

당신 앞으로 오늘 나눈 대화를 떠올리면서 내게 이렇게 말할 수도 있을 거예요. "스트레스를 받고 있는 줄은 알지만 그래도 필요한 것은 물어보기로 약속했잖아요." 혹은 그저 이렇게 말해도 좋을 거예요. "아니, 이런 식으로 화내지 않기로 약속하셨잖아요?"

비서 (웃으며) 예. 잘 알겠습니다.

당신 그리고 앞으로는 내 업무와 관련해서 내용을 좀 더 잘 파악할 수 있는 방법을 함께 연구해봅시다.

두 번째 대화에서는 당신과 당신의 비서가 각각 문제 발생에 얼마나 원인 제공을 했는지, 각자의 반응이 전체적인 양상에 어떤 영향을 미치게 되는지를 이해하기 시작했다. 프레젠테이션을 앞둔 당신은 불안하고 예민해져서 비서에게 짜증을 낸다. 비서는 당신이 일에 끼어드는 것을 원치 않는다고 생각해서 물러선다. 그 틈새에 무언가 문제가 생기고 당신은 더욱 화가 난다. 다음번에 발표 준비를 할 때는 비서가 당신에게 도움이 될 것이라는 신뢰감이 없어졌기 때문에 더욱 걱정이 된다. 그래서 당신은 더욱 화를 잘 내고 접근하기 어려운 사람이 되고, 당신과 비서 사이의 의사소통이 계속 어긋나면서 실수가 실수를 낳는다.

다른 방식도 있다. 당신과 비서는 두 사람 사이에 일어났던 대화 방식의 문제점이 무엇이었는지를 이해할 수 있고, 앞으로 그런 방식을 피하거나 바꾸기 위해서 어떻게 해야 하는지도 알게 될 것이다. 결과적으로 첫 번째 대화에서보다 두 번째 대화를 통해 당신들의 업무 협력 체제에 지속적이며 효과적인 변화가 일어날 가능성이 훨씬 더 높다.

실제로 첫 번째 대화는 문제를 더 악화시킬 수 있는 위험성을 내포하고 있다. 그 대화 방식에서 비서는 당신의 신경을 건드릴까 두려워 당신에게 하고 싶은 말을 다 하지 못했으므로 이런 대화는 문제를 개선하기는커녕 더욱 악화시킬 가능성이 있다. 그런 방식이 계속된다면 그녀는 결국 당신과 함께 일하는 것이 불가능하다는 결론에 다다를 것이며, 당신은 그녀가 무능하다고 결론짓게 될 것이다.

원인은 서로에게 있다

상사나 비서 양쪽 모두가 어떻게 원인을 제공했는지에 초점을 맞춰 분석하는 것은 판정보다는 이해에 중점을 두는 것이며, 이것은 아주 중요하다. 그것이 그저 좋은 관행이기 때문이 아니라 현실을 잘 반영하는 것이기 때문이다. 일반적으로 인간관계가 잘못된 까닭은 당사자들 모두가 원인을 제공했기 때문이다. 그럼에도 불구하고 우리는 일상생활에서 '단수'의 대상을 원인 제공자로 인식하는 잘못을 흔히 저지른다. 문제의 원인이 전적으로 자신의 잘못이거나, 아니면 전적으로 상대방의 잘못이라고 본다는 의미다.

그러나 선악이 분명한 이류 영화와는 달리 실생활에서는 원인 제공을 분석하는 것이 항상 복잡하다. 원인 제공에는 어떤 시스템이 있으며, 그 시스템에는 양측의 상호작용이 모두 투입된다. 야구에서 어떤 타자와 투수가 마주 보고 있다고 하자. 결정적인 순간에 삼진을 당한 타자는 자신이 공을 잘 보지 못했다거나, 팔목 부상 때문이라거나, 아니면 결정적인 순간을 포착하지 못했기 때문이라고 설명할 것이다. 그러나 삼진으로 타자를 잡은 투수는 다르게 설명할 수도 있다. "타자가 커브가 들어올 거라고 예상하고 있더라고요. 나는 그걸 미리 알아챘죠. 그래서 높고 빠른 볼을 던졌죠"라거나 "볼이 스트라이크 존에 잘 들어가더라고요. 타자가 타석에 들어오기도 전에 나는 이번 타자는 이미 잡은 것이나 마찬가지라고 생각했죠"라고 설명할 수도 있다.

타자와 투수 중 누가 옳을까? 답은 물론 '둘 다 옳다'이다. 적어도 부분적으로는 그렇다. 타자가 삼진을 당하거나 홈런을 치는 것은 타자와 투수 사이의 상호작용의 결과다. 사람들은 자신의 관점에 따라 어느 한쪽의 행동에 초점을 맞추지만 어떤 결과를 만들어내는 데는 양쪽의 상호작용이 필요하다.

어려운 대화에서도 마찬가지다. 예를 들어 아동 학대처럼 극단적으로 예외적인 경우가 아니라면 대화에 수반되는 모든 상황은 공동으로 원인을 제공한 결과다. 어느 한쪽에만 초점을 맞춰 원인 제공을 생각했다면 일이 애매해질 뿐이다.

때에 따라서는 비난에 초점을 맞추는 것이 중요하면서도 꼭 필요한 경우가 있다. 형사법정에서나 민사법정에서나 우리의 법 체제에서는 비난이 필수불가결하다. 법이나 도덕적 기준에 명백하게 위배되는 것에 대해 공공연하게 비난하는 것은 사람들에게 법 준수에 대한 메시지를 주고 사회 정의를 구현하는 것이다.

그러나 비난은 그것이 꼭 필요한 상황에서조차도 대가가 따르는 법이다. 법적으로든 기타 방법으로든 일단 처벌의 망령에 사로잡히면 무슨 일이 있었는지에 대해 진실을 파악하기가 더 어려워지게 마련이다. 이해가 가는 일이지만 사람들은 비협조적이 되고 마음을 열지 않으며 사과하려 하지 않는다. 예를 들어 자동차 사고가 났을 경우 고소당하게 될 자동차 회사는 안전성 개선을 하지 않으려고 할 것이다. 안전성을 개선하겠다는 뜻을 나타내면 사고가 나기 전에 어떤 조치를 취했어야 했다는 사실을 회사 스스로 인정하는 셈이 되기 때문에 두려운 것이다.

비난은 무슨 일이 있었는지에 대한 진실 규명을 어렵게 만드는 구조이기 때문에 종종 '진상조사위원회'가 설치되기도 한다. 진상조사위원회는 정직성을 보여준 대가로 관용을 베풀기도 한다. 예를 들어 남아프리카공화국에서 진실 규명을 위해 오로지 범죄 수사와 재판만을 수행해왔다면 인종차별 정책하에서 과거 자행된 학대의 진상이 지금처럼 알려질 수 없었을 것이다.

비난에 열중하면 근본 원인을 찾을 수 없다

이렇듯 비난에 초점을 맞추는 것은 문제 해결에 장애가 된다. 예컨 대 개가 없어졌다면 누구의 잘못인가? 대문을 열어놓은 사람의 잘못 인가, 개목걸이를 풀어놓은 사람의 잘못인가? 또한 잘못을 따지고 있 어야 하겠는가, 개를 찾아나서야 하겠는가?

욕조의 물이 넘쳐 아래층 거실 천장을 망쳐놓았다면, 물 잠그는 것 을 깜박 잊은 사람을 탓해야 하겠는가, 그 사람을 갑자기 불러낸 배우 자를 탓해야 하겠는가? 배수구를 너무 작게 만든 제조업체의 잘못인 가, 그런 문제점이 있다는 것을 알려주지 않은 배관공의 잘못인가?

원인 제공자를 찾자면 앞서 언급한 사람들 모두가 원인 제공자다. 당신의 진정한 목표가 개를 찾고 천장을 수리하는 것이라면, 그리하 여 앞으로 이런 사고의 재발을 예방하는 것이라면, 비난에 초점을 맞 추는 것은 시간 낭비다. 그것은 뒤를 돌아보면서 문제점을 이해하는 데도, 앞을 내다보면서 문제를 해결하는 데도 도움이 되지 않는다.

처벌이 타당한 것처럼 보이는 경우일지라도 무엇이 왜 잘못되었 는지를 알아내지 않고 처벌로 일관한다면 큰 재난을 불러올 것이다.

코모디티 코퍼레이션의 부사장은 수익성 증대를 위해 새로운 공 장을 지어야 한다는 결정을 적극 지지했다. 그러나 그 공장은 수익을 증대시키지 못했을 뿐만 아니라 결과적으로 시장 공급물량을 증가시 킴으로써 실제 수익률을 오히려 떨어뜨렸다. 공장 건립을 결정할 당 시 여러 사람이 이런 결과를 예상했지만 반대 의견을 피력하지는 않 았다.

회사는 수익 감소의 책임을 물어 부사장을 해고하고 새로운 전략 기획 담당자를 영입했다. 잘못된 결정을 내린 사람을 제거하고 누군가 '더 나은' 사람으로 대체함으로써 경영 책임 문제는 일단락된 것처럼 보였다. 그러나 그 회사는 원인 시스템 속의 '일부분'을 바꾸었을 뿐 시스템 전체를 들여다보지 못했다. 실패를 예측했던 사람들이 왜 침묵을 지켰을까? 그들이 침묵을 지키도록 만든 암묵적 동기가 무엇이었을까? 계속해서 잘못된 결정을 허용하는 구조적·정책적·절차상의 문제점은 무엇이며, 그것들을 변화시키려면 어떤 조치를 취해야 하는 것일까? 어떤 시스템 속의 책임자 하나를 제거함으로써 문제가 해결될 수도 있다. 그러나 폭넓은 근본 원인을 분석하는 수고를 피하기 위해 그런 방법을 사용했다면, 엄청나게 값비싼 대가를 치르게 될 것이다.

근본 원인을 찾아야 대화가 쉬워진다

근본적으로 비난 구조는 대화를 더욱 어렵게 만드는 반면에 근본 원인에 대한 이해는 어려운 대화를 더욱 쉽게 만들어주고 생산적인 결과를 낳을 가능성을 높여준다.

조셉은 다국적 기업의 해외지사장이다. 그가 가장 답답하게 느끼는 것은 본사가 해외지사와 효과적인 커뮤니케이션을 하려고 하는 성의를 보이지 않고 능력도 없다는 것이다. 정책 변화에 대해서도 사전에 통보받지 못하고, 심지어 그 지역의 회사 업무와 관련된 내용을 고객을 통해 알게 되는 경우도 비일비재하다(한 번은 신문을 보고 알았다). 조셉은 이 문제를 본사에 건의하기로 작정했다.

그러나 조셉의 매니저들 중 한 사람이 조셉 자신에게도 문제가 있다는 사실을 지적했다. 조셉이 설치한 컴퓨터는 본사의 컴퓨터와 호환성이 없었다. 게다가 당연히 사전에 문의해야 할지도 모르는 사안에 대해 주도적으로 대응하지 못한다. 불행하게도 조셉은 자신이 근본 원인의 일부임을 인식하지 못하고, 정말로 자신에게 문제가 있는 것인지에 대해 의아하게 생각하기 시작한다. 결국 그는 본사에 그런 건의를 하지 않았고, 답답한 상황은 계속되었다.

비난을 일삼는 것은 심리적 부담을 야기한다. 잘못한 대상은 다른 사람이며 자신은 잘못이 없다는 확신을 가져야 하고 그 문제를 거론하는 것에 대한 당위성을 가져야 한다. 그러나 앞에서 살펴보았듯이 우리 자신도 언제나 부분적인 원인 제공을 하므로 결국 중요한 문제를 거론하기를 포기하게 된다. 그것은 그리 바람직하지 못하다. 왜냐하면 상대방과 효과적으로 커뮤니케이션하지 못하는 이유와 그런 상황을 개선시킬 수 있는 방법이 무엇인지를 이해할 기회를 놓치게 될 것이기 때문이다.

더 많은 질문을 던져야 한다

어떤 부부가 '아내의 부정'이라는 문제에 부딪쳐 있다고 하자. 비난의 질문들이 오가며 다툼이 계속된다. 상당히 고민한 끝에 남편은 그런 부정한 행동을 다시 하지 않겠다는 조건하에 결혼 생활을 유지하기로 결정한다. 일단 문제가 해결된 것은 분명하기만, 그들 각자가 그런 경험으로부터 배운 것은 무엇일까?

외도를 하는 것은 당사자만의 일방적인 문제처럼 보이지만 부부 양쪽 모두 원인 제공을 하는 경우가 대부분이다. 만약 원인 제공에 대한 규명이 이루어지지 않는다면 외도의 원인이 된 문제와 결혼 생활이 계속해서 갈등을 일으킬 것이다. 그때는 다음과 같은 질문을 해볼 필요가 있다. 남편은 아내의 말을 귀 기울여듣는가? 남편은 밤늦게까지 일에만 전념하지는 않았는가? 그로 인해 아내가 슬프고 외롭고 불행하게 느끼지는 않았는가? 만일 그렇지 않다면 무엇이 이유인가?

그리고 근본 원인을 파악하기 위해서 부부는 더 많은 질문을 던져보아야 한다. 남편이 아내의 말에 귀 기울이지 않는다면 아내의 어떤 점이 남편을 그렇게 만드는가? 그녀의 어떤 말이나 행동이 남편에게 마음을 닫아버리거나 관심을 돌리게 만드는가? 부부 사이의 역학관계는 어떻게 되어 있나? 외도에 원인을 제공한 요소들을 이해하고 그에 대응하기 위해서는 이런 문제들을 반드시 탐색해보아야 한다.

원인 제공에 대한 오해

사람들이 원인 제공이라는 개념을 충분히 이해하는 데 걸림돌이 되는 오해가 세 가지 있다.

나의 원인에만 초점을 맞출 필요는 없다

문제에 공동으로 원인을 제공한 것을 탐색해야 한다는 조언은 때로 "상대방의 원인 제공 부분은 무시하고 자기 자신의 원인 제공 부분에 초점을 맞춰야 한다"는 말처럼 들린다. 이것은 잘못이다. 당신이 원인을 제공한 부분을 찾아내는 것이 다른 사람의 원인 제공을 부정하는 것은 절대로 아니다. 그것은 양쪽 모두를 문제 속으로 끌어들였고, 아마도 양쪽 모두를 끌어낼 것이다.

문제에 개입된 모든 사람이 원인을 제공했다는 것은 모든 사람이 똑같은 정도로 원인 제공을 했다는 의미가 아니다. 당신에게 5퍼센트의 책임이 있을 수도 있고 95퍼센트의 책임이 있을 수도 있지만, 공동으로 원인을 제공한 것은 사실이다. 물론 원인 제공의 정도를 계량화한다는 것은 쉽지도 않고 별로 도움도 안 된다. 목표는 퍼센트를 매기는 것이 아니라 시스템을 이해하는 것이다.

나의 감정은 비난이 아닌 표현으로 드러낸다

비난에 초점을 맞추기보다 근본 원인을 이해하려고 노력하는 것은 격렬한 감정을 접어두어야 한다는 의미가 아니다. 오히려 그 반대다. 당신과 상대방이 어떻게 원인을 제공했는지 살펴보자면 감정에 대해 이야기하지 않을 수 없다. 사실 표현되지 못한 격렬한 감정은 비난하고자 하는 충동을 자극한다. 아내의 부정을 알게 되었을 때 당신은 이렇게 말하고 싶을 것이다.

"당신이 우리의 결혼 생활을 망쳤어! 어떻게 이럴 수가 있어?"

여기서 당신은 비난을 통해 자신의 감정을 나타내고 있다. 그러나 "나는 당신의 행동 때문에 참담함을 느낀다", "이제는 당신을 조금도 신뢰할 수 없다"와 같이 자신의 강한 감정을 좀 더 직접적으로 표현하고 나면 비난의 충동이 완화된다. 시간이 지나면서 좀 더 편안하고 생산적인 대화를 할 수 있게 된다.

만일 당신이 비난하고 싶은 충동을 떨쳐버리지 못한다면 스스로 이렇게 물어볼 수 있을 것이다. '내가 어떤 감정을 표출하지 못하고 있는 것일까?', '상대방이 나의 감정을 인정했는가?'라고 말이다. 그러면 비난에서 근본 원인으로 자연스럽게 전환하는 자신을 발견하게 될 것이다. 당신이 진정으로 원하는 것은 이해와 인정으로, 상대방에게서 듣고 싶은 말은 "나의 잘못입니다"가 아니라 "내가 당신에게 상처를 주었다는 것을 깨달았습니다. 미안합니다"이다. 앞의 말은 판정에 관한 것이고 뒤의 말은 이해에 관한 것이다.

원인 분석은 탓하기 위한 것이 아니다

어떤 사람은 피해자를 비난할 때 스스로 초래한 결과이므로 피해자가 되는 것이 당연하다거나 심지어 피해자가 되기를 원했다고 주장한다. 대부분의 경우 그것은 그 피해자를 포함하는 양쪽 모두에게 아주 부당하고 고통스러운 일이다.

공동의 원인 제공을 찾아보는 것은 절대 비난을 위한 비난이 아니다. 만일 당신이 밤늦게 어두운 거리를 혼자 걷다가 강도를 당했다고 상상해보자. 비난 지향적인 질문은 이렇다. "당신이 무언가 잘못했습니까? 법을 어겼습니까? 부도덕한 행동을 했습니까? 벌 받을 짓을 했습니까?" 이 모든 질문에 대답은 "아니오"이다. 당신은 아무것도 잘못한 것이 없다. 당신은 강도를 당할 이유가 없으며, 강도를 당한 것은 당신의 잘못이 아니다.

그러나 원인 분석적인 질문은 다르다. "나의 어떤 행동이 그런 상황을 일으키게 했을까?"라고 묻는다. 당신은 비난받을 이유가 전혀 없는 상황에서도 원인을 찾을 수 있다. 당신은 사실 강도를 당할 원인을 제공했기 때문이다. 다름 아닌 밤에 혼자 걸었다는 사실이다. 만일 당신이 다른 곳에 있었다면, 다른 사람들과 같이 있었다면 강도를 당할 가능성은 훨씬 더 적었을 것이다. 만일 우리가 그 사건에 관해서 누군가를 처벌하려고 한다면 강도를 처벌해야 한다. 만일 우리가 당신을 돕고자 한다면 당신의 원인 제공 부분을 찾아내도록 고무시켜야 한다. 당신은 다른 사람의 원인 제공 부분은 변화시킬 수 없지만, 자신의 것은 변화시킬 수 있다.

넬슨 만델라는 『자유를 향한 긴 행로A Long Walk to Freedom』라는 자서전에서 극단적으로 피해를 입은 피해자가 어떻게 자신의 원인 제공 부분을 이해하려고 노력할 수 있는지에 대한 훌륭한 사례를 제시한다. 그는 남아프리카에서 태어난 한 백인으로부터 그것을 어떻게 배웠는지 다음과 같이 설명한다.

안드레 셰퍼 목사는 아프리카에 있는 네덜란드 개혁교회의 목사였다. (……) 그는 정색을 하고 농담을 하면서 우리를 놀리는 것을 즐겼다. 그는 이렇게 말하곤 했다. "모두 알다시피 여기서는 흑인들보다 백인들이 더 괴롭죠. 어떤 문제가 생기면 우리 백인들이 해결을 해야 합니다. 그러나 여러분과 같은 흑인들에게 문제가 생기면 여러분은 핑계를 댑니다. 그저 '잉가빌룽구'라고 말하면 됩니다. 그 말은 코사Xhosa어로 '백인들 때문이에요'라는 의미죠."

세퍼 목사의 말은 우리가 모든 문제를 백인들 탓으로 돌린다는 것을 의미한다. 그의 메시지는 우리 자신을 되돌아보고 우리 행동에 책임을 져야 한다는 것이다. 나는 그런 정신에 전적으로 동감했다.

만델라는 흑인들이 처한 상황이 흑인들 탓이라고 생각하지 않았다. 그러나 남아프리카공화국이 더욱 발전하려면 흑인들도 자신들이 원인을 제공한 부분을 돌이켜보고 책임을 져야 한다고 믿었다.

어떤 상황을 영속하는 데 자신이 어떤 역할을 하고 있는지를 파악함으로써 그 시스템을 효과적으로 변화시키는 방법을 배울 수 있다. 자신의 행동을 변화시키는 것만으로도 당신은 공동의 문제에 어느 정도 영향을 미칠 수 있다.

파악하기 어려운 원인 제공 방식

'원인 제공'이라는 개념에 일리가 있군' 하고 생각하게 되었더라도 가장 압박감을 느끼는 복잡한 문제를 돌이켜볼 때는 당황할 것이다. "이런 상황에서 내가 무슨 원인 제공을 했는지 도무지 모르겠어요." 그러나 반복해서 노력하다 보면 자신의 원인 제공 부분을 찾아내기가 쉬워질 것이다. 또한 우리가 의식하지 못하고 간과하는 원인 제공 부분이 있다는 것을 알아두면 도움이 될 것이다. 당신은 다음과 같은 방식으로 원인을 제공했을 수 있다.

회피 행위

어떤 문제에 대한, 가장 흔한 원인 제공 방식이면서도 가장 쉽게 간과되는 것이 바로 단순한 회피 행위다. 이는 문제점이 발견되었을 때 일찍 대응하지 않고 방치함으로써 문제가 지속되도록 하는 것이다. 예를 들면 지난 2년 동안 당신의 전남편이 아이들을 픽업해올 때마다 조금씩 늦었지만 당신은 그 문제에 대해 언급하지 않았을 수도 있다. 혹은 4년 전부터 상사가 당신의 자존심을 계속 짓밟았지만 그 것에 대해 그와 대화하지 않고 지내왔을지도 모른다.

당신 회사의 매니저들 중 한 사람에게 경고를 주든지 해고를 해야 할 입장이 되었다. 그러나 그의 근무기록 평가서를 보면 몇 년 동안 계속해서 '만족스러움'으로 가득 차 있다. 왜 그럴까? 부분적으로는 당신이 문제점을 기록하는 수고를 회피했기 때문일 수도 있고, 당신을 비롯한 상사들이 다루기 쉽지 않은 직원과 어려운 대화를 지속해야 하는 어려움을 회피했기 때문이다. 그리고 매니저들이 그런 대화를 회피하는 것을 하나의 관행으로 용인하고 담합했기 때문이다.

회피 행위 중에서도 가장 문제가 되는 것은 당신을 화나게 만든 당사자가 아닌 제3자에게 불평을 하는 것이다. 그렇게 하면 당신의 기분은 좀 나아질지 모르지만 문제 해결에는 아무 도움도 안 되는 제3자를 끌어들이는 것과 다름없다. 그들은 당신을 대변해줄 수 없다.

어려운 대화를 어떻게 할지에 대해 친구의 조언을 듣는 것조차 안 된다는 의미가 아니다. 만일 누군가에게 조언을 구한다면, 어려운 대화 이후 당신의 감정 변화에 대해서도 계속 알려줘서 그가 균형 잡힌 전체 이야기를 알도록 하길 바란다.

접근 저지 행위

어떤 문제를 회피한다는 것은 다른 사람이 가까이 오기 힘든 인간관계 스타일을 갖고 있다는 것과 같다. 그런 사람은 다른 사람에게 무관심, 예측불허, 성마름, 비판적·보복적·과민적·논쟁적·비우호적인 태도를 보인다. 물론 당신이 그런 성격을 지녔는지, 아니면 그런 효과를 노리고 그런 태도를 보이는 건지는 중요하지 않다. 어떤 사람이 당신의 그런 점을 알았다면, 다음에는 함께 일을 하려고 하지 않을 것이다. 그것은 그와 당신 사이의 문제를 회피하는 시스템의 일부가 되어버린다.

교차점 망각 행위

서로를 가로지르는 교차로는 두 사람의 배경, 기호, 의사소통 스타일이나 인간관계에 대한 전제가 서로 다르기 때문에 발생한다. 결혼한 지 넉 달이 된 토비와 제인의 사례를 살펴보자.

그들의 싸움은 뻔히 예측할 수 있는 양상을 띤다. 대부분의 경우 남편 토비 쪽에서 어떤 문제를 제기한다. 가사분담을 어떻게 할 것인가? 왜 제인이 그녀의 어머니 앞에서 토비를 대변해주지 않는가? 혹은 그녀의 연말 보너스를 저축할 것인가, 쓸 것인가 등이다. 분위기가 격해지면 제인은 "토비, 지금은 이런 얘기 하고 싶지 않아" 하고 말한다. 제인이 말을 끊고 나가버리면 토비는 버려진 느낌이 들어 그들의 문제를 혼자 해결하려고 애쓴다. 토비는 친구들에게 이렇게 불평한다.

"제인은 감정을 다스릴 줄 몰라. 자기감정이나 내 감정이나 무언가가 조금만 안 맞아도 참지를 못해."

토비는 그들 부부가 어려운 결정을 내리거나 문제를 해결할 능력이 없다는 데 좌절감을 느끼고 있다. 한편 제인은 자신의 여동생에게 이렇게 털어놓는다.

"토비는 너무 숨이 막혀. 그 사람한테는 모든 일이 비상사태이고 매사를 즉시 의논해야만 해. 내 기분이 어떤지, 문제를 거론하기에 적절한 때인지는 안중에도 없다고. 내가 이사회에서 중요한 발표를 하기 바로 전날 밤인데, 통장에서 3달러가 차이 난다고 당장 찾아내라고 하는 거야! 언제나 그런 사소한 일로 시비를 건다니까!"

토비와 제인은 마침내 무엇이 문제인지에 대해 솔직하게 의견을 나누었다. 그리고 각자의 과거 경험들로 인해 의사소통 방법이나 인간관계에 대한 생각이 상충한다는 것을 깨달았다. 토비의 어머니는 그가 어릴 때부터 알코올 중독이었으며 시간이 흐를수록 점점 더 증세가 심해져갔다. 토비는 어머니의 문제를 깨달은 뒤로 줄곧 적극적인 치료를 주장했으나, 그의 아버지와 누나들은 상황 인식을 거부하며 마치 아무 문제도 없는 양 지내기를 원했다. 진짜 현실에는 눈을 감은 채, 막연히 언젠가는 어머니의 증세가 나아질 거라는 희망만 품었던 것이다. 그러나 사태는 나아지지 않았다. 그런 과거 때문에 토비는 누군가와 관계를 건강하게 유지하기 위해서는 문제가 있을 때 즉시 거론하고 대응하는 것이 중요하다는 인식을 확고하게 갖고 있다.

반면에 제인의 가정은 아주 달랐다. 그녀의 오빠는 정신적으로 장애가 있었고, 가족의 모든 생활은 오빠를 중심으로 움직였다. 제인은 오빠를 무척 사랑하기는 했지만 때로는 오빠 때문에 지치고 힘들었다. 그렇게 정서적 긴장감이 감도는 가정에서 자란 그녀는 어떤 잠재적인 문제에 대해 신속히 반응하지 않고 어느 정도 거리를 유지하는 방법을 배웠다. 부부 사이의 문제에 대한 토비의 즉각적인 반응은 이처럼 조심스럽게 길러온 그녀의 대응 방식을 위협하는 것이었다.

토비는 끊임없이 문제를 제기하고 그때마다 제인은 뒤로 물러나는 상호작용 체계는 그렇게 해서 만들어진 것이었다. 토비는 비난 시스템을 가동하여 그들 사이의 문제는 모두 제인 때문이라고 결론지었다. 그녀가 '상황을 부인'하고 '감정을 제대로 다루지 못하기' 때문이라는 것이다. 반면에 제인은 모든 것이 토비 때문이라고 생각했다. 그가 '과잉 반응'하고 '자기를 숨 막히게 만들기' 때문이라는 것이다. 그런데 원인 분석 시스템으로 전환하자 이들 부부의 갈등 요소가 명확히 드러났다. 비로소 그들은 해결 방법을 의논할 수 있게 되었다.

토비와 제인의 갈등 원인 분석

1. 토비는 문제가 심각해질 것을 우려하여 대화를 원한다.
2. 제인은 포기하고 나가버린다.
3. 토비는 버려진 느낌을 받는다. 재접촉을 위해 싸움을 건다.
4. 제인은 토비가 문제를 확대시키고 있다는 자신의 관점을 확인하고 대화를 그만둔다.
5. 토비는 다시 버려진 느낌을 받는다. 재접촉을 위해 싸움을 건다.
   (상황 반복)

어떤 관계가 시작될 때는 사랑에 눈이 멀어 상대방의 결점을 알아채지 못할 수도 있다. 시간이 흐르면서 서로에 대해 깊이 알게 되면 조금씩 상대방의 결점을 발견하게 된다. 그러나 걱정할 정도는 아니다.

시간이 지나면 상대방이 더 많은 애정을 보여주고 더욱 자발적으로, 더욱 알뜰하게 예산에 맞춰 사는 법을 배울 것이라고 생각한다. 그러나 문제는 상황이 전혀 변하지 않는다는 데 있다. 각자가 상대방이 달라지기만을 기다리고 있기 때문이다. 그리고 결국 의문을 제기한다.

'나를 사랑한다면 저렇게 할 리가 없어? 정말로 나를 사랑하기나 하는 걸까?'

우리가 그 문제를 하나의 교차점으로 이해하지 못하고 옳고 그름의 문제로만 볼 때는 대형 열차사고를 피할 수 없다. 반대로 교차점 안에서는 아무도 탓할 수 없다는 것을 알고 있다면 개인 생활에 있어서나 직장에서나 성공적인 인간관계를 구축할 수 있다. 사람들은 서로 다를 수밖에 없다. 우리가 오랜 세월 같이 지내기를 바란다면, 때로는 자신이 좋아하는 것을 희생하기도 하면서 교차로의 어딘가에서 만나야 한다.

역할 전제

원인을 제공하는 네 번째 방식은 어떤 상황에서 자신의 역할을 전제하는 것이다. 이는 종종 무의식적으로 일어난다. 당신의 전제가 다른 사람의 그것과 다를 때는 토비와 제인의 관계에서 살펴본 것처럼 교차로가 생긴다. 그러나 역할 전제에 대해 충분히 대화를 했다 할지라도 문제가 될 수 있다.

예를 들면 조지의 가족은 반복되는 가족생활에서 다들 저마다의 역할을 잘 알고 있다. 일곱 살짜리 조지가 개밥그릇을 숟갈로 둥둥 두드리는 등 말썽은 부린다. 참다못한 조지의 엄마가 남편에게 "쟤 지깟 좀 못하게 하세요"라고 말하면 조지의 아버지가 "그만두지 못해!" 하고 소리 지른다. 조지는 깜짝 놀라 울음을 터뜨릴 것이며, 엄마는 아버지를 돌아다보고 "애한테 그렇게 소리를 지를 필요는 없잖아요"라고 말한다. 아버지는 한숨을 내쉬고 다시 신문을 읽는다. 몇 분도 채 지나지 않아 조지는 또 다른 말썽을 피우고, 이런 과정은 반복된다.

애정 표현을 위한 싸움과 같은 형태로 유대감을 유지하기에는 한계가 있다. 그럼에도 불구하고 가정에서나 직장에서나 그런 방식을 포함하는 별로 바람직하지 못한 역학관계가 의외로 많다. 왜 그럴까?

첫째, 비록 문제점이 있어도 익숙한 패턴이 편하기 때문이며, 이때 그룹의 멤버들은 각자 자기 역할을 유지하기 위해 노력한다. 둘째, 원인 제공 방식을 변화시키는 데는 그것을 찾아내고 한계를 인식하는 것 이상이 요구된다. 당사자들도 이점을 제공하는 또 다른 방법을 찾아야 한다. 조지와 그 부모들은 애정을 표현하고 친밀감을 유지할 수 있는 더 나은 방법을 찾을 필요가 있다. 그러기 위해서는 감정 대화와 정체성 대화 측면에서 상당히 노력해야 한다.

이것은 또한 어떤 조직 안에서 '리더는 전략을 수립하고, 부하 직원들은 그것을 수행한다'와 같은 역할 전제에 한계가 있다는 것을 알면서도 일하는 방식을 바꾸기 어려운 이유와 같다. 사람들의 상호작용 방식을 변화시키려면 모든 사람이 더 낫다고 생각하는 대안적 모델이 있어야 할 뿐만 아니라 그 모델을 적어도 현재의 방식보다 더 효과적으로 만들 수 있는 구체적인 기술이 있어야 한다.

원인 제공을
이해하기 위한 도구

만일 당신이 아직도 당신의 원인 제공 부분을 파악할 수 없다면 다음의 두 가지 접근법 중 하나를 시도해보라. 먼저 '역할 바꾸기'이다. 자기 자신에게 이렇게 물어보라.

"사람들은 내가 어떤 원인을 제공했다고 말할까?"

자신을 상대방이라고 가정하고 '나'와 같은 일인칭 대명사를 사용해서 대답해보라. 자기 자신을 다른 사람의 눈을 통해 보면 내가 그 시스템에서 어떤 역할을 했는지 이해할 수 있다.

두 번째로 한발 물러나서 이해관계가 없는 관찰자의 관점에서 문제를 살펴보라. 당신을 그런 상황에 처한 사람들에게 그들이 교착상태에 빠져 있는 이유를 더 잘 이해하도록 도와주기 위해 초대받은 컨설턴트라고 가정해보라. 어떻게 그들 각자가 원인 제공한 부분을 중립적인 방법으로 기술하겠는가?

만일 당신이 이런 방식으로 스스로 입장을 바꾸어보는 데 어려움을 겪는다면 친구에게 대신 해달라고 부탁하라. 혹시 친구가 놀라운 내용을 제시하더라도 즉각 거부하지는 마라. 오히려 그것이 사실이라고 가정하고, 어떻게 그럴 수가 있는지, 그리고 그것이 어떤 의미를 지니고 있는지 물어보라.

비난에서 원인 파악으로 전환하기

비난할 거리를 찾는 것에서 원인을 파악하는 자세로 전환하는 것은 하루아침에 이루어지는 일이 아니다. 그것은 엄청난 노력과 끈기를 필요로 한다.

신디는 컨설팅을 위해 브라질에 파견된 엔지니어 팀을 이끌면서 그런 사실을 알게 되었다. 그녀는 팀의 유일한 여성이며 열다섯 살 차이가 나는 가장 어린 멤버였다. 팀원인 미겔은 유난히 그녀의 리더십을 못마땅해했으나 신디는 일부러 그를 자신과 함께 일하는 소그룹에 배정함으로써 자기편으로 만들기 시작했다. 두 사람은 몇몇 과업을 함께 성공적으로 수행했고, 차츰 상대방의 스타일에 익숙해졌다.

그러던 어느 날 업무상 호텔 레스토랑에서 함께 저녁을 먹다가 미겔이 신디에게 이렇게 말했다.

"당신은 너무 아름답고, 여기는 집에 가기엔 너무 먼 곳이군요."

그러고는 테이블에 비스듬히 기대어 그녀의 머리를 쓰다듬었다. 난감해진 신디는 급한 마음에 서류철을 보여주며 서둘러 일을 끝냈다.

그 후 며칠 동안 미겔의 돌발적 행동은 계속되었다. 신디에게 바짝

붙어 서는가 하면 그녀에게 부쩍 관심을 쏟고, 틈만 있으면 그녀를 찾았다. 그가 직접 육체적 관계를 요구하는 말은 하지 않았지만, 신디는 혹시 그가 그런 관계를 원하는 건 아닌지 의심스러웠다.

대부분의 사람들과 마찬가지로 처음에는 신디도 비난 지향적이었다. 그녀는 미겔의 행위가 부적절하며 자신이 피해자가 되고 있다고 느꼈다. 그러나 비난과 함께 몇 가지 의구심이 들었다. 신디가 용기를 내어 미겔에게 그의 행동이 잘못되었음을 말하려고 마음먹자 자신이 과민반응을 하는 것은 아닌지, 혹은 그의 행동을 잘못 해석하고 있는 것은 아닌지 걱정이 되었다. 그것은 아마도 단순한 문화적 차이일지도 모른다. 또한 신디는 미겔을 비난함으로써 사태를 더욱 악화시키지 않을까 걱정되었다. 그렇지만 이렇게 생각했다.

'상황이 매우 불편하지만 그래도 해결할 수 있어. 하지만 미겔에게 그의 행동이 잘못되었다고 말하는 것은 너무나도 큰 모험이야. 그가 격분할 수도 있고, 팀을 온통 쑥밭으로 만들어놓을 수도 있고, 프로젝트를 위태롭게 만들 수도 있어. 프로젝트는 나에게 무엇보다도 중요한 기회야. 망칠 순 없어.'

상황에 대한 인식 전환하기

비난을 탈피하는 첫걸음은 상황에 대한 인식을 새로운 방향으로 전환하는 것이다. 각자가 문제 발생에 원인을 제공한 부분을 찾아봄으로써 시스템을 진단할 수 있다. 이때 다른 사람의 원인 제공에 초점을 맞추고 자신의 원인 제공에 대해서는 인식하지 못하는 사람들이 있다. 이런 사람들은 '책임 전가자'라고 할 수 있는데, 자신은 죄 없는 피해자로 보려는 경향이 있어서 무엇이든 잘못되면 모두 남 탓을 한다. 또 어떤 사람은 그 반대의 경향을 띤다. 지나칠 정도로 자신의 부정적 측면만 보는 것이다. 이런 사람에게 다른 사람의 원인 제공 부분은 무의미해 보인다. 이런 사람들은 '책임 흡수자'라고 할 수 있는데, 모든 것에 책임을 느끼는 경향이 있다.

그러므로 자신의 성향을 파악하여 극복하는 것이 각자의 원인 제공에 대해 균형 잡힌 그림을 그리는 데 큰 도움이 된다. 근본 원인을 이해하기 위해서는 그 구성 요소를 이해해야 한다.

미겔의 원인 제공 부분은 비교적 찾아내기 쉽다. 그는 낭만적인 애정을 표현하지만, 그 의도나 관심의 정도를 분명하게 밝히고 있지 않다. 그는 의도적으로 신디에게 접근하고, 다른 동료들보다 신디와 얘기하는 데 더 많은 시간과 에너지를 쓰며, 그녀를 연모하는 감정을 내비친다. 그리고 의식적이든 무의식적이든 신디가 보내는 비언어적 신호를 무시한다. 그녀는 화제를 자꾸 바꾸고 직원을 다시 배치하고 그를 회피하지만 미겔은 계속 그녀의 뒤를 쫓는다. 그러면서 의도적으로 신디가 어떻게 느끼는지에 대해 묻지 않는다.

미겔이 신디의 불쾌감에 대해 알고 있을 수도 있고 알아채지 못했을 수도 있다. 그의 행동은 비난받아 마땅한 것일 수도 있고 그렇지 않을 수도 있다. 그러나 이것은 원인 제공과는 별개의 문제로, 여기서 중요한 것은 그것들이 모두 미겔에게서 비롯된 퍼즐의 조각들이라는 사실이다.

신디의 원인 제공 부분

• 처음에 미겔에게 특별한 관심을 준 것

• 그를 특별 배려해서 일대일로 함께 일하기로 한 것

• 그의 태도가 불쾌하다고 말하지 않은 것

미겔의 원인 제공 부분

• 신디에게 자신이 사랑에 빠졌으며, 개인적인 시간을 같이 보내고 싶다고 말한 것

• 자신의 의도를 분명히 하지 않은 것

• 신디의 간접적인 불쾌감 표시를 받아들이지 않거나 무시한 것

• 자신의 제안에 대해 신디가 어떻게 생각하는지를 묻지 않은 것

신디의 원인 제공 부분을 파악하기 위해서는 우선 비난 구조를 제거해야 한다. 그녀는 미겔이 팀에 불만이 있는 것을 알고 자신과 함께 일하도록 특별 배려를 했다. 미겔로서는 신디가 자기에게 관심이 있다는 것으로 받아들였을 수도 있다. 신디는 미겔에게 자신이 불쾌하게 느끼고 있다는 것을 직접적으로 말하지 않았다. 행동의 정당성과는 상관없이 그녀도 현재의 상황에 원인 제공을 한 것은 분명하다. 이런 측면에서 보면 미겔의 행동을 이해하기가 더 쉬워진다.

또 다른 중요한 원인 제공자들이 있는 경우도 많다. 예를 들어 토비와 제인의 경우에는 그들의 가족도 중요한 역할을 하고 있다. 신디의 경우에는 팀의 다른 멤버들이 자신도 모르게 미겔의 행동을 조장했거나 그녀를 도와줄 기회를 지나쳐버렸는지도 모른다. 근본 원인

을 탐색할 때는 다른 사람들의 중요한 원인 제공 가능성에 대해서도 살펴보아야 한다.

자신의 원인 제공 부분을 빨리 인정하라

대화를 하는 중에 원인 제공에 대해 거론하는 것 자체는 어쩌면 쉬울 수도 있는데, 상대방을 비난 시스템에서 원인 파악의 과정으로 이끄는 것이 더 어렵다. 누구의 잘못인지 따지고 싶지 않다는 신호를 보내는 최선의 방법은 자신의 원인 제공 부분을 일찌감치 인정하는 것이다. 예를 들어 신디는 미겔에게 이렇게 말할 수도 있다.

"상황이 이렇게 곤란해지기 전에 진작 이런 얘기를 하지 않은 것에 대해 사과할게요. 비록 효율적인 업무를 위한 의도에서 출발했을지라도, 당신이 나와 함께 일하도록 배정한 것이 당신에게 혼란을 주었을지도 모른다는 사실을 깨달았어요. 당신은 어떻게 생각해요?"

또 이렇게 물어볼 수도 있을 것이다.

"그 외에 내가 모호하게 행동하거나 무언가 당신을 오해하도록 만든 부분이 있나요?"

자신의 원인 제공 부분을 먼저 인정하면 이후의 대화에서 내 입지가 약해지는 것은 아닌지 두려움을 느낄지도 모른다. 만일 상대방이 신이 나서 당신의 원인 제공 인정에 동조하면서(예를 들어 "나도 당신 잘못이라는 데 동의해요"라고 한다거나) 완강하게 자신의 원인 제공 가능성을 부인하면 어떻게 할 것인가?

만일 당신이 책임 흡수자의 성향을 지닌 사람이라면 이런 우려는 특히 중요하다. 즉 당신의 원인 제공을 인정하는 것에는 위험부담이 따른다. 그러나 자신의 원인 제공을 인정하지 않는 것도 위험부담이 있기는 마찬가지다. 만일 신디가 미겔의 원인 제공 부분을 먼저 지적한다면 미겔은 방어적 자세를 보이면서 부당하게 이야기가 흘러간다고 느낄 가능성이 높다. 그러면 미겔은 자신의 원인 제공 부분을 인정하기보다는 오히려 관심을 딴 데로 돌리고 싶은 유혹을 느끼게 될 것이다. 그렇게 하는 가장 손쉬운 방법은 신디의 문제점에 초점을 맞추는 것이다.

그러나 먼저 자신의 원인 제공 부분에 대해 인정한다면, 상대방은 그것을 자기의 원인 제공에 대한 논의를 회피하는 수단으로 삼을 수 없을 것이다. 이유야 어쨌든 간에 자신의 원인 제공에만 초점을 맞춘다면 이렇게 말할 수 있을 것이다.

"나의 원인 제공 부분만을 지적하는 것은 옳지 않아요. 이치에 맞지 않잖아요. 우리 함께 검토해봐요. 혹시 내가 당신 스스로를 돌아보는 것을 어렵게 만들고 있나요?"

상대방의 원인 제공 부분을 이해시켜라

당신의 원인 제공 부분에 책임지는 것 외에 상대방이 자기의 원인 제공 부분을 찾아내도록 도와주는 방법에는 어떤 것이 있을까? 먼저, 당신이 관찰 의견과 논리를 분명하게 밝혀라. 상대방이 어떤 행동과 말이 당신의 반응을 촉발시켰는지를 가능한 한 구체적으로 상기시키고 이야기하라. 예를 들면 신디는 이렇게 말할 수 있을 것이다.

"당신이 내 머리카락을 쓰다듬으면서 해변에서 둘만의 시간을 보낼 수 있는지 물었을 때 나는 당신이 원하는 것이 무엇인지 정말 혼란스러웠어요. 그리고 만일 당신이 로맨스를 원하는 것이라면 어떻게 하나 걱정했죠."

토비는 혹시 제인에게 이렇게 말할 수 있었을 것이다.

"싸우는 도중에 당신이 나가버렸을 때 나는 버려진 느낌을 받았고 정말 화가 났어요. 그래서 오늘 아침 오렌지주스를 마시면서 당신과 싸움을 시작하게 되었던 거예요. 어쨌든 나는 당신과 나 사이에 다시 연결고리가 필요하다고 생각했어요."

당신의 반응을 촉발시킨 것들을 돌이켜볼 때 비로소 근본 원인을 구성하는 행동과 반응을 통제할 수 있다.

또한 상대방이 어떻게 행동하기를 원하는지 분명히 밝혀라. 무엇이 당신의 반응을 촉발시켰는지 설명하는 것 외에도 앞으로 그가 어떻게 행동하기를 원하는지 분명히 설명하고, 그러면 당신의 행동은 어떻게 달라질지 설명하라. 부정한 아내와 관계를 회복하기 위해 애쓰는 남편은 이렇게 말할 수 있을 것이다.

앞으로는 당신의 말에 좀 더 귀 기울이도록 하고 대화도 피하지 않을게. 당신이 먼저 나에게 하루를 어떻게 보냈는지, 그리고 지금이 대화하기 좋은 시간인지를 물어봐준다면 크게 도움이 될 거야. 내가 너무 일 생각에만 사로잡혀 있을 때 당신이 상사 사이의 문제에 대해 이야기를 꺼내면 나는 부담스러워서 입을 다물게 되더라고. 그리고 당신이 내 상황에 대해서는 전혀 아랑곳하지 않는다는 생각이 들어서 화가 나. 그러니까 나한테 먼저 물어봐주면 고맙겠어. 그렇게 해주는 게 어렵지는 않겠지?

상대방이 당신의 원인 제공 부분에 변화를 일으키도록 함으로써 그들의 원인 제공 부분을 변화시는 것은 아주 효과적인 방법이다. 그것이 바로 근본 원인을 이해해야 하는 핵심 이유로, 각자가 상황을 변화시키고 개선하기 위해 어떻게 다르게 행동해야 하는지를 이해하기 위한 것이다.

당신이 당신만의 다른 이야기를 하든 당신의 의도나 원인 제공에 대해서 얘기하든 그 목표는 인정받기 위한 것이 아니다. 목표는 당신들 사이에 어떤 일이 있었는지에 대해 좀 더 잘 이해함으로써 다음에 어떻게 해야 하는지 건설적인 대화를 시작하는 것이다.

그렇지만 갈등 대화를 분명히 하는 것 외에도 두 가지 종류의 대화를 더 구분해야 한다. 다음 두 장에서는 감정 대화와 정체성 대화에 대해 살펴보겠다.

대화의 핵심은
감정이다

거실에서 무언가 깨지는 소리가 나서 엄마가 뛰어가 보니 여섯 살짜리 아들 녀석이 야구방망이를 들고 박살이 난 꽃병 옆에 서 있다. 무슨 일이냐고 묻자 아이는 후회스러운 표정으로 아무 일도 아니라고 하면서 시선을 피한다.

어려운 감정을 인정해야 할 때 우리도 종종 어린 소년과 같은 전략을 선택한다. 감정 자체를 부인하면 그로 인한 결과를 회피할 수 있을지도 모른다. 그러나 아이가 아무것도 아니라고 말하면서도 자신의 감정을 감출 수 없듯이 우리도 마찬가지다. 감정이란 조용히 억눌러 감출 수 있는 성질의 것이 아니다. 조금씩 새어나오든지 터져나오든지, 어떤 방법으로든지 나타난다. 그러나 감정을 간접적으로 표현하거나 정직하게 다루지 않으면 감정은 커뮤니케이션을 왜곡한다. 물론 감정은 좋은 관계를 더욱 윤택하고 만족스럽게 만드는 요소가 된다. 열정·자부심·따뜻함 같은 감정들은 물론이고, 질투심·실망·분노 같은 감정들까지도 우리가 살아 있음을 느끼게 해준다.

그러나 감정을 관리하는 것은 엄청나게 어려운 일이다. 자신의 감정을 인정하지 않고 감정에 대해 말하지 않는 것은 관계를 파국으로 몰아갈 수 있다. 그리고 감정을 공개적으로 잘 다루지 못하면 인간관계의 질과 건전성을 해칠 수 있다.

맥스와 그의 딸 줄리는 다가오는 그녀의 결혼식 비용으로 얼마를 쓸 건지 의논하고 있다. 이것이 단지 돈에 관한 문제일까? 만일 그렇다면 맥스와 줄리는 그저 필요한 것의 목록을 만들고 다음과 같이 조정하면 될 것이다. "식장 사용료 2,000달러, 밴드 비용 1,500달러, 음식비로 7,200달러, 이 정도면 되지?" 이것으로 대화는 끝난다.

그러나 생각만큼 간단하지가 않다. 이런 종류의 대화는 아버지와 딸 모두를 어렵게 하고 스트레스를 준다. 두 사람 모두 참을성 없이 민감하게 반응하고 즉시 상대방의 잘못을 지적한다. 예를 들면 맥스는 딸의 결혼만 생각하면 슬픔과 기쁨이라는 복합적인 감정을 느낀다. 이제부터 딸의 관심을 덜 받게 될 것을 생각하면 슬픔을 느끼고, 이렇게 아름답고 성숙한 여성으로 성장한 딸을 보면 기쁨을 느낀다. 맥스에게는 결혼식 준비를 하는 것이 남의 아내가 아닌 자신의 딸로서 줄리와 함께하는 마지막 기회다. 그는 줄리가 어릴 때 그러했듯이 자신에게 많은 것을 묻고 조언을 구하기를 원하고 있다.

좋든 싫든 이런 감정이 표면화되지 않고서는 딸과 갖는 대화는 원활하게 이루어질 수 없다. 왜 그럴까? 최우선으로 문제가 되는 이슈에 대해 이야기하지 않고서는 효과적인 대화가 이루어질 수 없는데, '감정'이 문제의 핵심에 자리 잡고 있기 때문이다. 아버지와 딸이 결혼 비용에 대해서 아무리 잘 의논한다 해도 자신들의 감정에 대해 서로 털어놓고 얘기하지 않는 한 결과는 만족스럽지 못할 것이다.

표현되지 않은 감정이 일으키는 문제

맥스는 자신이 당면한 문제에 대해 이렇게 설명했다.

"딸아이와 나는 그 애의 결혼식 비용에 대해서 의견 충돌을 겪고 있어요. 그 애가 뭔가 하기를 원하면 나는 그 의견을 존중하지만, 비용이 더 적게 드는 다른 방법이 있을 거라고 생각하기 때문이죠."

그러나 그와 얘기를 나눠본 결과 두 사람에게 정말 문제가 되고 있는 것은 결혼에 따르는 감정이라는 것을 알게 되었다. 이것은 아주 흔한 현상이다. 즉 우리는 어떤 문제의 원인을 심한 의견 차이 때문으로 인식하고, 더 효과적인 문제 해결 능력만 갖고 있다면 해결될 것으로 믿는다. 감정에 대해 얘기하는 것보다 그것이 훨씬 쉬워 보인다.

어떤 일을 거론해야 할지 피해야 할지 모르는 경우, 그런 딜레마에 대응하는 손쉬운 방법 중 하나는 문제에서 감정을 배제하는 것이다. 감정에 대해 얘기하면 어떤 대가를 치르게 될지 모르므로 그것은 너무 큰 도박처럼 느껴진다. 사실 감정을 털어놓을 경우 다른 사람에게 상처를 주거나 인간관계를 망치게 될지도 모르는 위험부담을 안게 된다. 또한 자신이 상처를 받게 될 수도 있다. 만일 상대방이 내 감정을 진지하게 받아들이지 않거나 내가 결코 듣고 싶지 않은 말을 한다면 어떻게 해야 하나? 눈앞에 놓인 문제만을 다룬다면 그런 위험부담이 줄어들 것처럼 보인다.

문제는 어떤 상황의 중심에 감정이 개입되어 있다면 그것이 바로 핵심 사안이며, 감정을 무시하는 것은 거의 불가능하다는 사실이다. 어려운 대화에서 어떤 문제를 다루려면 반드시 감정을 고려해야 한다. 대화에서 감정을 빼버린다면 결과는 양쪽 모두에게 만족스럽지 못할 가능성이 높다. 왜냐하면 진짜 문제를 다루지 않았기 때문이다. 게다가 감정은 결코 바람직하지 못한 방법으로 교묘하게 대화 속으로 자꾸 되돌아오기 때문이다.

표현되지 않은 감정은 대화 중에 새어나온다

엠마는 자신의 절친한 동료이자 조언자인 캐시가 집행위원회에서 "엠마가 새로 승진하는 자리에 책임을 다할 정도로 능력이 있다고 생각하지 않는다"고 말했다는 사실을 알고 할 말을 잃었다.

엠마는 "나는 정말 배신감을 느꼈어요. 캐시가 그렇게 생각하다니……. 그리고 나에게 말하지 않고 경영진에게 그런 말을 했다는 것에 분노를 느꼈어요"라고 말했다. 그러나 곰곰 생각해보니 엠마 역시 약간의 자기 회의를 느끼게 되었으며 '만일 내가 준비되어 있지 못하다면 어떻게 하나?'라는 걱정이 들었다.

그날 오후 늦게 엠마와 캐시는 그 문제에 대해 대화를 나누었다.

엠마   네가 집행위원회에서 내가 새로운 자리의 책임을 다할 수 없을 것이라고 말했다는 얘기를 들었어.

캐시   잠깐만. 나는 네가 책임을 다할 수 없다고 말한 적이 없어. 단지 네가 지나치게 빨리 승진하는 것 같다고 말했을 뿐이야. 나는 네가 너무 빨리 승진해서 낭패를 당하는 것을 원치 않아.

엠마 만일 그런 의구심이 들었다면 나에게 먼저 말했어야 하잖아.

캐시 그 문제를 너에게 말하려던 참이었어. 그러나 나는 경영진에게도 말해야 할 의무가 있어.

엠마 너는 나에게 먼저 말할 의무가 있어. 네가 이런 식으로 나의 커리어를 위기로 몰아넣을 줄은 몰랐어.

캐시 엠마, 나는 언제나 너의 커리어에 도움을 주어왔어. 이것은 네가 승진해야 하는지 여부에 관한 문제가 아니라 언제 승진해야 하는지에 관한 문제야.

엠마는 자신의 감정에 대해서 대화하기보다는 직장의 커뮤니케이션 규칙을 언급하면서 곧바로 논쟁에 들어갔다. 비록 엠마가 자신이 상처받았다는 투의 말을 하지 않았지만, 그런 감정을 가지고 있다는 것은 대화에 큰 영향을 미친다.

표현되지 않은 감정들은 다양한 방법으로 대화에 스며든다. 우선 심리적인 상태나 목소리의 어조에 영향을 준다. 제스처나 표정을 통해서도 나타난다. 긴 침묵이나 어색하고 이유 없는 거리감의 형태로 나타나기도 하고 당신에게 냉소적·공격적·불안정적·방어적 자세를 갖도록 할 수도 있다. 연구 결과에 의하면 사실에 관한 거짓말을 탐지할 수 있는 사람은 거의 없지만, 누군가가 감정을 왜곡하거나 날조하거나 감추고 있는 경우에는 대부분의 사람들이 알아챈다고 한다. 다시 말해 감정의 파이프라인이 막힐 경우 어디에서건 반드시 새어나오게 마련이라는 것이다.

실제로 속으로 억눌린 감정은 심한 긴장감을 유발하기 때문에 당신이 먼저 벗어나려 할 수도 있다. 해결되지 않은 감정이 너무 많은 동료와는 함께 일하지 않기로 할 수 있고, 배우자·자녀·친구들과의 관계를 멀어지게 할 수도 있다.

표현되지 않은 감정은 언젠가 폭발한다

어떤 사람에게는 감정을 절제하지 못하는 것이 문제가 된다. 화가 나면 바람직하지 못한, 파괴적인 방법으로 감정을 나타내는 것이다. 침착하고 현명하게 행동해야 할 때 울어버리거나 폭발해버린다.

물론 분노나 눈물에 대해서는 여러 가지 해석이 있지만, 공통적인 해석은 우리의 생각과는 반대다. 우리가 울거나 화를 내는 것은 감정을 자주 표현하기 때문이 아니라 감정을 좀처럼 표현하지 않기 때문이라는 것이다. 흔든 탄산음료의 뚜껑이 마침내 열렸을 때 그 결과가 소란스러운 것과 마찬가지다.

예를 들어 에드워드에게는 짜증이 나면 아내에게 소리를 지르는 나쁜 습관이 있었다. 그는 우리에게 자신의 감정을 통제하는 방법을 배우기 위해 노력하고 있다고 말했다. 그는 아내의 행동에 아무리 화가 나도 감정을 나타내지 않으려고 필사적인 노력을 했지만, 결국에는 폭발하고 말았다. 그런 모습에 대해 그는 자신이 지나치게 감정적이기 때문이라고 설명했다. 그러나 자신을 억제하려는 노력은 그 습관을 악화시킬 뿐이었다.

표현되지 못한 감정이 있으면 경청할 수 없다

표현되지 않은 감정은 더욱 미묘한 세 번째 문제를 야기할 수 있다. 어려운 대화에서 가장 어려운(그리고 가장 중요한) 두 가지 커뮤니케이션 과제는 감정을 표현하는 것과 귀 기울여 듣는 것이다. 우리가 관찰한 의미 있는 패턴은 때로 위의 두 가지 기술 사이에 무언가 미묘한 관계가 있다는 것이다. 사람들이 귀 기울여 듣는 데 어려움을 느낀다면 대부분의 경우 그것은 귀 기울여 들을 줄 모르기 때문이 아니다. 역설적으로 들리겠지만, 자신을 잘 표현할 줄 모르기 때문이다. 표현되지 않은 감정이 귀 기울여 듣는 능력을 방해할 수 있다는 것이다.

왜 그럴까? 다른 사람의 말을 잘 듣는 데는 상대방에 대한 열린 마음과 정직한 호기심이 필요하며, 그들에게 스포트라이트를 비추는 성의와 능력이 요구된다. 그러나 파묻힌 감정은 스포트라이트를 우리 자신에게 되비치도록 만든다. '그들이 말하는 것이 얼마나 일리가 있을까', '더 많이 배우도록 노력해보자'라는 호기심을 갖기보다는, 자기 감정의 골에 사로잡혀 머릿속에서 마치 레코드를 틀듯이 '나는 그에게 화가 나 있어', '아무래도 그녀가 나에 대해서 조금도 배려하지 않는 것 같아', '나는 지금 너무 열악한 입장에 처해 있는 것 같아'라는 생각을 반복한다.

비록 표현을 안 하기로 작정했지만, 남이 자신을 이해해주지 않는다고 느낄 때는 다른 사람의 말을 듣기가 어렵다. 그러나 일단 격한 감정을 표출하고 나면 대부분의 경우 귀 기울여 듣는 능력이 놀랍게 증진된다.

표현되지 않은 감정은 우리를 상처 입힌다

중요한 감정이 표현되지 않고 억눌려 있으면 왜 스스로를 표현하지 못하는지 의구심을 느끼고 자존심에 상처를 받는다. 또한 당신의 소중한 동료, 친구 그리고 가족들에게서 그들이 당신의 감정을 알고 그에 대응하여 변화할 수 있는 기회를 빼앗게 된다. 이때 가장 치명적인 것은 인간관계의 손상이다. 어떤 관계에서 감정을 배제한다는 것은 그 관계에서 자신의 중요한 부분을 배제하는 것이기 때문이다.

먼저 자기감정을 파악하라

감정을 다스리는 방법에는 여러 가지가 있다. 분명한 목적을 가지고 있는 한, 대화 속에서 감정을 표현하기 위해 노력하는 것은 대부분의 경우 도움이 된다. 감정 표현을 회피하면 부작용이 따르지만 감정을 표현하는 경우에는 반드시 그렇지는 않다. 기술만 좋다면 감정 표현과 관련하여 치르게 될지도 모르는 대가를 상당 부분 피할 수 있을 뿐만 아니라 뜻밖의 좋은 결과를 거둘 수도 있다. 이것이 바로 감정의 속박에서 벗어나는 길이다.

다음과 같은 몇 가지 중요한 가이드라인을 따름으로써 우리는 대화 속에서, 인간관계에서 건강하고 의미 있고 만족스러운 방법으로 감정을 표현하는 능력을 키울 수 있다. 첫째, 자신의 감정이 어떤 것인지를 파악해야 한다. 둘째, 자신의 감정과 협상해야 한다. 셋째, 다른 사람을 탓하거나 판단하지 말고 자신의 진짜 감정에 대해 말해야 한다.

우리는 자신의 감정에 대해 아는 일이 날씨가 추운지 더운지를 아는 정도만큼 간단한 것이라고 생각한다. 그냥 안다고 생각하는 것이다. 그러나 실제로 대부분의 사람들은 자신의 감정에 대해 제대로 알지 못한다. 사람들은 자신의 감정에 대해 우리가 처음 가본 도시에 대해 아는 정도밖에 알지 못한다. 몇 가지 특징적인 구조물 정도는 인식하지만 일상생활의 미묘한 리듬 같은 것은 이해할 수 없다. 주요 간선도로는 찾을 수 있지만 진정한 생활이 이루어지는 복잡한 뒷골목은 전혀 감지하지 못한다. 어떤 목적지에 도달하기 위해서는 우리의 현재 위치를 알아야 한다. 자신의 감정을 이해하는 문제에 있어서 대부분의 사람들은 지금 자신이 어디에 있는지를 전혀 알지 못한다.

그것은 우리가 어리석기 때문이 아니라 감정을 인식한다는 것 자체가 어려운 일이기 때문이다. 감정은 우리가 상상하는 것보다 훨씬 복잡하고 미묘하고, 스스로 위장을 잘한다. 우리가 편치 않게 느끼는 감정은 우리가 잘 다룰 수 있는 감정으로 스스로를 위장한다. 즉 서로 모순되는 수많은 감정이 한 감정의 가면 속으로 들어가는 것이다. 더욱 중요한 것은 감정들이 종종 단정, 비난, 원인 귀속 등 갖가지 다른 형태로 나타난다는 것이다.

감정의 발자취를 찾아내라

성장 과정을 지나면서 우리 각자는 나름대로 특징 있는 '감정의 발자취'를 만들어내는데, 그 형태는 우리가 어떤 감정을 지니거니 표현해도 괜찮다고 생각하는지, 또 어떤 감정을 그러면 안 된다고 생각하는지에 따라 달라진다.

당신의 성장기를 한번 되돌아보라. 당신의 가족은 감정 문제를 어떻게 다루었는가? 어떤 감정에 대해서는 손쉽게 거론하고, 어떤 것에 대해서는 그것이 마치 존재하지도 않는 양 감추지 않았는가? 당신은 그 속에서 어떤 역할을 했는가? 지금 당신은 어떤 감정을 누군가에게 손쉽게 인정하고 표현하는가? 그리고 어떤 감정에 대해 어려움을 느끼는가? 이런 질문들에 대한 답을 생각하다 보면 감정의 발자취는 그 윤곽을 드러내기 시작할 것이다.

우리 각자는 독특한 발자취를 갖고 있다. 당신은 아마도 그리움이나 슬픔을 느끼는 것은 괜찮지만 분노는 느끼면 안 된다고 믿고 있을지도 모른다. 또 어떤 사람에게는 분노를 표현하는 것은 쉬운 반면에 수치심이나 패배감은 절대 금물일 수도 있다. 그리고 표현되지 않는 것은 이른바 부정적인 감정만이 아니다. 어떤 사람에게는 오히려 실망감을 표현하는 것은 쉽지만 애정이나 자부심, 감사의 표현을 하는 것이 어렵다.

또한 똑같은 주제라도 상대방과의 관계에 따라서 감정의 발자취가 다를 것이다. 감정에 대한 당신의 인식과 표현 능력은 그 대상이 어머니, 가장 친한 친구나 상사, 혹은 지나가는 행인인지에 따라서 달라질 것이다. 다양한 관계에 얽힌 감정의 발자취를 탐사하는 것은 당신이 무엇을 느끼고, 왜 그렇게 느끼는지 인식하는 데 아주 큰 도움이 될 것이다.

감정을 있는 그대로 인정하라

감정은 정상적이며 자연스러운 것임을 인정하라. 많은 사람이 감정에 대해 전제하는 것은 감정을 느끼는 것 자체가 본질적으로 잘못된 것이 아닐까 하는 의심이다. 은퇴한 판사 릭은 다음과 같이 말했다.

"우리 집안에서는 어떤 문제나 그에 따르는 감정은 드러내지 않도록 교육받았습니다."

그것이 어떤 것이건 감정을 드러내는 것을 부끄럽게 생각하는 사람들이 있다. 감정은 어떻게 다루느냐에 따라 큰 문젯거리가 될 수도 있다. 그러나 감정은 스스로 존재하며, 그런 의미에서 우리 몸의 팔다리와도 같다. 당신이 팔과 다리로 누구를 때리거나 차면 문제가 되는 것이지, 팔과 다리가 원래 문제를 가지고 생겨난 것은 아닌 것처럼 감정도 마찬가지다.

많은 사람이 감정에 대해 가진 두 번째 전제는 '착한 사람'은 절대로 느껴서는 안 되는 감정이 있다고 생각하는 것이다. 착한 사람들은 사랑하는 사람에게 절대로 화를 내지 않으며 울지도 않으며 실패하지 않으며 절대로 부담을 주어서는 안 된다고 생각한다.

그러나 좋은 소식이 있다. 사람이라면 누구나 화를 낼 수 있으며, 울고 싶은 충동을 느낄 수 있고, 실패할 수도 있다. 그리고 모든 사람은 다른 사람을 필요로 한다.

누구든지 자신의 감정에 대해서 항상 만족감을 느끼지는 않는다. 예를 들어 남동생의 장례식에서는 슬픔을 느껴야 한다고 생각하지만 오히려 극도의 분노만 느낄 수도 있다. 오랫동안 꿈꾸어오던 일자리를 마침내 얻게 되었을 때 흥분하고 기뻐해야 하는데 오히려 의욕을 느끼지 못하고 서글퍼질 수도 있다. 그런 것이 말이 되든 안 되든 그렇게 느낄 수 있다. 그리고 어머니에 대해서도 항상 좋은 감정만 느낀다면 좋겠지만, 때로는 화가 치밀거나 원망스럽거나 혹은 부끄럽다고 느낄 수 있다. 사람이라면 모두 그런 갈등을 경험하며 그것은 우리가 착한 사람인지 여부와는 전혀 상관없는 것이다.

때로는 감정을 부인하는 것이 심리적으로 도움이 되는 경우도 있다. 즉 극도의 분노, 두려움, 당황스러움 혹은 충격에 직면했을 때 자신을 감정으로부터 분리하는 것은 일상생활을 영위하는 데 도움이 된다. 그러나 인정받지 못한 감정들은 알게 모르게 끊임없이 커뮤니케이션에 영향을 미치게 된다. 따라서 괴롭다고 감정을 무시하고 억누르기보다는 정신과 의사나 친한 친구의 도움을 받아서라도 자신의 감정을 이해하도록 노력해보기 바란다. 당신이 가슴속에 지니고 있던 감정의 실체를 조금씩 파악하고 그 밑바닥에 있는 진짜 원인을 해결하기 시작한다면, 어려운 대화뿐 아니라 다른 사람들과의 관계에도 대응하기가 훨씬 쉬워질 것이다.

자신의 감정을 파악하지 못하는 이유 중 하나는 언제부터인가 자신의 감정보다 다른 사람의 감정이 더 중요하다고 생각했기 때문이다. 예를 들어 당신은 아버지의 건강이 나빠지면 모시고 살 것이라고 늘 생각해왔다. 그런데 모시고 살다 보니 아버지의 약물 치료와 의사의 잦은 왕진뿐만 아니라 그의 끊임없는 요구와 괴팍한 성격을 도저히 감당하기가 어렵다. 당신은 지치고 짜증나는데 남동생은 왜 자기 몫의 역할을 하지 않는지 속상하다. 그러면서도 아버지나 형제들에게는 그런 말을 꺼내지 못한다. 당신은 '그 일은 물론 어렵지만 그래도 그렇게까지 어렵지는 않다. 공연히 가족 간에 평지풍파를 일으키고 싶지는 않다'고 생각한다.

또 다른 경우에 당신의 여자친구가 전화를 걸어와 금요일에 저녁 식사를 같이할 수 없다고 말하면서 토요일은 어떤지 묻는다. 다른 도시에 사는 친구가 찾아왔는데 금요일 저녁에 영화를 보고 싶어 한다는 것이다. "좋아, 네가 좋다면 그렇게 하자"라고 대답은 했지만 사실 당신은 토요일에 야구시합을 보러 가기로 계획했기 때문에 유쾌한 기분이 아니다. 그런데도 여자친구를 만나기로 하고 티켓을 다른 사람에게 준다.

위의 두 가지 상황은 모두 자신의 감정보다는 다른 사람의 감정을 먼저 생각하는 경우다. 그것이 말이 되는가? 아버지의 짜증이나 남동생의 마음의 평화가 당신의 감정보다 더 중요하단 말인가? 여자친구가 자기 친구와 영화를 보고 싶어 하는 욕망이 당신이 야구시합을 보고 싶은 욕망보다 더 중요하단 말인가? 그들은 자신의 감정과 좋아하는 바를 거침없이 밝히는데, 왜 당신은 그렇게 하지 못하는가?

당신의 감정을 무시하면서까지 다른 사람의 감정을 존중하기로 하는 데는 몇 가지 이유가 있다. 당신이 따르고 있는 암묵적 규칙이 당신보다는 다른 사람의 행복을 중요시해야 한다고 말하기 때문이다. 만일 당신의 친구나 애인이나 동료가 원하는 대로 하지 못한다면 그들의 기분은 나빠질 것이고, 그러면 당신도 그 영향을 받을 것이다. 이것이 사실일 수는 있지만 그것은 당신에게 부당하게 느껴진다. 그들의 분노와 당신의 감정은 대등한 것이다.

당신은 '글쎄, 말썽을 일으키지 않는 편이 차라리 더 나아. 그들이 나에게 화를 내면, 정말 싫어!'라고 생각한다. 당신이 이런 식으로 생각한다면 자신의 감정과 이익을 평가절하하고 있는 것이다. 그러면 친구들, 이웃, 동료들은 그 사실을 알아채고 당신을 자기네 마음대로 할 수 있는 사람으로 보기 시작한다. 자신의 감정보다 다른 사람의 감정에 더 신경을 쓴다면, 다른 사람들에게도 당신의 감정을 무시하도록 가르치는 셈이 된다. 경계하라! 당신이 어떤 문제를 거론하지 않는 이유는 그들과의 관계를 망치고 싶지 않기 때문이다. 그러나 그 문제를 거론하지 않음으로써 당신의 원망은 점점 더 커질 것이고 그들과의 관계는 서서히 균열이 가게 된다.

하나의 감정에는 수많은 감정이 숨어 있다

브래드와 그의 어머니는 종종 브래드의 구직에 관해서 의견 충돌을 빚는다. 어머니는 걸핏하면 아들에게 전화를 걸어서 여기저기 이력서를 보내고 인터뷰를 하고 연락망을 구축해놓으라고 요구한다. 그러나 아들은 별로 관심이 없어서 어머니의 말을 무시한 채 화제를 바꾸려고 애쓴다.

그가 친구에게 이 문제에 관해 얘기했더니, 어머니에게 그가 어떻게 느끼고 있는지에 대해 말씀드리라고 조언했다. 그러자 브래드는 "그게 무슨 소용 있겠어? 내가 느끼고 있는 건 분노뿐인데. 어머니는 나를 미치게 만든다고"라고 말했다.

그러자 친구는 브래드에게 분노 이외에 또 어떤 감정을 느꼈는지 생각해보라고 했다. 브래드는 친구의 조언을 받아들이기로 하고 그날 저녁 구직에 대해, 어머니에 대해, 그리고 자신에 대해 느꼈던 모든 것을 적었다.

　그 결과 브래드 자신도 너무 놀란 나머지 어이가 없었다. 그는 구직에 대해서 절망감과 혼란, 두려움을 느끼고 있었던 것이다. 브래드가 구직을 미루는 것은 자기 나름대로 근심거리를 뒤로 미루는 것과 같은 것이었다. 어머니에 대해 느끼는 감정은 더욱 복잡했다. 한편으로는 어머니의 끊임없는 요구를 아주 귀찮은 일로 여기고 있는 반면에, 다른 한편으로는 그것이 사랑과 보살핌의 형태라고 느끼며 자신에게는 중요한 의미가 있는 것으로 받아들이고 있었다.

　그런 자기 자신에 대해 브래드는 부끄러움을 느꼈다. 그는 자신이 어머니를 실망시키고 있으며, 적어도 지금까지는 자신의 잠재력을 발휘하지 못하고 대학 교육을 무용지물로 만들고 있다고 생각했다. 그러나 부끄럽게 느끼면서도 한편으로는 자부심도 지니고 있었다. 몇몇 친구들은 관리자 훈련 프로그램을 통해 직장을 얻었고 브래드도 그렇게 할 수 있었다. 다만 그것은 그가 원하는 것이 아니었으므로 자신의 적성에 더 잘 맞는 직장을 구하기 위해 기꺼이 무직자의 스트레스를 감수하기로 한 것이다. 그사이 이런저런 아르바이트로 생활비를 벌면서 어머니에게 한 푼도 도움을 받은 적이 없다.

　브래드가 느끼고 있는 감정이 분노만은 아닐 것이라는 점을 지적함으로써 그 친구는 브래드에게 효과적인 통찰력을 갖게 해주었다. 처음에는 한 가지 감정만 있다고 보았던 곳에서 다양한 감정을 찾아낼 수 있었다. 찾아내기 어려운 다양한 감정과 익숙해지는 것만으로도 자신을 새로운 관점에서 보는 계기를 마련할 수 있을 것이다.

또한 숨겨진 감정이 다른 감정을 가로막지 않도록 하라. 놀라운 것은 우리가 의식하지도 못하는 감정이 존재하며, 그것이 우리 경험에 영향을 미친다는 것이다. 제밀라는 남편에게 애정을 표현하는 데 어려움을 겪고 있었다. 그녀는 이렇게 말했다.

"나는 그이를 진심으로 사랑해요. 그 사람은 나의 모든 것을 잘 참아주는 너그럽고 착한 남편이에요. 하지만 그에게 사랑한다는 표현을 못 하겠어요."

무언가가 애정 표현을 가로막고 있는데 그녀는 그것이 무엇인지 정확히 알 수 없었다. 처음에는 '아마도 내가 부족하기 때문일 거야. 좋은 아내라면 남편에게 사랑한다는 말을 할 수 있어야지'라며 자기 자신을 탓했다. 우리는 제밀라와 상담을 진행하면서 남편에게 다른 감정은 표현하는지 물어보았다. 특히 분노나 실망감을 표현하는지 궁금했다.

"내가 뭘 원하는지 모르시는군요. 내가 배우고 싶은 것은 사랑을 표현하는 방법이에요. 만일 화를 낼 사람이 있다면 그건 바로 내 남편이에요. 항상 나의 모든 것을 잘 참아주니까요."

그 말이 무언가를 암시하는 듯했다. 어떤 결혼, 어떤 관계에서든 누구나 상대방에 대해 때로는 분노를 느끼게 마련이다. 우리는 "당신은 남편에 대해서 분노를 느껴본 적이 있나요?" 하고 물었다.

"때에 따라서는요"라고 그녀가 대답했다.

"만일 당신이 완전히 경계를 풀 수 있다면, 그리고 결과에 대해 전혀 걱정 없이 남편에게 할 말을 실컷 할 수 있다면, 가슴속의 모든 것을 후련하게 털어낼 수 있다면, 뭐라고 말하겠습니까?"라고 물었다. 놀랍게도 조금 망설이는 듯하던 제밀라가 다음과 같이 말했다.

"맞아요, 나는 최고의 아내는 못 돼요. 하지만 그럴 수만 있다면 당신에게서 도망치고 싶어요! 나는 항상 당신에게 야단맞고, 당신의 잔소리와 불평불만을 듣는 것이 지겨워요. 나는 완벽한 사람은 아니지만 당신도 나보다 나을 것이 없어요. 당신의 끊임없는 비난이 나에게 어떤 영향을 미치는지 한 번이라도 생각해본 적 있어요?"

말을 끝내자마자 제밀라는 이렇게 덧붙였다.

"물론 이런 말은 절대 한 마디도 안 하죠. 그렇게 말하는 것이 정당한 것인지도 모르겠고요……."

그것이 정당한지, 합리적인지, 이성적인지는 문제가 되지 않는다. 중요한 것은 그런 감정이 존재한다는 것이다. 제밀라의 가슴속에 묻힌 분노가 남편에 대한 그녀의 사랑 표현에 어떤 영향을 미치고 있는지 상상할 수 있을 것이다. 다른 감정을 표현하는 경우에도 마찬가지일 것이다. 그녀가 아무리 철저히 감춘다 해도 그런 분노가 걸림돌이 되고 있었던 것이다. 제밀라의 말이 맞다.

"만일 내가 그중의 일부만 말할 수 있었어도, 그런 감정들과 내가 느끼는 사랑의 감정이 쉽게 균형을 이룰 수 있었을 거예요."

여기에서 분노 같은 감정을 표현해야 하는 것인지, 표현한다면 어떻게 표현해야 하는지 같은 중요한 문제는 잠깐 미뤄놓자. 자신의 감정과 협상하는 방법에 관한 내용에서 제밀라의 사례를 다시 다룰 것이다.

그러나 비난은 감정이 아니다

땅콩은 견과류가 아니다. 고래는 물고기가 아니다. 토마토는 과일이 아니다. 마찬가지로 탓하기·판정하기·비난하기는 감정의 종류가 아니다.

이미 살펴보았듯이 다른 사람의 의도를 탓하는 것은 방어적 자세와 오해를 불러일으킬 위험성이 있다. 두 번째 위험성은 탓하기 자체가 너무 소모적이기 때문에 그것의 동기가 된 진정한 감정을 알아보기 어렵다는 점이다.

에밀리는 그녀의 친구 로즈와의 관계에서 그런 경험을 했다. 에밀리는 이렇게 설명한다.

"로즈는 사람이 따뜻하지 못해요. 나는 로즈의 이혼 과정 내내 그녀를 도와주었고, 항상 대화를 나누었고, 외로울 때는 함께해주었어요. 그리고 언제나 도와줄 준비가 되어 있는데, 그녀는 고맙다는 말 한마디가 없어요."

에밀리는 자신이 느낀 감정에 대해 로즈에게 말했지만 아무런 소용이 없었다고 주장한다. 그렇다면 에밀리는 로즈에게 뭐라고 말했을까?

"내가 느낀 것을 그대로 정직하게 로즈에게 말했어요. 때로는 그녀가 너무 자기중심적이며 인정이 없다고 했더니 로즈는 즉시 반격을 해왔어요. 내가 지나치게 민감하다고 하더군요. 로즈한테 감정을 털어놓았을 때 돌아온 것은 고작 그런 반응이더라고요. 정말 말도 안 돼요."

에밀리가 로즈에게 한 말에 대해 살펴보자. 그녀는 이렇게 말했다.

"너는 자기중심적이야. 너무 인정이 없어."

이 두 가지 표현은 로즈에 대한 판정이지 어느 쪽도 에밀리의 감정을 표현한 것은 아니다. 이런 의견에 따라 에밀리는 자신의 감정에 좀더 명확하게 초점을 맞출 수 있었다.

"나는 내가 상처받았다고 느꼈어요. 우정이라는 것에 대해 혼란스러움을 느꼈지요. 그래서 로즈에게 화가 났어요. 그리고 어느 측면에서는 그녀에게 별로 중요하지도 않은 일에 내가 우정이라는 이름으로 도와주려 애썼다는 게 황당했어요. 내가 정말 바보 같다고 생각했어요."

감정과 구별해야 하는 태도

- 판정: 만일 네가 좋은 친구라면 내가 원할 때는 언제나 응했어야지.
- 탓하기: 너는 왜 나에게 상처를 주려고 하니?
- 특징짓기: 너는 정말로 인정머리 없는 사람이구나.
- 문제 해결: 해결책은 네가 나에게 더욱 자주 전화를 거는 방법밖에 없어.

때로는 다른 사람에 대해 판정하는 것과 자기만의 감정을 표현하는 것 사이에 무슨 차이가 있는지 말하기 어렵다. 판정할 때는 마치 그것이 감정처럼 느껴진다. 판정을 내리는 동기는 분노나 좌절감이나 상처에서 나오며 그것을 듣는 사람은 우리가 무언가를 느끼고 있다는 것을 분명히 알 수 있다. 불행하게도 그 사람은 그것이 어떤 감정인지 확실히 모르며, 우리가 판정하고 탓하고 비난하는 내용에만 초점을 맞추게 된다. 이것은 자연스러운 일이다.

결과적으로는 비슷하게 느껴질지 몰라도 "너는 인정머리 없고 자기중심적이다"라는 말과 "나는 상처받았고 혼란을 느끼고 당황스럽다"라고 말하는 것 사이에는 큰 차이점이 있다. 분노에 찬 탓하기와 판정 뒤에 숨어 있는 감정을 찾아내는 것은 대화 속에서 감정을 효과적으로 표현하는 중요한 첫걸음이 된다.

상대방을 비난하기보다는 서로가 원인 제공을 했다는 관점에서 대화하도록 권장했을 때 흔히 제기되는 불만은 대화가 만족스럽지 못했다는 것이다. 그것은 마치 시원한 아이스크림을 원하는데 요거트밖에 주지 않은 것과 같다. 그들은 결과적으로, 원인 제공에 대해 대화하는 것은 하나도 효과가 없으며 서로 상대방을 비난할 수밖에 없다는 결론을 내리게 된다.

그러나 불만스럽게 느껴지는 이유는 비난을 하지 못해서가 아니라 감정을 표현하지 못하기 때문이다. 감정의 진공 상태에서 근본 원인을 탐색하다 보면 비난하고 싶은 충동이 일어난다. "인정할 건 인정해! 이건 당신 잘못이야!"라고 말하고 싶은 충동을 도저히 참을 수 없다고 느낄 때, 그것이 표현되지 못한 감정의 중요한 단서라는 것을 깨달아야 한다. 원인 제공에 대한 대화를 하고 나서 무언가 미진함을 느낀다면 그때는 비난하는 것이 아니라 숨겨진 감정을 더 찾으려고 노력해야 한다. 일단 그런 감정("이 부분에서 내가 원인을 제공했고, 이 부분에서는 당신이 원인을 제공했다고 생각해요. 그리고 더욱 중요한 것은 내가 버려진 느낌을 받았다는 거예요.")이 모두 표현되고 나면 비난하고 싶은 욕구가 사라진다.

감정을 건강하게
표현하는 법

나의 동료는 감정을 표현하는 데 두 가지 규칙을 지키고 있다. 그는 두 번째 규칙을 먼저 설명한다. 그것은 자기가 느끼고 있는 모든 것을 대화 중에 말하라는 것이다. 대부분의 사람들은 이런 말을 들으면 겁에 질린다. 스스로 생각해봐도 표현하지 않고 남겨두는 것이 낫다고 생각하는 감정이 많기 때문이다. 그리고 첫 번째 규칙은 자신의 감정을 말하기 전에 감정과 협상하라는 것이다.

대부분의 사람들은 감정이란 정적이며 협상 불가능한 것이라고 생각한다. 그러므로 감정에 대해서 진정으로 대화하려면 '있는 그대로' 말해야 한다고 생각한다. 그러나 실제로 감정은 우리의 인식에 근거하며, 우리의 인식은 협상 가능한 것이다. 우리가 새로운 방식으로 세상을 보게 되면 우리의 감정도 따라서 변화한다. 그러므로 감정에 대해 말하기 전에 자기 자신과 협상하는 것이 중요하다.

자기 감정과 협상하라

자신의 감정과 협상을 한다는 것이 무슨 의미일까? 근본적으로 우리의 감정은 우리 생각에 따라 형성된다는 점을 인식해야 한다. 예를 들어 당신이 스쿠버다이빙을 즐기고 있는데 갑자기 눈앞에 상어가 나타났다고 상상해보자. 심장이 뛰고 불안감이 솟을 것이며, 겁에 질릴 것이다. 그것은 당연하면서도 이해가 되는 감정이다.

이제 당신의 해양생물학 지식을 동원해서 그것이 '리프상어Reef shark'라는 것을 알게 되었고, 그것이 사람을 잡아먹지 않는다는 사실을 깨달았다고 하자. 당신의 불안감은 씻은 듯이 사라질 것이다. 오히려 그 상어의 행동을 관찰하고 싶은 흥미와 호기심을 느끼게 된다. 상어라는 사실은 변하지 않았지만 상어의 출현에 대한 당신의 생각은 달라졌다. 이처럼 어떤 상황에서든 감정은 우리의 생각에 따라 달라진다.

이것은 당신의 감정을 변화시키는 길이 당신의 생각을 바꾸는 것임을 의미한다. 우리가 갈등 대화에서 살펴보았듯이 우리의 생각은 대체로 어떤 예측 가능한 방식으로 왜곡되며, 우리에게 자신의 감정과 협상할 수 있는 충분한 여지를 준다. 그러므로 우리는 첫째, 자신의 이야기를 검토해보아야 한다. 우리가 스스로에게 하는 이야기가 어떤 감정을 유발하는가? 우리의 이야기에서 빠져 있는 것은 무엇인가? 상대방의 이야기는 어떤 것인가? 대부분의 경우 상대방의 이야기를 더 크게 인식하면 내가 느끼는 방식이 변화한다.

둘째, 상대방의 의도를 어떻게 추측하고 있는지 탐색해봐야 한다.

상대방의 의도를 검증되지 않은 추측에 근거해 판단하고 느끼는 양은 얼마나 되는가? 상대방이 아무런 의도 없이 행동하거나 복합적이고 상충되는 의도에 의해 행동했을 가능성은 없는 것일까? 그들의 의도에 대한 나의 생각이 감정에 어떤 영향을 미칠까? 그리고 내 감정은 어떨까? 동기를 유발시키는 것은 무엇일까? 내 행동이 그들에게 어떤 영향을 미칠까? 그것이 내 감정을 변화시킬까?

마지막으로 근본 원인을 살펴보라. 내가 문제에 원인을 제공한 부분을 인식할 수 있으며, 상대방을 비난하지 않으면서 그가 원인을 제공한 부분에 대해 설명할 수 있는가? 그리고 원인 제공의 요소가 서로 상승작용하여 문제를 더욱 확대시킨다는 사실을 인식하고 있는가? 이것이 어떻게 나의 감정을 변화시키는지 알고 있는가?

이런 모든 질문에 확실한 대답을 해야 하는 것은 아니다. 실제로 상대방과 대화를 하기 전까지는 그저 가설을 세울 수 있을 뿐이다. 그런 질문을 제기하고, 해결하려고 애쓰고, 감정의 실체 주변을 배회하고, 그것을 다른 각도에서 관찰하는 것만으로도 충분하다. 만일 당신이 사려 깊고 정직하다면, 그리고 그런 질문에 열린 마음과 정정당당한 정신으로 접근한다면 당신의 감정에 변화가 일기 시작할 것이다. 분노의 끝은 무뎌지고 상처는 얕아질 것이다. 배신당하거나 버려진 느낌, 혹은 수치심이나 분노가 사그라질 것이다.

제밀라와 그녀의 남편에 대해 다시 살펴보자. 제밀라는 우리에게 분노를 토로한 뒤 자신의 분노를 이해하는 데 큰 도움을 받았다. 그러나 그녀가 느낀 것은 분노만이 아니었다. 곰곰이 생각해보니 그녀는 자신을 피해자로 생각하지도 않았고, 남편을 너그러운 사람이라고 생각하지도 않았다. 남편의 관점에서 그 상황을 보면서 남편의 의도가 무엇이었는지 자문해보았을 때, 그리고 비난보다는 각자가 원인을 제공한 부분에 초점을 맞추어보았을 때, 그 상황에 대한 그녀의 그림은 더욱 복잡해졌다. 그녀는 '그리고 대화법'을 선택했고, 즉시 몇 가지를 떠올린 뒤 모든 것에 대해 남편과 대화할 수 있게 되었다.

"우리가 겪고 있는 문제에 나도 원인을 제공했다는 것을 잘 알고 있어요. 당신의 원인 제공 부분에 대해서 분노와 좌절감을 느낀 나머지 우리의 장점보다는 문제점에 더욱 초점을 맞추었던 것 같아요. 하지만 한 발 물러서서 보니 내가 당신을 아주 사랑하고 있다는 것을 분명히 알 수 있었어요. 그래서 이런 상황을 개선시키고 싶어요."

제밀라는 비록 속도는 느릴지라도 몇 가지 분노를 표현하는 법을 배움으로써 그녀가 애초에 우리에게 도움을 청할 때 목표했던 사랑을 표현하는 방법까지도 함께 터득할 수 있게 되었다.

감정을 효과적으로 표현하는 세 가지 방법

일단 자신의 감정을 찾아내고 그것과 협상했으면 이제 그 감정을 어떻게 다루어야 하는지가 문제다. 자신의 감정에 대해 대화를 하는 것이 필요하지도 않고 도움되지도 않는다고 생각될 때가 있고, 대화가 자신의 감정을 중심으로 이루어지는 때도 있을 것이다.

흔히 감정적이 되는 것과 감정을 분명하게 표현하는 것을 혼동하는데 그것은 서로 다르다. 감정적이 되지 않고도 감정을 잘 표현할 수 있는가 하면, 아무것도 표현하지 못하면서 극도로 감정적이 될 수도 있다. 그러므로 감정에 대해서 제대로 분명하게 말하려면 신중해야 한다. 불안감을 해소하고 효과적으로 대화할 수 있도록 감정을 표현하는 세 가지 방법을 소개한다.

감정을 중요하게 생각하라

감정을 잘 표현하는 첫 단계는 그저 감정이 중요하다는 것을 기억하는 것이다. 모든 어려운 대화에는 격렬한 감정이 수반된다. 물론 감정에 대해 언급하지 않고도 문제를 규정하는 것은 얼마든지 가능하다. 그러나 그것은 올바른 문제 해결이 아니다. 감정이 정말 문제라면 감정에 대해 다루어야 한다.

당신의 감정을 표현하기 위해서 그것이 꼭 합리적이어야 할 필요는 없다. 평소 느끼듯이 느껴서는 안 된다고 생각한다고 해서 당신이 늘 느끼는 것을 변화시킬 수는 없다. 감정은 적어도 그 순간에는 그 관계의 중요한 한 측면이다. 그런 감정에 대해 마음이 편치 못하다거나 그런 감정이 일리가 있는 것인지 잘 모르겠다는 사실을 인정함으로써 감정 표현의 서두를 열 수 있다. 여기서 목적은 단지 감정을 끌어내는 것이다. 그것을 어떻게 해야 할지는 필요하다면 나중에 결정한다.

모든 종류의 감정을 전부 말해보라

앞에서 소개한, 구직에 관한 브래드와 어머니의 이야기로 돌아가보자. 브래드가 자신의 분노만 인식하고 있을 때 감정 표현을 망설이는 이유는 쉽게 알 수 있다. 그는 자기가 어머니에게 화가 나 있다는 것을 말하면 어머니도 똑같은 말을 되돌려줄 것이라고 생각한 것이다. 아무리 애써도 그런 대화는 효과가 없고, 오히려 더 나빠질 가능성이 높다.

그러나 브래드가 시간을 들여 더 완벽한 그림을 그린다면 어떻게 될까? "어머니는 나를 정말 미치게 만들어요!"라는 말 대신에 이렇게 말하는 것이다.

"어머니가 나에게 구직이 어떻게 되어가느냐고 물을 때는 몇 가지 감정이 교차하는데, 먼저 분노를 느낍니다. 그건 어머니께 구직에 대해 묻지 마시라고 부탁했는데도 계속 물으니까 그럴 거예요. 하지만 부분적으로는 고마움도 느끼고 모든 것이 잘 되리라는 위안도 느껴요. 어머니가 나를 보살피고 신경 써준다는 것은 중요하다고 생각해요."

어머니가 그에게 좀 더 적극적으로 일자리를 찾아보라고 말할 때도 "날 괴롭히지 마세요"라고 말하는 대신 이렇게 말할 수 있을 것이다.

"구직에 대해서 어머니와 얘기하는 것이 나는 참 힘들어요. 그 생각만 하면 내가 능력이 부족하고 어머니를 실망시키는 것 같아서 결국 부끄러움을 느끼게 될 뿐이에요."

대화 속에서 더 폭넓은 감정을 표현함으로써 브래드는 대화의 성격을 변화시켰다. 그래서 어머니에게 곰곰이 생각해보도록 하는 계기를 만들어주었다. 어머니는 아들 행동의 동기에 대해, 그리고 자신의 행동이 아들에게 미치는 영향에 대해 이해하게 되었다. 물론 브래드의 감정 표현으로 대화가 끝난 것이 아니라 그것은 시작에 불과하다. 또한 모든 감정을 표현하는 것이 대화를 '쉽게' 만드는 것도 아니다. 그러나 덜 다투고, 이해와 참여의 폭을 넓히고, 서로에게 도움이 되는 새로운 대화 방식을 향해 나아가는 길을 제시해줄 것이다.

평가하지 말고 그저 이야기하라

당신이 감정을 파악하고 분류할 수 있으려면 우선 서로의 감정을 모두 말하고 듣고 인정해야 한다. 당신이 "나는 상처받았다"라고 말했을 때 상대방이 "네가 과민 반응하고 있는 거야"라고 말한다면 서로의 이해를 증진시키고 문제를 더 이해하기 위한 노력에 나쁜 영향을 끼치게 된다. 어떤 감정이 합당한 것인가에 대해 서둘러 판정을 내리는 것은 감정 표현을 손상시키고 궁극적으로는 관계에 나쁜 영향을 끼친다. 평가로부터 자유로운 지대를 만들기 위해서는 다음과 같은 가이드라인을 따라야 한다. 판정하지 말고 탓하지 말고 비난하지 말고 순수한 감정만을 서로 나눠라. 문제 해결은 나중에 하도록 하고 대화를 독점하지 마라.

사람들은 흔히 "내가 감정을 말했는데 그것이 싸움의 원인이 되었다"라고 말한다. 에밀리와 로즈의 이야기를 기억하는가? 에밀리는 로즈에게 그녀가 '사려 깊지 못하고 자기중심적'이라고 말했는데, 로즈가 이혼 과정에서 여러모로 도와준 에밀리에게 고마움을 표하지 않았기 때문이다. 자신의 감정을 말하기보다는 로즈에 대해 판정을 내렸다는 것을 깨닫고 에밀리는 대화를 다시 시도했다.

"나는 로즈에 대한 판정을 내리는 대신 내가 상처받았다는 것과 우리의 우정에 대해 혼란을 느꼈다는 것을 설명했어요. 그 결과 놀라운 일이 벌어졌는데, 로즈가 후회하면서 내가 자기에게 얼마나 큰 도움이 되었는지에 대해 거듭 고마워했어요."

감정에 대한 대화를 성공적으로 하자면 상대를 판정하고 탓하고 비난하는 말을 빼고 그 대신 감정에 대한 설명을 넣어야 한다. 그리고 지금 사용하고 있는 말이 당신의 감정을 제대로 전달하는 단어인지를 주의해서 살펴보는 것이 중요하다. 예를 들어 "너는 절대로 신뢰할 수 없는 사람이야"라는 말은 다른 사람의 특성에 대한 판정의 말이다. 그 속에는 말한 사람의 감정에 대한 언급이 없다. 그런 말에 대한 상대의 반응은 보나마나 "나는 신뢰할 수 없는 사람이 아니야"가 될 것이다.

그와는 대조적으로 "나는 실망했어. 너는 그 편지를 보내지 않았어"라는 말에는 비난의 말이 없고 감정에 초점이 맞춰져 있다. 이런 방식이 모든 문제를 해결해주는 것은 아니지만 건설적인 토론으로 이어질 가능성이 훨씬 더 높다.

순수한 감정에 대한 진술과 비난의 말이 뒤섞여 있을 때는 미묘한 어려움이 발생한다. "너는 네가 말한 것처럼 나에게 전화 걸지 않았어. 내가 상처를 받은 건 너 때문이야"라는 말 속에는 "나는 상처받았다"는 감정에 대한 진술과 함께 내가 상처받은 것이 누구 때문인지에 대한 탓하기의 결론이 포함되어 있다. 그 말을 듣는 상대방은 감정에 대한 말보다는 비난의 내용에 초점을 맞출 가능성이 높다. 그것을 표현하는 더 좋은 방식은 우선 순수한 감정을 먼저 말하는 것이다. "네가 전화를 걸지 않았을 때 나는 상처받았어"라고 말하고 나서 공동 원인 제공에 대해서는 비난할 것이 아니라 나중에 탐색해보면 된다.

배우자와 함께 식료품 쇼핑을 한다면 쇼핑 카트에는 어느 한 사람만 물건을 넣는 게 아니라 서로 자기가 좋아하는 품목을 집어넣을 것이다. 감정 대화를 할 때도 마찬가지다. 당신이 지각했을 때 당신은 상사가 당신을 대하는 태도에 화가 날 것이며, 상사는 당신이 제시간에 출근하지 않은 것에 짜증을 낼 것이다. 만일 당신이 격한 감정을 느낀다면 상대방도 그럴 확률이 높다. 자신의 양면적인 감정이 서로 상쇄되지 않듯이 상대의 감정이 당신의 감정을 해소시킬 수도 있고 그 반대가 될 수도 있다. 그러므로 중요한 것은 당신이 계산대를 향하기 전에 대화의 쇼핑 카트에 어쩌면 서로 상치되는 양쪽의 격렬한 감정을 모두 담는 것이다.

손쉬운 방법은 "나는 ……을 느낀다"라고 말하는 것이다. 이 말은 상대방에게 아주 강력한 효과를 발휘한다. 그러나 얼마나 많은 사람이 "나는 ……을 느낀다"라는 간단한 말조차 하지 않는가! 그것은 통증을 줄여주는 진통제도 없이 충치를 치료하려 드는 것과 같다.

"나는 ……을 느낀다"라는 표현으로 말을 시작하는 것은 간단하면서도 놀라운 효과를 가져다준다. 그것은 감정에 초점을 맞추게 하고 오로지 당신의 관점에서 말하고 있다는 점을 분명히 해준다. 또한 그것은 판정하거나 비난하고 싶은 함정을 피하도록 해준다. 예를 들어 "당신은 왜 애들 앞에서 내 체면을 짓밟는 거예요?"라고 말하는 것은 반드시 논쟁을 불러일으킬 것이다.

당신 자신의 감정은 하나도 표현하지 않고 배우자의 의도와 자녀 교육 방법에 대한 판정을 했을 뿐이기만, 배우자는 당신이 화가 나고 분노에 차 있다는 것을 분명히 알아챌 수 있다. 그러나 만일 "육아 방법에 대해 당신이 아이들 앞에서 내 의견에 반대했을 때 나는 배반감을 느꼈고 애들이 어떤 느낌을 받았을지 걱정도 됐어요"라고 말을 시작한다면 배우자는 당신의 감정에 대해 논쟁을 할 수 없다. 배우자가 방어적 자세를 취하게 될 가능성은 거의 없고 당신의 감정과 상대방의 감정에 대한, 그리고 함께 교육 방법을 의논하는 대화로 이어질 가능성이 높다.

서로의 감정을 인정하라

감정을 설명하는 것은 문제 해결의 길로 나아가는 중요한 첫걸음이지만, 그렇다고 해서 즉시 문제가 해결되는 것은 아니다. 그 길을 따라가기 전에 먼저 각자의 감정을 인정받아야 한다. 인정하는 과정은 절대로 생략할 수 없는 절차다.

어떤 사람의 감정을 인정한다는 것이 무슨 의미일까? 그것은 상대방이 말한 것이 당신에게 영향을 미쳤다는 것과 그의 감정이 당신에게 중요하다는 것, 그리고 당신이 그의 감정을 이해하려고 노력하고 있다는 것을 알리는 것이다. 당신은 "어머, 당신이 그렇게 느낀 줄은 전혀 몰랐어요", "그렇게 느낄지도 모른다는 생각을 하긴 했지만, 당신의 감정을 편안한 마음으로 말해줘서 고마워요", "이것은 당신에게 정말로 중요한 문제인 것처럼 들리네요"라고 말할 수 있을 것이다.

당신이 그 사람의 관점을 이해하는 것을 중요하게 생각하고 있으며, 그러기 위해 노력하고 있다는 것을 알리고 싶다면 이렇게 말하라.

"내가 어떻게 생각하고 있는지 말하기 전에 당신의 감정을 좀 더 말해주세요."

누구든지 감정에 대한 논의를 생략하고 싶은 유혹을 느낀다. 어서 본론으로 들어가서 문제를 해결하고 싶어 한다. 감정 문제가 대화에 방해되지 않도록 하기 위해서만 감정을 해결하려고 한다. 이런 부작용을 피하기 위해서는 '이해'라는 목적에 대화의 초점을 맞춰라.

"당신이 의도적으로 나에게 상처를 주려 했다고 말하고 있는 게 아니에요. 중요한 것은 당신이 다른 사람들 앞에서 내 작품을 비난했을 때 내가 어떻게 느꼈는지를 이해해달라는 거예요."

문제 해결로 넘어가기 전, 당신 자신과 상대방에게 이런 얘기를 하는 것이 얼마나 중요한 문제인지를 인식시킬 책임이 있다. 상대방이 진정으로 당신의 감정을 이해하도록 만들고, 당신의 감정에 대해 얘기한 것을 높이 평가해주도록 만들 책임이 있다. 만일 상대방이 당신에게 중요한 것이 무엇인지 이해하지 못한다면, 그리고 그것을 그냥 넘긴다면 당신을 무시하는 것이다.

감정을 인정해주는 것은 어떤 관계에서나 아주 중요한데, 소위 '해결할 수 없는 갈등'이라고 불리는 문제에 있어서는 특히 그렇다. 어떤 경우에는 감정을 인정해주는 간단한 행동이 인종 갈등으로 분열된 지역사회를 변화시키는 데 도움이 될 수도 있다.

소수의 경찰관과 경찰 간부, 사업가 그리고 이웃 주민들이 최근 경찰관과 소수민족 주민들 사이에 발생한 사고에 대해 논의하기 위해 모였다. 그 사실이 소규이라느, 생각을 바꾸어놓았다고 생각하느냐는 질문을 받은 흑인 10대 소년은 울음을 터뜨리며 이렇게 대답했다.

"당신들은 이해 못 해요. 나는 사람들의 생각을 바꾸고 싶은 게 아니에요. 그저 내 이야기를 하고 싶을 뿐이에요. 나는 모든 것이 괜찮을 것이라는 말이나, 그것은 그들의 잘못이 아니라는 말을 듣고 싶은 게 아니었어요. 그저 내 얘기를 하고 내 감정에 대해 말하고 싶었을 뿐이에요. 그런데 내가 우는 이유요? 사람들이 이제는 내 말을 들어줄 만큼 나를 배려해준다는 것을 알았기 때문이에요."

곧 결혼할 딸을 둔 맥스는 자신이 느끼는 상실감과 자랑스러움에 대해 딸과 대화를 하자마자 결혼 비용을 어떻게 쓸 것인가에 대한 문제 해결이 쉬워졌다. 이전에 그들의 대화에서 문제가 생겼던 부분, 즉 맥스는 딸에게 거부당한다는 느낌을 받았고, 딸은 자신의 문제를 아버지가 통제하려는 데 분노를 느꼈다는 것을 터놓고 말하고 난 뒤 결혼 비용 문제에 더 이상 장애가 생기지 않았다. 두 사람은 자신들이 과거에 어떠했으며, 서로에게 어떤 존재이기를 원했는지 솔직하게 의견을 나누고 다시 관계를 회복했다.

그러나 때로는 감정만이 가장 중요한 것은 아니다. 감정을 다루는 것도 어렵고 힘들지만 무엇보다 함께 해야 할 일이 있고 키워야 할 애들이 있기 때문이다. 관계를 개선하거나 당면한 문제를 해결하는 과정은 길고 힘들다. 그렇다 해도 가장 중요한 것은 당신의 감정과 문제에 대해 상대방과 효과적으로 커뮤니케이션하는 능력이다.

자신과의 대화법도 배워야 한다

한 소프트웨어 회사의 부사장을 맡고 있는 벤은 요즘 고민이 많다. 현재 회사보다 더 좋은 조건의 회사로부터 스카웃 제의를 받았기 때문이다. 고심 끝에 벤은 새 회사로 이직하기로 결심했지만, 상사에게 그 이야기를 꺼내기가 너무 두렵다.

나는 이미 다른 곳의 일자리를 받아들였고 이제 내가 할 일은 상사에게 떠나겠다는 말을 하는 것뿐이다. 나에게는 추천서도 필요 없고, 미래의 비즈니스도 필요 없다. 아무도 나의 결정에 영향을 미칠 수 없다. 그런데도 상사에게 말할 생각만 하면 두려움이 앞선다.

겉으로 보면, 벤에게는 두려울 것이 아무것도 없는 것처럼 보인다. 그가 모든 카드를 들고 있기 때문이다. 그런데도 벤은 잠을 못 이룬다. 그의 실명은 이렇나.

아버지는 평생을 한 회사에서 근무했고 나는 항상 아버지의 성실성을 감탄스럽게 생각했어요. 나는 지금까지 올바른 생활을 하려고 노력해왔고, 그중에서 가장 중요하게 생각하는 것은 부모, 아내, 아이들, 친구들 등 주변 사람에게 충실한 것이죠. 상사에게 떠나겠다고 말하는 것은 바로 이런 성실성에 문제를 일으키는 거예요. 상사는 나의 스승이기도 해서 항상 나를 지원해주었어요. 그래서 이런 의문을 품게 되더군요. 내가 생각하는 것만큼 진정으로 성실한 사람인가, 아니면 그저 자신의 이익을 위해 사람을 배신하는 탐욕스러운 인간인가?

벤의 고민은 대화가 얼마나 어려울 수 있는지 그 단면을 보여준다. 불안감의 원인은 상사에게 말해야 한다는 사실뿐만 아니라 자기 자신에게도 말해야 한다는 것에 있다. 그 대화는 세상을 살아가는 자신의 존재 의식에 혼란을 초래하거나, 자신이 원하는 사람이 되지 못한다는 두려움을 증폭시킬 소지를 지니고 있다.

정체성의 세 가지 핵심 요소

정체성의 종류는 아마도 세계 인구의 숫자만큼이나 많을 것이다. 그러나 모든 정체성에는 세 가지 공통적인 요소가 있으며, 그 요소들은 사람들이 가장 중요시하는 것의 밑바탕을 이루고 있다.

1. 나는 능력이 있는가?

나는 연봉 애기를 거론해야 할지 말지를 놓고 고민했다. 그러나 다른 동료를 보고 자극받아 마침내 애기를 꺼냈는데, 애기를 마치기도 전에 상사는 이렇게 말했다. "연봉 애기를 하다니 전혀 뜻밖이군요. 사실 당신의 올해 실적은 실망스러워요." 나는 자신이 생각만큼 유능한 연구원이 아니라는 생각에 현기증을 느꼈다.

2. 나는 착한 사람인가?

나는 산드라와 헤어지기로 결심했다. 그래서 돌려서 이야기를 꺼냈는데 내 말의 의미를 파악하자마자 산드라가 울기 시작했다. 그녀가 괴로워하는 것을 보니 마음이 아팠다. 내가 가장 견디기 어려운 것은 누군가에게 상처를 주는 일이다. 그것은 정신적으로나 정서적으로나 내가 생각하는 내 모습과 배치되는 것이다. 결국 나는 감정을 이기지 못하고 우리 사이의 모든 문제가 잘 풀릴 거라고 말하고 말았다.

3. 나는 사랑받을 자격이 있는가?

나는 형이 형수를 대하는 태도에 대해 형과 대화하기 시작했다. 형은 줄곧 형수를 무시하고 형수는 그것에 대해 속상해하고 있기 때문이다. 그 이야기를 하는데 엄청 떨렸고 말이 자꾸 꼬이자 형이 소리쳤다. "네가 뭔데 나한테 이래라저래라 하는 거야? 넌 지금껏 사랑을 해본 적도 없잖아?" 그 말을 듣고 나는 말을 하기는커녕 숨조차 쉴 수 없었다. 오로지 어떻게 그 자리를 빠져나올까만 생각하고 있었다.

정체성이 흔들리면 균형을 잃는다

대화를 하다 보면 문득 자신이 생각해왔던 자기 모습에 의문을 느낄 때가 있다. 이처럼 우리의 내면에서는 정체성 대화가 활발하게 진행된다. "어쩌면 나는 무능한지도 몰라", "내가 어떻게 다른 사람에게 고통을 주는 사람이 될 수 있는가?", "형 말이 맞아. 지금까지 날 사랑한 여자는 한 명도 없었어"라는 식의 대화다.

그 대화가 나 자신에 대한 것일 경우 그것은 내가 발 딛고 서 있는 땅에 지각변동을 일으키기에 충분하다. 당신은 균형을 잃고, 그에 대한 당신의 심리적 반응은 '어려운 대화'를 '불가능한 대화'로 만들 지경에 이른다. 자신이나 미래에 대한 이미지들이 아드레날린 분비를 자극하도록 프로그램되고 그렇게 되면 걷잡을 수 없는 불안감과 분노에 휩싸이거나, 강렬한 도피 충동을 일으키게 된다. 행복은 의기소침으로, 희망은 절망감으로, 능력은 두려움으로 바뀐다. 그러면서 한편으로는 분명하고 효과적인 커뮤니케이션을 해야 한다는 미묘한 과제를 수행하려고 노력한다. 상사가 승진하지 못한 이유를 설명하는 동안 당신의 정체성은 계속해서 지진을 겪는다.

인간의 자아에 대해서는 내진 설계를 할 수 없다. 자신의 정체성과 싸우는 것이 인생이며, 성장 그 자체이기 때문이다. 아무리 큰 사랑과 성취감과 능력을 갖췄어도 정체성에 대한 도전을 예방할 수는 없다.

정체성에 대한 도전이 모두 지진 정도는 아니겠지만 일부는 그러할 것이다. 어려운 대화는 당신 자아의 소중한 측면을 포기하게 만들 수도 있는데, 가슴속 가장 깊은 곳에서 사랑하는 사람이 죽었을 때 느끼는 슬픔에 버금가는 상실감을 느낄 수도 있다. 즉효약이 있는 척하는 것도 소용이 없고, 다시 균형을 잃고 흔들리지 않으리라는 결심도 소용없고, 몇 가지 쉬운 방법을 익혀서 인생의 가장 어려운 도전을 극복할 수 있는 것처럼 하는 것도 소용없다.

그러나 몇 가지 좋은 소식이 있다. 정체성에 타격을 입은 그때가 바로 그 문제를 인식하고 대처하는 능력을 향상시킬 계기라는 사실이다.

정체성을 약화시키는 최대 원인, 흑백논리

정체성 대화에 대응하는 능력을 향상시키려면 먼저 사람이 균형을 잃고 쓰러지는 과정을 이해해야 한다. 정체성을 취약하게 만드는 최대의 원인은 흑백논리적 사고다. 사실 나는 유능할 수도 있고 무능할 수도 있다. 착할 수도 있고 악할 수도 있으며, 사랑받을 수도 있고 못 받을 수도 있다.

흑백논리적 사고의 가장 큰 위험성은 자신에 대한 피드백에 지나치게 예민하게 반응함으로써 정체성을 극도로 불안정하게 만드는 것이다. 자신에 대한 부정적 정보를 접했을 때 흑백논리에 의하면 그것에 대응할 수 있는 방법은 오로지 두 가지밖에 없다. 자신의 이미지와 상치되는 정보를 부인하든가, 반대로 그 정보의 중요성을 말도 안 될 정도로 지나치게 과장해서 받아들이는 것이다. 흑백논리에 의한 정체성은 다리가 두 개뿐인 의자와도 같다.

부정적인 피드백 받아들이기

전적으로 긍정적인 정체성에만 매달리는 사람은 부정적 피드백을 통한 자아인식을 허용하지 않는다. 자신은 절대로 실수를 저지르지 않는 훌륭한 능력의 소유자라고 생각하고 있는 사람이 어떤 잘못에 대한 피드백을 받으면 문제가 일어난다. 그 사람이 자신의 정체성을 지키는 유일한 방법은 그 피드백을 부인하고 왜 그것이 그렇지 않은지, 왜 그것이 중요하지 않은지, 혹은 자신의 행동이 왜 실제로 잘못이 아닌지 이유를 찾아내는 것이다. 연봉 인상을 요구했던 연구원의 경우로 돌아가보자. 그녀의 상사는 이렇게 말했다.

"연봉 얘기를 하다니 전혀 뜻밖이군요. 당신의 올해 실적은 실망스러워요."

그 연구원은 이 정보를 어떻게 받아들일지, 이것이 그녀의 정체성에 어떤 의미를 지니는지 결정해야 한다. 그녀의 거부 반응은 이렇게 나올지도 모른다.

"나의 상사가 사업에 대해서는 잘 아는지 모르지만 화학에 대해서는 잘 몰라. 내가 얼마나 중요한 기여를 했는지 도무지 이해를 못 해. 나의 능력을 인정해주는 상사가 있다면 얼마나 좋을까."

어려운 대화를 하면서 부정적인 정보를 받아들이지 않으려고 애쓰는 것은 물에 젖지 않고 수영을 하려는 것이나 마찬가지다. 우리는 어려운 대화를 하는 데 있어서나 인생을 사는 데 있어서나 자신에 대한 즐겁지 않은 정보는 피하려고 한다. 무언가를 거부하는 데는 엄청난 정신적 에너지가 요구되며, 조만간 자기가 스스로에게 하는 이야기를 지탱하기 어려워진다. 게다가 진짜 자신이기를 희망하는 자아상과 진짜 자신일까 봐 두려운 자아상의 차이가 클수록 균형을 잃기 쉽다.

'부인'에 대한 대안은 '과장'이다. 흑백논리에서 부정적 피드백을 받아들이려면 자아상을 조정하거나 그것을 확 뒤집어야 한다. 자신이 유능하지 못하면 완전히 무능하다고 생각한다.

"생각만큼 나는 창의적이지도 특별하지도 않을지 몰라. 어쩌면 아무것도 아닐지도 몰라. 곧 해고당할지도 몰라."

상대방의 피드백이 우리의 정체성을 결정짓기도 한다. 과장을 할 때 우리는 마치 상대방의 피드백만이 자아상에 대한 유일한 정보인 것처럼 행동한다. 모든 것을 그대로 받아들여 상대방이 말한 것을 우리의 자아상으로 결정짓는다. 이 얼마나 어리석은 일인가! 100통의 편지를 제시간에 완성해 제출했지만 101번째 편지가 늦어진 것에 대해 비난받게 되면 스스로 이렇게 생각한다.

'나는 아무것도 제대로 할 수 없는 사람이야.'

단 하나의 정보로 자신의 정체성 전체를 가려버리는 것이다. 이런 사례는 말도 안 되는 것처럼 들릴 것이다. 그러나 우리 모두는 특히 극적이거나 고통스러운 경우에만 그런 것이 아니라 때때로 그런 식으로 생각한다. 식당의 웨이트레스가 팁을 받으면서 이상한 표정을 지으면 당신은 순식간에 인색한 사람이 된다. 친구 집에 페인트칠 하는 것을 도와주지 않으면 당신은 이기적인 사람이 된다. 오빠가 조카들을 보러 오지 않는다고 한마디 하면 당신은 사랑 없는 고모가 된다. 이처럼 과장하는 것이 얼마나 어리석은 반응인지 쉽게 알 수 있을 것이나.

정체성을 지키며
대화하는 방법

정체성 대화에 임하는 능력을 향상시키는 데는 두 가지 단계가 있다. 첫째, 자신에게 중요한 정체성 요소에 대해 잘 알고 있어야 하며 대화 중에 그것들을 알아챌 수 있어야 한다. 둘째, 새로운 정보를 건전한 방법으로 자신의 정체성에 통합해 넣는 방법을 배워야 한다. 그러기 위해서는 흑백논리에서 탈피해야 한다.

어려운 대화를 할 때는 흔히 자신의 정체성이 개입되는 것조차 인식하지 못한다. 불안하고 두렵고 불확실하고 효과적인 커뮤니케이션이 잘 안 된다고 생각한다. 평소에는 명확하게 말하던 사람이 망설이고 더듬거린다. 평소에는 이해심 많던 사람이 계속 끼어들고 따진다. 평소에는 침착하던 사람이 분노로 폭발한다. 그러나 그 이유를 잘 모른다. 그것이 정체성과 관련이 있는지도 분명하지 않다. 그리고 이렇게 생각하기가 쉽다.

'나는 형이 형수를 대하는 태도에 대해 말하고 있어. 그것이 나의

정체성과 무슨 상관이 있지?'

당신의 정체성에 지진을 일으키는 요소가 다른 사람에게는 그렇지 않을 수도 있다. 사람마다 예민한 부분이 다르기 때문이다. 자신의 민감한 부분을 알기 위해서는 어려운 대화를 할 때 어떤 요소에 자신이 이성을 잃는지 잘 관찰하고, 그 이유가 무엇인지 스스로에게 물어보라. 당신의 정체성에는 무엇이 중요하고, 그것은 당신에게 어떤 의미를 부여하는가? 당신이 두려워하고 있는 것이 현실이 된다면 어떻게 될까? 거기에는 상당한 노력이 필요할 것이다. 지미의 사례를 살펴보자.

성장 과정에서 지미는 정서적으로 상당히 냉철하다는 평판을 얻었다. 그런 자세는 그가 가정생활에서 겪는 모든 감정적 우여곡절에서 자신을 보호하는 데 큰 도움이 되었다. 모든 사람이 자제심을 잃고 화를 내도 지미는 그렇지 않았다. 그는 극단적으로 이성적이었다.

그런데 몇 년을 혼자 살더니 지미가 변했다. 그는 자신의 감정을 인정하고 나누는 것이 중요하다는 것을 깨닫기 시작했고, 친구들과 동료들과 감정을 나누는 것이 그의 생활을 더욱 풍요롭게 만들었다. 그는 이런 변화를 가족에게도 보여주고 싶었지만 두려움이 앞섰다. 과거 지미에 대한 가족들의 인식은 뿌리 깊이 박혀 있고, 비록 장점은 아닐지라도 가족들에게는 예전의 지미가 편안할지도 몰랐다. 그의 냉정함이 섭섭했겠지만, 그들에게는 익숙해진 것이다.

자신의 두려움에 대해 친구와 의논했을 때 그 친구는 지미에게 몇 가지 어려운 질문을 했다.

"네가 정말로 두려워하는 것이 뭐니? 무엇이 부담스러운 거니?"

지미의 첫 번째 대답은 자신이 가족의 기대를 저버리는 행동을 하고 있다는 것이었다.

"우리 가족 중에서 누군가는 냉정해야 해. 그렇지 않으면 엉망이 되고 말 거야. 지금은 그런 대로 잘 돌아가고 있어."

그것은 사실이지만, 지미는 친구의 질문에 대해 계속 생각하면서 더 깊이 있는 대답을 찾으려고 노력했다. 결국 그는 자신이 어렴풋이 느끼고 있던 두려움이 무엇인지를 찾아냈다.

"만일 가족들이 나를 거부하면 어떻게 하지? 그들이 비웃는다면 어떻게 하지? '도대체 갑자기 왜 저래?'라고 하면 어떻게 하지?"

지미는 만일 부모님이 부정적인 반응을 보이면 자신의 정체성이 심각하게 손상될 거라고 믿었고, 그런 모험을 꼭 해야 하는지 확신하지 못했다.

지미의 이야기는 정체성 문제에 대한 인식을 바꾸는 데서 끝나지 않았다. 그는 가족에게 좀 더 감정을 표현하기로 결심했고, 처음에는 그것이 그리 쉽지 않았다. 어색한 순간도 있었고 가족 중 몇 사람은 그의 행동이 변한 것을 이상하게 생각하기도 했다. 그러나 지미는 계속 그렇게 했고 시간이 흐르면서 가족 간에 진정한 관계가 이루어졌다.

자신의 정체성을 다각화하라

일단 자신의 정체성 중에 어떤 측면이 가장 중요하고 어떤 측면이 가장 취약한지를 파악한 다음에는 자신의 자아상을 다각화하라. 즉

'나는 완벽하다'와 '나는 아무 쓸모가 없다' 사이에서 잘못된 선택을 하는 것을 피하고 자신에 대해서 실제로 무엇이 사실인지 최대한 명확한 그림을 그려야 한다는 뜻이다. 모든 사람이 그렇듯이 실제 당신은 좋은 행동과 나쁜 행동, 좋은 의도와 덜 좋은 의도, 그동안의 현명한 선택과 바보 같은 선택의 혼합물일 것이다.

아무리 최선의 경우와 최악의 경우가 있을지라도 흑백논리적 정체성은 이 세상을 지나치게 단순화시킨다. 사람은 누구나 긍정적이고 부정적인 수많은 특성을 보이며, 인생에서 당면하는 복잡한 상황에 대응하는 방법을 찾고자 계속해서 투쟁한다. 더욱이 우리가 원하는 것처럼 항상 능숙하게, 이해심 있게 반응하는 것도 아니다.

상사에게 다른 일자리를 구했다고 말하기를 두려워하는 벤의 경우가 좋은 예다. 벤은 성실한 사람인가, 아니면 배신자인가? 벤은 지금까지 인생을 살면서 수많은 사람과의 끝없는 인간관계의 복잡성을 제대로 인식하지 못하고 있다. 그는 지금까지 가족을 위해서, 상사를 위해서 많은 희생을 해왔다. 주말에도 일했고 다른 일자리 제의들을 거절해왔으며 회사가 최고로 유능한 신입사원을 뽑도록 열심히 일했다. 벤의 성실성을 증명해주는 사례는 정말로 많다.

이제 벤은 연봉을 더 많이 주는 다른 직장으로 가기 위해 회사를 떠나려 하고 있다. 그의 상사는 당연히 버림받은 것처럼 느낄 것이다. 그렇다고 해서 벤이 나쁜 사람이라는 뜻은 아니다. 벤이 탐욕 때문에 그런 선택을 했다는 뜻도 아니다. 그는 아이들을 대학에 보내고 싶어 하는데, 오랫동안 연봉을 충분히 받지 못했지만 불평 한마디 하지 않았다.

그렇다면 벤의 문제에서 결론은 무엇인가? 결론은 바로 결론이 없다는 것이다. 벤은 자신의 행동과 선택 중 많은 부분을 기분 좋게 느낄 것이며, 어떤 것에 대해서는 양면적이거나 후회스럽게 느낄 것이다. 인생은 누구나 너무 복잡하다고 느낄 수밖에 없다. 정말로 다각화된 자아상이야말로 건전하고 건강한 것이며 튼튼한 발판이 되어 준다.

자신에 대해 인정해야 할 세 가지

당신은 틀림없이 자신이 가진 정체성의 어떤 측면과 평생 싸우게 될 것이다. 자신의 내면을 들여다보면 모든 것이 마음에 들지 않을 것이며, 자신의 그런 부분을 인정하기 위해서는 진지하게 노력해야 할 것이다. 그러나 당신이 흑백논리적 정체성으로부터 탈피하여 자신을 더욱 다각화된 복잡한 존재로 보게 되면 과거에 받아들이기 어렵게 느껴졌던 당신의 어떤 부분을 쉽게 인정할 수 있다.

당신이 자신의 실수를 인정하고 자신의 복합적인 의도와 어떤 문제에 대한 자신의 원인 제공 부분을 더 쉽게 인정할수록 대화의 균형이 더욱 잘 잡히는 것을 느낄 것이며, 대화가 잘될 가능성은 더욱 높아진다.

당신은 얼마든지 실수할 수 있다
당신이 가끔 잘못을 저지를 수 있다는 사실을 인정하지 못한다면,

어떤 상황에 대한 상대방의 정당한 이야기를 이해하고 받아들이기가 더욱 어렵다는 사실을 깨닫게 될 것이다. 리타와 이사야 사이에 일어난 일을 살펴보자. 리타는 이렇게 설명한다.

나는 신뢰받는 사람이 되는 것을 아주 중요하게 생각해요. 친구들이 믿고 편히 말할 수 있는 그런 사람 말예요. 그것은 좋은 친구가 되는 조건의 하나예요. 내 동료인 이사야는 자기가 알코올 중독과 싸우고 있다고 털어놓았고 나는 비밀을 지키기로 약속했어요. 그런데 어떤 친구가 과거에 비슷한 문제를 겪었다는 사실을 알게 되었고 조언을 구하기 위해 그에게 이사야의 문제를 말했어요. 그런데 이사야가 그 사실을 알고 말도 못하게 화를 냈어요. 나는 처음에는 도와주기 위한 목적이었다는 것과 그 친구가 소중한 조언자가 될 수 있다는 점을 설명하려고 계속 애를 썼어요. 결국 내가 논쟁하는 이유는 내가 그의 신뢰를 배반했다는 분명한 사실을 스스로 인정하지 못하기 때문이라는 것을 깨달았어요. 내가 약속을 지키지 못한 거죠. 일단 내가 잘못했다는 것을 인정하자 이사야와 대화가 풀리기 시작했어요.

흑백논리적 기준을 고수할 때는 작은 실수도 지나치게 심각하게 보이고 절대로 인정하지 못할 수도 있다. 만일 '실수 안 하고 실패하지 않는' 자신의 정체성을 구해내려고 애쓴다면 당신은 의미 있는 대화, 배우는 대화를 할 수 없을 것이다. 그리고 배우는 대화를 할 수 없다면 당신은 똑같은 실수를 반복하게 될 가능성이 높다.

사람들이 실수를 인정하지 않으려 하는 이유는 자신이 나약아서

나 무능하게 보일까 봐 두렵기 때문이다. 그럼에도 불구하고 누구나 실수할 수 있다는 사실을 인정하는 대개의 유능한 사람들은 완벽하지는 않지만 자신감 있고 안정감 있으며 아주 훌륭해 보인다. 반면에 실수의 가능성조차 인정하지 않으려는 사람들은 도리어 불안하고 자신감이 없어 보인다. 이 같은 사실을 못 알아챌 사람은 아무도 없다.

당신의 의도는 복잡하다

때때로 우리는 대화를 앞두고 불안해한다. 우리 과거의 행동이 반드시 좋은 의도로 유발된 것만은 아니기 때문이다. 샐리와 그녀의 남자친구 에반이 당면한 상황에 대해 살펴보자.

샐리는 에반과 헤어지고 싶지만, 자신의 외로움을 달래기 위해 그를 이용했다고 에반이 비난할 것 같아 두렵다. 샐리는 자신의 의도가 전적으로 좋은 것이었다고 주장하기 전에 자신이 실제로 그랬는지 정직하게 생각해봐야 한다. 크게 보면 샐리가 에반에게 상처를 주려고 한 것도 아니고 악의적으로 행동하지도 않았지만, 샐리의 행동에 적어도 약간의 이기적인 측면이 있었던 것이 사실이다.

자신의 동기를 유발한 것이 복잡하다는 것에 스스로 정직해짐으로써 샐리는 의도가 나빴다는 비난을 받더라도 균형을 잃지 않고 중심을 잡을 수 있으며 진실하게 대답할 수 있다.

"생각해보았더니, 네 말이 부분적으로는 일리가 있어. 그때 나는 외로웠고 너를 만나는 것이 도움이 되었어. 하지만 그것만이 너를 사귀게 된 이유의 전부라고 생각하지는 않아. 난 진심으로 너와 잘되기를 바랐어. 그러나 그사이 나에게는 많은 일이 있었어."

당신은 문제에 원인 제공을 했다

당신의 정체성을 지키는 데 있어 아주 중요한 세 번째 요소는 문제에 당신이 원인을 제공한 부분을 평가하고 그것에 대해 책임을 지는 것이다. 물론 그것은 결코 쉬운 일이 아니다.

워커는 근래에 자신의 딸 애니메가 식욕장애를 겪고 있다는 사실을 알게 되었다. 딸이 대학 보건센터를 찾아 진료받았다는 사실을 딸의 지도교수가 알려온 것이다. 워커는 딸의 상태가 어떤지를 알아보기 위해 전화를 걸었지만, 안부를 묻는 정도의 수박 겉핥기식 대화밖에 할 수 없었다.

워커는 좀 더 깊이 있는 대화를 하고 싶었지만 두려웠다. 딸이 고민하고 있는 문제들 중 적어도 일부는 자신과 상관있을 것이라고 생각했기 때문이다. 딸이 자기를 좋은 아버지가 아니라고 생각할지도 모른다고 생각하고, 또 그 사실을 말할까 봐 두려워하고 있다.

딸이 실제로 어떤 생각을 하는지 전혀 모르면서 워커는 자신이 좋은 아버지이기를 막연히 바라며 살아왔다. 정말 그렇기만 하다면 더 이상 바랄 것이 없었다. 그러나 그는 자주 집을 떠나 있었고, 생각만큼 딸의 뒷바라지를 해주지 못했고, 딸과의 약속을 지키지 못한 경우도 있었다.

워커는 두 가지 중 한 가지 방식을 택할 수 있다. 딸이 아버지와의 관계에 문제가 있다고 말하거나 자신의 건강이 나빠진 것과 관련해서 아버지가 어떻게 원인을 제공했는지 거론하지 않기를 바라면서 딸과의 대화를 슬그머니 넘길 수도 있다. 아니면 워커 자신이 미리 정체성 문제에 대해 충분히 생각하고 그들 문제에 있어서 자신이 원인을 제공한 부분을 진심으로 인정할 수도 있다.

그것은 결코 쉽지 않은 일이다. 그러나 그가 애니메와 대화를 할 때 자신의 행동을 있는 그대로 인정하고 그에 대해 책임을 질 수 있다면, 아마도 시간이 지나면서 딸과 대화가 훨씬 수월해지는 것을 느끼게 될 것이다. 더욱 중요한 것은 이제 그는 아무것도 감출 필요가 없다는 사실을 발견하게 될 것이다. 딸에게 "내가 좀 더 자주 너와 함께 있어야 했는데 그렇게 하지 못해 미안하고 안타깝구나" 하고 말할 수 있을 것이며, 두려움보다는 이해심을 가지고 딸에게 다가갈 수 있을 것이다.

흐트러진 균형을
되찾는 방법

중요한 정체성 문제를 포함한 대화에서 당신은 이미 갈등이나 수치심을 느끼고 있을지도 모르며, 다시는 상대방의 반응에 압박감을 느끼고 싶지 않을 수도 있다. 당신은 이렇게 생각한다.

'나는 무슨 일이 있어도 상대방을 화나게 만들고 싶지 않아. 특히 나에게 화를 내지 말았으면 좋겠어.'

이 경우 당신은 이미 기분 나쁘게 느끼고 있으며, 상대방의 반응이 나쁘면 참을 수 없게 될 것이다. 그 결과 상대방에게서 그런 반응을 당하지 않고 대화하는 것을 주요 목표로 삼을지도 모른다.

다른 사람에게 상처 주기를 원치 않거나 당신이 나쁜 소식을 전한 후에도 계속 당신을 좋아하기를 원하는 데는 잘못이 없다(오히려 당연하다). 그러나 그것이 대화의 목표가 된다면 그것은 문제가 된다. 당신이 다른 사람을 변화시킬 수 없는 것과 마찬가지로 그들의 반응 역시 지배할 수 없다. 그리고 지배하려고 해서노 안 된다.

자식들에게 이혼을 하겠다고 말한다면 아이들은 화를 낼 것이다. 당연한 일이다. 그러나 당신은 아이들을 사랑하기 때문에 그들이 받는 상처를 최소화하고 싶을 것이다.

그런데 그런 충동에는 자기보호의 요소가 개입될 가능성도 있다. 당신은 아이들을 배려하는 것이라고 하지만, 부분적으로는 아이들이 당신에 대해 어떤 감정을 가질지 걱정되기 때문이기도 하다.

상대방의 반응을 완화시키거나 억누르려고 노력하는 것은 사태를 호전시키기는커녕 더욱 악화시킬 때도 있다. 아이들에게 이혼이 그렇게 나쁜 것만은 아니라고 느끼게 해주고 싶은 마음이나 종업원을 해고하면서 자신의 능력에 더 잘 맞는 일을 찾는 기회가 될지도 모른다고 설득하고 싶은 마음은 이해가 간다. 장기적으로는 당신의 낙관적 예측이 현실이 될 수도 있지만, 상대방이 그 순간에 겪을 감정을 무시하는 것은 심각한 문제를 초래할지도 모른다. 당신이 의도한 뜻과는 다르게 "네가 어떻게 느끼든 나는 모른다"는 의미로, 혹은 그보다 더 나쁘게 "너는 이런 일을 가지고 혼란을 느끼면 안 된다"는 의미로 받아들일 가능성이 높다.

어떤 어려운 대화에서나 나쁜 소식을 전달할 때는 상대방의 반응을 지배하려 하지 말고 '그리고 대화법'을 선택해야 한다. 당신의 목적은 아이들에게 이혼 사실을 알리고 당신이 그들을 얼마나 사랑하고 배려하는지를 알리며 진심으로 모든 일이 괜찮을 거라고 믿게 하는 것이다. 또한 아이들이 어떤 감정이든 스스로 느끼게 하고, 그런 감정을 느끼는 것은 이해할 만한 일이며, 나쁜 일이 아니라는 것을 알게 하는 것이다. 이렇게 함으로써 당신은 실제로 (스스로) 가능한 모든 것을 지배할 수 있고, 상대방의 정직한 반응을 이끌어낼 수도 있다.

이런 역학관계는 직장에서 나쁜 소식을 전하는 방법에도 똑같이 적용된다. 누군가를 해고할 경우 그 사람은 화가 날 것이며, 당신에게 화를 낼 가능성도 높다. 대화의 성공 여부를 상대방이 화를 내는지 아닌지 여부로 측정해서는 안 된다. 화를 내는 것은 그들의 권리이며, 합당한 반응이다. 오히려 그들에게 나쁜 소식을 전하고, 그 결과에 대해 자신이 책임질 부분이 있으면 받아들이며(그러나 정도 이상은 금물), 그들의 감정을 이해한다는 것을 보여주고, 그들이 상황을 극복하도록 도와주는 것 자체를 목적으로 삼는 편이 좋다.

다른 사람의 반응을 지배할 수 없다는 사실을 깨달으면 당신은 엄청나게 자유스러워질 수 있다. 상대방의 반응에 근거해서 자기 자신에 대해 배울 수 있고, 당신이 준비가 되어 있다면 상대방의 반응이 어떤 방향으로 가야만 한다는 부담감에서 자유로워질 것이다.

상대방의 반응에 대비하라

상대방의 반응을 지배하려고 하는 대신에 그것에 대비하라. 그리고 대화 내용을 미리 상상해보는 시간을 가져라. 무엇을 말해야 할지 밤늦게까지 고민하다 보면 그 대화가 얼마나 나쁘게 진행될지에 초점을 맞추게 되는 경향이 있는데, 그보다는 상대방의 반응이 어떠할지에 초점을 맞춰라. 혹시 울지는 않을까, 기분 나빠하고 의기소침해지지는 않을까? 아무렇지도 않은 척할까, 아니면 당신을 공격하거나 비난할까?

그리고 이런 반응 중 어떤 것이 혹시 당신의 정체성 문제와 관련되어 있는지 살펴보라. 만일 그렇다면 그들이 최악의 반응을 했을 경우를 상정해서 '이 말은 나에게 어떤 의미를 갖는 것일까?' 하고 자문해보라.

정체성 문제에 대해 미리 충분히 생각해보라. '내가 누군가를 울리는 것이 괜찮은 일일까, 나의 반응은 어떻게 나올까? 만일 그들이 나를 공격하면 어떻게 할까, 그런 경우 나는 어떻게 반응해야 할까?'

상대방이 어떻게 반응할지에 대해 준비가 잘되어 있을수록 당신은 덜 놀라게 될 것이다. 상대방의 반응이 당신의 정체성에 어떤 영향을 미칠 것인가에 대해 생각해보았다면 당신은 끝까지 균형을 잃지 않을 수 있다.

30년 후의 당신을 상상해보라

세상이 삭막해 보이고 혼란스럽고 우울하고 아무도 당신을 사랑하거나 일자리를 주지도 않을 것처럼 느껴질 때는 스스로를 제대로 통찰하기가 어렵다. 그러나 가끔 자기 자신을 미래 속으로 투사해보면, 기분이 좀 나아지지 않을까? 시간이 많이 지난 뒤에 보면 별로 중요한 일이 아닐지도 모른다는 생각은 현실을 더욱 낙관적으로 느끼게 하는 데 도움이 될 것이다.

먼 미래에 지금을 돌이켜봤을 때 자신의 모습을 생각해보는 것도 어떤 방향을 제시해줄 수 있다. 만일 지금 고통스러운 상황에 처해 있다면, 지금부터 30년 후라고 생각하고 지금을 돌아다보면 어떻게 느낄지 한번 생각해보라.

그런 경험에서 무엇을 배웠다고 생각할까? 당신이 대응했던 방법에 대해 어떻게 생각할까? 30년 후의 당신은 그런 고통에 당면해 있는 지금의 당신에게 어떤 조언을 해줄 것인가?

때로는 잠시 쉬어라

때때로 자신이 문제에 너무 몰입해 있고 정체성에 혼란이 찾아와 많이 흔들리고 있기 때문에 도저히 대화를 할 수 없다고 느낄 때가 있을 것이다. 이런 상황에서 대화를 계속하는 것은 누구에게도 도움이 안 된다. 이때는 잠시 생각할 수 있는 시간을 달라고 요청하라.

"나는 당신의 반응에 너무 놀랐습니다. 그래서 당신의 말에 대해 생각해볼 시간이 필요합니다."

단 10분이라도 도움이 될 수 있으니 잠깐 걸으면서 신선한 공기를 마셔보라. 왜곡된 부분이 없는지 체크해보라. 당신의 판정이나 교만함에 대해 상대방이 공격한 내용과 자신의 정보를 비교해보는 조용한 시간을 가져라. 당신이 무엇을 부인하고 있는지 체크해보라. 여기서 발생할 수 있는 최악의 상황은 무엇인지, 그리고 결과를 돌이키기 위해 당신이 할 수 있는 일은 없는지?

보통 잠시 쉴 시간을 달라고 요청하기가 어렵다고 말한다. 그러나 균형을 되찾을 때까지 대화를 미루는 것은, 대화를 하면서 그보다 더 나쁜 일이 발생하는 것을 방지해준다

상대방도 정체성 문제와 씨름하고 있다

우리가 자신의 정체성 대화에 몰입해 있을 때 상대방 역시 그 자신의 정체성 문제와 싸우고 있을지도 모른다는 사실을 잊어버리기 쉽다. 워커가 자신의 딸 애니메와 그녀의 건강 문제에 대해 대화하려고 애쓰는 동안 애니메도 틀림없이 그녀 자신의 정체성 대화에 열중해 있을 것이다.

그저 병원에 갔다는 사실만으로도 그녀가 속으로 두려워하고 있다는 것이 확인되었다. 그것은 자기는 아버지를 기쁘게 해줄 만큼 충분히 착하지도 건강하지도 못하다는 생각이다.

워커가 딸을 도와줄 수 있는 한 가지 방법은 그녀가 흑백논리적 생각을 버리도록 이끌어주는 것이다. 누구든 때로는 도움이 필요하다는 사실을 인식시킴으로써 그녀가 균형 잡힌 자아상을 지니도록 해주는 것이다. 학교 성적이 좋거나 건강하기 때문이 아니라 자신의 딸이기 때문에 사랑한다는 것과 어떤 경우에도 그 사실이 변하지 않을 거라는 점을 상기시켜줄 수 있을 것이다.

때때로 당신의 정체성 문제는 당신 자신에게는 중요하지만 대화 상대나 일반적인 관계의 사람에게는 그다지 중대하지 않을 수도 있다. 그러므로 어떤 사람에게 그를 보면 좋지 않은 성적 경험을 가졌던 과거의 남자친구가 생각난다거나 하는 말을 굳이 할 필요는 없다. 그 문제는 당신의 마음속에서만 확인하고 스스로 해결해야 한다는 것을 인식해야 한다.

때에 따라서는 정체성 대화를 명시적으로 하는 것이 상황의 핵심을 직접적으로 파악하는 데 도움이 될 수 있다.

"이 모든 것은 결국 내가 좋은 배우자인지 아닌지에 관한 문제라고 느껴지는군요. 당신 역시 그렇게 느끼고 있나요?"

"아버지의 장례식에서 무언가를 말하지 않은 것을 늘 후회해왔어요. 그래서 어머니의 장례식에서 말을 한다는 것은 나에게 아주 중요한 일이에요."

"나는 내 문장 스타일에 대한 비판에 특히 민감해요. 나에게 피드백이 필요하다는 건 알고 있지만, 이 메모들은 우리가 함께 작성하고 우리 둘이 함께 알고 있어야 할 사항이에요."

어려운 대화에 있어 사람들이 얼마나 민감한 반응을 보이는지 알게 되면 무척 놀랄 것이다.

도움을 청할 용기를 지녀라

살다 보면 때로는 혼자의 힘으로는 도저히 대처할 수 없는 어려운 일이 생긴다. 그것이 어떤 일인지는 사람에 따라서 다르다. 그것은 강간처럼 한 사람의 인생을 파괴하는 일일 수도 있고 전쟁처럼 무서운 일일 수도 있다. 심리적·정신적 질병일 수도 있고, 어떤 종류의 중독이나 큰 손실일 수도 있다. 혹은 다른 사람에게는 별로 큰 문제가 아니지만 당신에게는 심각한 문제일 수도 있다.

때때로 우리는 조용히 고통을 감내하는 사람의 용기를 칭찬한다. 그러나 고통이 오래 지속되거나 우리가 인생에서 성취하고자 하는 목표에 장애가 될 경우, 그 고통을 무작정 견디는 것은 용감하다기보다는 무모한 것이다. 그것이 무엇이든 간에 당신이 극복하려고 노력했지만 극복할 수 없는 것에 대해서는 도움을 청할 것을 권한다. 친구, 동료, 가족들 그리고 전문가들로부터 도움을 받아라. 손을 내밀 수 있는 사람이라면 누구라도 괜찮다.

그것이 결코 쉽지는 않다. 우리가 말하는 정체성 대화는 도움받는 것을 좋아하지 않는다고 큰 소리로 분명하게 말한다. 그것은 부끄럽고 나약한 행동이며 다른 사람에게 부담을 준다는 생각이 지배적이다. 그러나 이렇게 자문해보라.

"만일 삼촌이나 딸, 동료 등 내가 사랑하는 사람이 나와 같은 상황에 놓여 있다면, 그들이 도움을 요청하는 것은 당연하다고 생각하지 않는가? 그렇다면 나에게만 다른 기준을 적용할 이유가 없지 않은가?"

만일 도움이 필요하지 않다고 믿는 것이 당신 정체성의 일부라면 도움을 요청하기가 결코 쉽지 않을 것이다. 그리고 당신이 실제로 도움을 요청할 경우 모두가 달려와서 도와주는 것은 아닐 것이며, 막상 그렇게 되어도 괴로운 일일 것이다. 그러나 생각보다 많은 사람들이 기꺼이 도움의 손길을 내밀 것이다.

그리고 도움을 요청할 정도로 그들을 신뢰함으로써 그들에게 자기가 아끼는 사람을 위해 무언가를 할 수 있는 특별한 기회를 제공하는 것이다. 그리고 나면 언젠가는 당신도 그들의 호의를 갚을 기회를 갖게 될 것이다.

Part 2

모든 지구인에게 통하는
실전 대화의 기술

거론해야 할 때와
포기해야 할 때를 안다

당신이 접하는 어려운 대화를 이 책에서 모두 다룰 수는 없다. 인생은 너무 짧고 그 목록은 너무 길기 때문이다. 그렇다면 첫 번째든 열다섯 번째든 어려운 대화를 언제 할지 어떻게 결정할 것인가? 그리고 말하지 않기로 결정한 문제는 어떤 방법으로 포기해야 하는가?

이런 것들이 바로 옆집의 개 짖는 소리 때문에 밤잠을 설칠 때 우리의 마음을 괴롭히는 질문들이다. 지금까지 무엇을 말할 것인지에 초점을 맞추어 살펴보았다면 이제부터는 어떻게 말해야 할지, 그 방법에 대해 다룰 것이다. 그러나 방법을 논하기에 앞서 언제 말해야 하는지에 대해 살펴보자.

말할 것인가 말 것인가

어떤 문제를 거론해야 할 때와 그냥 포기해야 할 때를 가르는 기준이 있다면 좋을 것이다. '저녁 식탁에서는 절대로 정치 얘기를 하지 마라', '당신이 무엇을 하든지 아침 여덟 시 이전에는 아무것도 말하지 마라' 그리고 '상사의 말에는 절대로 이의를 달지 마라' 같은 규칙들은 명확해서 좋긴 하지만, 현실적으로 별로 도움이 안 된다.

당신이 남편이나 대리인, 또는 자동차 정비공과 어떤 문제를 논할 것인지 말 것인지는 결국 당신만이 결정할 수 있는 문제. 문제마다 구체적인 상황이 다르므로 당신이 현명한 결정을 내리도록 이끌어줄 규칙은 없다. 그러나 당신이 대화를 할 것인지, 어떻게 시작할 것인지를 결정하는 데 도움이 될 만한 몇 가지 질문과 제안을 소개한다.

선택한 것에 대해 후회하지 마라

어떤 것을 말할 것인지 말 것인지 고민할 때는 흔히 이런 생각을 한다. '내가 좀 더 결단력이 있는 사람이라면 좋을 텐데, 내가 좀 더 똑똑하다면 이렇게 어렵지 않을 텐데…….' 그러나 사실 '옳은 선택'이란 존재하지 않는다. 그 결과가 어떻게 될지 아무도 알 수 없기 때문이다. 그러므로 어떻게 해야 하는지에 대한 정답을 찾으려고 시간을 소비하지 마라. 그것은 도움이 안 될 뿐만 아니라 결과적으로 손해만 입는다. 그 대신에 명확히 사고하고 심사숙고를 한 뒤 결정을 내린다는 목표를 세워라. 그 정도가 누구에게든 최선의 방법이 될 것이다.

'세 가지 대화'에 충실하라

어떤 상황에서든 가능하다면 '세 가지 대화'에 충실하라. 자신의 감정과 주요 정체성 문제를 잘 조절하고 자신의 인식이 왜곡되어 있거나 결함이 있을 가능성을 잘 살펴보라. 자신이 알고 있는 것(자신의 감정과 경험, 자신의 이야기, 자신의 정체성 문제)과 모르고 있는 것(상대방의 의도, 그들의 관점이나 감정)에 대해 충분히 생각해보라.

이런 접근법은 의사소통 과정과 대화를 어렵게 만드는 요소를 더 잘 이해하도록 도와줄 것이다. 때로는 그렇게 해서 얻은 통찰력을 바탕으로 다음과 같이 명확한 해답을 찾을 수도 있을 것이다. "이 문제를 거론하는 것은 중요해. 그리고 이제는 그 전과 어떻게 다르게 해야 할지 알 것 같아" 혹은 "대화를 나눈다 해도 별로 도움이 안 될 것 같은 이유를 이제는 알 것 같아!" 등이다.

거론하지 않는 것이 좋은 대화

대화를 할 것인가 말 것인가 고민하다 보면, 때로는 대화할 필요가 없는 경우도 있다는 것을 알게 된다. 선택을 현명하게 잘하기 위해서는 다음의 세 가지 경우에 해당하는지 생각해보라.

갈등의 진정한 원인이 내 안에 있을 때

때로는 어려운 문제의 본질이 나와 상대방 사이의 관계가 아니라 자기 자신의 내면 문제와 더 많이 관련 있을 수도 있다. 그런 경우 상대방과의 상호작용에 초점을 맞춘 대화는 큰 도움이 되지 않고, 자기 자신과 충분히 대화를 해보기 전에는 생산적이지도 못하다. 적어도 카르멘이 아이들의 여러 가지 활동을 위한 카풀 스케줄, 병원 예약, 피아노 레슨 같은 일정 관리와 책임 문제로 그동안 남편과 해온 논쟁을 해결하는 데는 정체성 대화가 큰 도움이 되었다.

나는 가족 부양을 위해 온종일 직장에서 일하는 반면에 남편은 집에서 아이들을 돌보며 지내는데도 아이들의 일정 관리와 뒤치다꺼리는 상당 부분 나의 몫이었어요. 그런 남편이 책임감이 부족하다고 느꼈어요. 말하자면 그 사람이 계속 공을 떨어뜨리면 내가 계속해서 주워다 줘야만 무언가가 제대로 돌아가는 형편이었죠.

그러나 내가 자신과 정체성 대화를 통해 문제를 곰곰 생각해보니 내가 얼마나 아이들의 생활을 통제하려고 했는지 깨달을 수 있었어요. 그것은 아마도 내 직장 생활에 대해 이중적 심리가 작용했기 때문인 것 같아요. 나는 내 일을 사랑해요. 능력도 있고 수입도 좋아요. 그러나 끊임없이 일종의 죄책감을 느껴왔으며, 어떤 문제가 있을 때 딸아이가 나한테 오지 않고 아빠한테 먼저 가는 것을 보면 질투를 느끼기도 했거든요.

카르멘은 아이들의 일정 관리를 책임지려 한 것은 자신이 여전히 좋은 엄마이며, 아이들에게 없어서는 안 될 존재라는 것을 자기 나름대로 확인하는 방법의 하나였다는 것을 깨닫게 되었다. 그러고 나서 때때로 일이 꼬여 정신없는 상황이 되었을 때 느끼던 남편에 대한 분노를 극복할 수 있었다.

"나는 이제 어떤 부분은 남편에게 맡기기로 했고 책임감에 대한 인식도 바꾸었어요. 남편이 책임을 소홀히 한 것이 아니라 내가 모든 일에 개입했기 때문이었으니까요."

대화보다 더 좋은 해결 방법이 있을 때

자신의 감정을 분석하고 어떤 문제에 대해 자신이 원인을 제공한 부분을 파악하게 되면, 필요한 것은 대화가 아니라 자기 자신의 행동 변화라는 것이 명백해진다. 말보다 행동이 중요할 때가 있다.

월터는 미주리 주 북부에 있는 가족 농장에 관해 오랫동안 어머니와 어려운 대화를 하고 있었다. 그의 이야기는 다음과 같다.

아버지가 돌아가시자 동생들이 어머니의 농장 운영을 돕고 있었어요. 어머니는 나와 이야기를 하게 되면 항상 언제 집으로 돌아와 가업에 동참할 것인지 물었고, 그렇지 않으면 적어도 데니 박사님을 이어 마을 의사 역할이라도 하기를 바랐어요.

나는 세인트루이스에서 소아과 의사로 성공을 거두고 있으며, 이곳 생활을 즐기고 있어요. 생각하기에 나에게 필요한 효과적인 대화는 어머니가 내가 적어도 몇 년 안에는 고향으로 돌아가지 않을 거라는 사실을 받아들이고, 더 이상 그 문제를 거론하지 않도록 하는 것이었어요.

그러나 '세 가지 대화'를 하다 보니 새로운 것을 발견하게 되었어요. 어머니가 그 문제를 꺼낼 때마다 나는 짜증스러웠고 화도 내긴 했지만, 한편으로는 어머니가 늘 나를 그리워한다는 사실과 나에게 언제라도 돌아갈 고향이 있다는 사실에 대해 다행스러워한다는 사실을 깨달았어요. 이뿐 아니라 우리 애들은 조카들처럼 할머니와 친밀하지도 못하고 나에게는 너무 좋은 경험이었던 농장 생활을 해볼 기회를 갖지 못한다는 사실이 슬프게 느껴졌어요.

어머니의 생각과 감정을 상상하다가 큰 깨달음을 얻었어요. 그것은 어머니가 말씀하시는 모든 것이 '나에게 일어나는 모든 일을 알고 싶다'는 의미라는 생각이 갑자기 떠오른 거예요. 어머니는 내가 고향에 올 때 가족들과 함께 오기를 원했고, 그렇게 함으로써 서로 유대감을 느끼고 우리 생활의 일부가 되고 싶었던 거죠. 그러나 어머니가 언제쯤 고향으로 돌아올 것인가를 묻는 식의 표현을 하기만 하면 나는 항상 대화를 끊어버리곤 했어요. 그러고는 또 그 이야기를 꺼낼까 봐 한동안은 어머니에게 전화도 걸지 않았어요. 나는 결과적으로 어머니가 더욱 단절감을 느끼게 하는 원인을 제공했고, 어머니는 또다시 당신이 우리를 얼마나 그리워하는지를 말하고, 똑같은 상황이 반복되곤 했어요.

문제에 대한 근본 원인과 자신의 복잡한 감정을 차근차근 짚어보고 나서 월터는 먼저 자신이 원인을 제공한 부분을 변화시킬 필요가 있다고 생각했다.

나는 어머니께 좀 더 자주 전화를 해서 아이들 소식을 알려드렸고 명절 때나 가족 행사 때 외에도 내가 사는 곳에 놀러 오시도록 초대했습니다. 어머니가 나의 귀향 문제를 거론하면, 대화를 끊어버리기보다는 현재 나의 병원이 얼마나 잘되고 있는지에 대해 얘기했어요. 또한 가족들과 함께 좀 더 많은 시간을 보내지 못하는 데 대한 아쉬움과 어려움을 표현했으며, 아이들이 앞으로 할머니와 많은 시간을 보낼 수 있으면 좋겠다는 희망도 표현했어요. 그 결과 내 딸들은 사촌들과 함께 농장에서 여름방학을 지내도록 초대받았고, 나의 귀향에 대한 언급은 점점 줄어들기 시작했어요.

때로는 대화가 시간 낭비밖에 안 되거나 문제를 전혀 해결하지 못할 수도 있다. 그래도 무언가 조치를 취해야 할 때가 있다.

노동자 권리 보호를 위한 로비스트로 성공을 거두고 있는 프랜은 출퇴근길에 매일 통과하는 톨게이트의 통행료 징수원에게 화가 난 적이 있다. 프랜은 자동차 동전 칸에 25센트짜리들만 넣어둬서 어두운 차 속에서 동전 칸을 뒤지면서도 도로에서 눈을 떼는 일 없이 통행료 50센트를 정확하게 지불할 수 있도록 했다. 그래서 어쩌다가 1달러짜리 지폐로 통행료를 지불해야 하는 경우에는 거스름돈을 25센트짜리로 받고 싶어 한다. 통행료 징수원이 5센트나 10센트짜리 동전으로 거스름돈을 주면 25센트짜리로 바꿔달라고 요구한다.

대부분의 징수원들은 그 요구를 들어주는데, 그때 만난 징수원은 대뜸 "도대체 당신네 같은 부자 양반들은 왜 그렇게 잘난 척을 하는 거예요? 내가 10센트짜리로 거스름돈을 줄 때는 그럴 만한 이유가 있어서 그럴 거라는 생각이 안 들어요?"라고 말하며 화를 냈다. 어리둥절해진 프랜이 대답했다.

"글쎄요, 하지만 그거 바꿔주는 게 뭐 그리 어려운 일인가요?"

그러자 그 징수원은 프랜의 손바닥에 25센트짜리 동전 두 개를 내던지며 이렇게 말했다.

"당신네들은 여기서 일하는 게 어떤지 상상조차 못할 거예요. 하긴 당신들과 무슨 상관이 있겠어요! 어서 가보세요."

집에 와서 그날의 대화를 되새기며 프랜은 자신의 분노가 인정하기 싫은 몇 가지 진실을 부인하는 것에서 비롯되었음을 깨달았다. 거스름돈을 25센트짜리로 달라고 요구할 때, 그것이 물론 정당한 요구이긴 했지만 너무 당연하다는 듯한 태도를 취한 것도 사실이었다. 그리고 징수원이 어떤 환경에서 근무하고 있는지에 대해 전혀 생각해본 적이 없었다. 징수원의 관점에서 보면 그녀가 부자처럼 보이는 것도 사실이다. 이 모든 것은 그녀가 생각하는 자신의 모습과는 거리가 있었다. 여전히 그 징수원의 행동을 용납할 수는 없었지만, 그래도 피곤에 지친 저녁에 끝없이 늘어선 차량의 행렬 앞에 앉아 있어야 하는 그의 입장을 한 번쯤 생각해볼 수 있었다.

결과적으로 프랜의 분노는 사라졌고, 그녀는 그런 자신의 경험을 좀 더 복합적인 차원에서 살펴보았다. 그런 상황에 대해 무언가 조치를 취해야 된다는 생각은 여전했지만 접근법이 달라야 할 것 같은 생각이 들었다. 그래서 징수원과 마찰 없이 25센트짜리로 거스름을 받고 싶다는 것과 그에 대해 어떤 조치를 취할 수 있는지를 묻는 내용의 편지를 톨게이트 운영 당국에 보냈다. 기대는 하지 않았는데 기쁘게도 답장이 왔다. 그 편지는 징수원들은 정해진 양의 동전을 갖고 징수대에 들어가며 정해진 시간 이외에는 징수대를 떠날 수 없다는 사정을 설명하고 있었다. 그리고 그녀의 관심에 감사를 표하면서 그녀의 요구에 부응하면서도 징수원들의 딜레마를 해결할 수 있는 창의적인 방법을 찾고 있음을 설명해주었다.

대화의 목표가 합리적이지 않을 때

나사NASA 사령관에게 어떤 우주 작전의 목표를 물어봤는데 다음과 같은 답을 듣는다면 어떨지 상상해보라.

"저, 그러니까 아직 잘 모르겠어요. 일단 누군가를 우주로 보낸 다음에 그때부터 생각해보려고 하는데요."

물론 그럴 리는 없다. 그러나 우리의 대화는 종종 그런 식으로 출발한다. 우리는 이미 한창 대화를 나누고 있는 자기 자신을 발견하고, 양쪽 모두 요점이 무엇이고 만족스러운 결론이 어떤 것인지 모르고 있다. 또 때로는 불가능한 목표를 가지고 대화하려고 한다. 그런 상황에서는 당신의 어떤 말이나 행동도 도움이 되지 않는다(오히려 역효과를 낼수도 있다). 왜냐하면 도달할 수 없는 목표를 선택했기 때문이다.

대부분의 경우 우리가 대화를 시작하는 목적은 상대방을 변화시키기 위한 것이다. 변화를 희망하는 것 자체가 잘못은 아니다. 다른 사람을 변화시키고 싶은 욕구는 누구에게나 있다. 우리는 그들이 더욱 사랑스러운 사람이 되거나, 우리의 노력을 좀 더 평가해주거나, 개인적인 시간을 좀 더 허용해주거나, 파티에서 좀 더 사교적인 사람이 되기를 바란다. 나의 직업적 선택이나 성적 성향을 인정해주기를 바란다. 내가 믿는 신을 믿고 중요한 현안에 대한 나의 견해에 동조해주기를 바란다.

문제는 우리가 그런 일이 일어나게 만들 수 없다는 것이다. 우리는 다른 사람의 생각을 변화시킬 수 없고, 그들의 행동을 바꾸도록 강요할 수도 없다. 만일 그렇게 할 수 있다면 수많은 어려운 대화가 필요 없어질 것이다. 그러면 단지 이렇게 말하면 될 것이다.

"자, 여기 네가 나를 더욱 사랑해야 하는 이유가 있어."

여기에 상대방은 이렇게 대답할 것이다.

"이제 그 이유를 알았으니까 그렇게 할게."

그러나 알다시피 세상만사가 그렇게 호락호락하지 않다. 논쟁이나 진실, 설득을 통해 행동이나 태도의 변화가 일어나는 경우는 매우 드물다. 당신은 자신의 믿음, 가치관 혹은 사랑하는 사람이나 인생에서 원하는 것을 다른 사람의 말을 듣고 바꾼 적이 있는가? 더구나 당신을 변화시키려고 하는 사람이 무엇보다도 당신이 사물을 다르게 보는 이유를 충분히 이해하고 있지 못하는 것처럼 보인다면 그 사람의 말을 듣고 당신이 변화할 가능성이 얼마나 있겠는가?

우리가 누군가에게 영향을 미칠 수는 있다. 그러나 이것도 특별히 조심해야 한다. 다른 사람을 변화시키려는 노력이 성공을 거두는 경우는 매우 드물기 때문이다. 반면에 서로가 배우는 것을 목적으로 하는 대화에 누군가를 참여시키면 종종 변화가 일어난다. 왜 그럴까? 우리가 처음부터 누군가를 변화시키려는 목적을 갖고 있으면 상대방의 이야기를 듣기보다는 상대방과 논쟁하려 하고, 그의 말을 공격할 가능성이 높아지기 때문이다. 그렇게 되면 상대방은 열린 마음으로 새로운 것을 받아들이기보다는 방어적인 자세를 취한다. 사람들은 자기를 이해해주고 이야기를 잘 들어주고 존중해준다고 생각하는 경우 변화될 가능성이 높다. 자신이 변화하지 않아도 된다는 자유를 느낄 때 변화의 가능성은 더욱 높아진다.

한편 흔히 범하는 잘못들 중 또 한 가지는 당장의 심리적 부담을 덜기 위해 미래에 더 악화된 상황을 초래할 수도 있는 행동을 하는 것이다. 재닛은 비싼 대가를 치르고서야 그 교훈을 얻었다.

비영리 재무관리회사에서 20년을 근무한 경력을 갖고 있는 그녀
는 자신의 능력을 문제 삼는 어떤 이사 때문에 눈물을 흘리게 되리라
고는 꿈에도 생각지 못했다. 그러나 그런 일이 현실로 닥쳤다. 재닛이
예산위원들 앞에서 프레젠테이션을 할 때마다 번번이 공격당하자,
그녀는 실비라는 이름의 여성 이사에게 정면으로 대항하기로 작정했
다. 그러나 결과는 좋지 않았는데, 재닛의 설명은 다음과 같다.

지금 돌이켜보면 그때 나는 겉으로는 내가 원인을 제공한 부분에 책임을
지겠다는 등의 옳은 말을 하고 있었지만, 마음속으로 정말 원했던 것은
그녀에게 앙갚음을 하는 것이었어요. 내가 겪었던 만큼 그녀도 수모를
겪게 하고 싶었던 거지요. 그리고 그녀에게 나를 그런 식으로 대접하면
안 된다는 것을 가르쳐주고 싶었어요. 결국 본때를 보여주었다고 생각했
죠. 그리고 의기양양하게 회의실을 걸어 나왔어요.
그리고 15분 정도는 정말 기분 좋았죠. 그러나 곧이어 내가 내뱉었던 말
중 몇 가지에 대해 후회하기 시작했고, 결과적으로는 적대감을 조장해서
사태를 악화시킨 꼴밖에 안 되었다는 사실을 깨닫게 되었어요. 그녀는
나를 그렇게 대할 수 있는 사람이었고, 나는 오히려 그녀가 더욱 그렇게
행동하도록 빌미를 준 꼴이 되었어요.

상대방의 행동을 변화시키는 것이나 화풀이 또는 앙갚음을 하는
것이 당신의 목적이라면, 오히려 당신이 역효과를 야기할 가능성이
높다는 점을 명심하라. "당신은 무례해요! 믿을 수 없어요! 용납할 수

없어요!"라고 말하는 것은 인간관계를 위기에 처하게 만드는 지름길이다. 아마도 상대방의 감정을 상하게 하거나 방어적인 자세를 불러일으키거나, 아니면 해고되는 결과를 낳게 될 것이다.

그렇다고 해서 재닛이 계속 부당한 대우를 받는 것에 대처할 방법이 전혀 없다는 뜻은 아니다. 재닛이 자신의 목적을 약간만 방향 전환시킨다면 실비와 매우 건설적인 대화를 나눌 수 있을 것이다. 실비가 왜 그렇게 반응하는지 약간의 호기심을 가지고 살펴본다면 보람찬 대화를 하게 될 수도 있다. 재닛에게 어떤 이유가 있는 것일까? 실비는 자신이 재닛에게 어떤 영향을 미치고 있는지를 알고 있을까? 과거에도 실비는 그런 방법으로 자신의 목적을 달성했는가? 재닛은 실비에게서 좀 더 긍정적인 반응을 얻어내기 위해 그녀에게 어떤 조언을 해줄 수 있을까?

만일 재닛이 실비의 시각에 대해 호기심을 갖고 대화에 임한다면, 적어도 그 대화가 부정적인 반응을 유도하거나 두 사람의 관계에 해를 끼칠 가능성은 거의 없다. 그리고 무슨 이유 때문에 상황이 그토록 어렵게 되었는지에 대해 실비와 함께 해결하기 위해 노력한다면 재닛은 그들의 관계를 위해 투자하는 것이다. 목적의 방향을 전환시키기 위해 자기 자신과 협상하는 것은 대화의 위험성을 낮추고, 좀 더 건설적인 결과를 얻을 가능성을 높이는 것이다.

기습적인 대화는 상대방을 방어적으로 만든다

종종 무언가 중요한 할 말이 있을 때 그것이 부담스럽기 때문에 당장 말해버리는 경우가 있다. 대부분의 사람은 최악의 타이밍을 피하는 정도의 배려는 한다. 방금 병원에서 돌아와 결국 수술을 해야만 할 것 같다고 말하는데 "안됐구나! 그건 그렇고, 나한테 500달러 빌린 거 잊지 마" 하고 말할 사람은 아무도 없을 것이다.

그러나 타이밍에 대해 우리가 흔히 저지르는 또 다른 잘못이 있다. 바로 '기습적인 대화'다. 어떤 직원이 지각을 했다고 하자. 그렇지 않아도 주의를 주려고 벼르고 있었기 때문에 당신은 "아니, 또 지각이야" 하고 말한다. 혹은 주말에 아들집을 방문했는데 쓰레기통에 빈 맥주병들이 있는 것을 발견하고 이렇게 말한다. "아직도 그렇게 마셔 대는구나."

그렇게 말하는 의도는 상대를 도와주기 위한 것으로, 그 직원이나 아들이 당신의 메시지를 진심으로 받아들이기를 바라는 것이다. 그러나 이 말은 자신에게는 위안이 될지 몰라도 상대방에게는 짜증스럽고 방어적 자세를 취하게 만든다. 그런 식으로는 당신이 원하는 변화를 이끌어내기 어렵다.

그때는 이렇게 하는 것이 좋다. 당신이 어떤 것에 대해 말을 해야겠다고 생각한다면 말하라. 그런데 제대로 말하라. 제대로 말하기 위해서는 즉흥적으로 해선 안 된다. 미리 계획을 세워서 말해야 한다. 중요한 문제를 의논하고 싶으니 10분이 필요하다든지 1시간이 필요하다든지 원하는 시간을 명시적으로 밝혀야 한다. 중요한 대화를 30초만에 할 수는 없으며 진정한 대화를 하지 않는다면 아무 소용이 없다. '기습적인 대화'식의 대화밖에 할 수 없다면 아예 말을 꺼내지 않느니만 못하다.

문제 해결을
포기해야 할 때도 있다

이 책에 소개한 접근법을 따른다면 당신은 놀라운 결과를 얻을 수 있다. 어떤 문제를 언급하기에 적절치 않은 시점이 언제인지 더 현명한 결정을 내릴 수 있다. 적어도 자신의 문제에 대해 잘 생각해보기 전까지, 혹은 자신이 원인을 제공한 부분을 변화시키려는 노력을 해보기 전까지는 적절치 않다. 그리고 결과적으로 대화를 하기로 선택한다면, 차츰 자신만의 방식을 탈피할 수 있게 되면서 과거에 걸림돌이 되었던 부분을 알아채고 비껴갈 수도 있을 것이다. 시간이 흐르면 자연히 불안감이 해소되면서 사람들과의 관계를 더욱 돈독히 할 수 있다.

그렇다고 해서 이 책의 방법들이 미다스의 손 같은 마법은 아니다. 최선을 다해 노력했지만 전혀 도움이 되지 않는 경우도 있을 것이다. 강제로 상대방을 관계 개선이나 문제 해결에 동참하도록 만들 수 없기 때문이다. 집에 전화를 안 할 경우 얼마나 걱정이 되는지 자식에게 아무리 설명해도 여전히 전화를 안 할 수도 있다. 당신의 상사는 계속

해서 트집을 잡을지도 모른다. 당신이 어렸을 때 느꼈던 정신적 소외 감을 어머니가 절대 이해하지 못할 수도 있다.

때때로 자신의 목적과 전략을 꼼꼼히 살펴보고 차라리 대화를 하지 않기로 결정할 수도 있다. 어떤 관계에 수반된 문제가 너무 고통스럽고 소모적이기 때문에 모르는 척 그냥 지나갈 수도 있다.

그런데 그것이 쉽지 않을 수도 있다. 어떤 이유로든 그 문제를 거론하지 않는 것이 좋겠다고 생각하지만, 도저히 참을 수 없는 상황이 되기도 한다. 머릿속에서 맴도는 이야기는 여전히 감정을 자극하고 그 문제에 대해 생각할 때마다 감정이 북받쳐 오른다. 그냥 지나치기로 결정했지만 당신의 감정이 도저히 용납하지 않는 것이다.

누군가는 그냥 포기하는 것도 한 가지 방법이라고 말한다. 또 누군가는 그것도 여러 조건이 맞아떨어져야 가능한 것이라고 말한다. 이를테면 상대방이 뉘우치는 기색을 보인다거나 새로운 관계를 발견했다거나 용서를 받았다거나 하는 경우 말이다. 그렇다면 진정으로 포기하기 위해 필요한 조건에는 무엇이 있을까? 손바닥을 펴서 모든 쓰라림과 분노와 상처와 부끄러움이 손가락 사이로 빠져나가도록 하면 되는 것일까? 그 해답과 비결은 아무도 모른다.

우리가 확실히 알고 있는 것은 포기하는 데도 시간이 필요하며, 그 여정이 결코 쉽지 않다는 것이다. 그간에 경험했던 고통이나 부끄러움을 해소할 수 있는 곳을 찾기가 결코 쉽지 않다. 이야기를 다른 관점에서 바라볼 수 있는 곳, 가해자 아니면 피해자라는 식의 역할을 탈피해서 당신 자신과 상대방에게 좀 더 복합적이며 자유로운 역할을 부여해주는 곳, 과거와 현재의 당신 자신을 있는 그대로 받아들일 수 있는 그런 곳을 꼭 찾아야 하기 때문이다.

누군가가 어떤 일이나 어떤 사람을 이제는 잊어야 한다고 말하면 그 말을 믿지 마라! 어떤 것을 극복하기에 적절한 시점이 존재한다고 믿는 것 자체가 당신을 속박하는 또 하나의 올가미가 된다. 곰곰이 살펴보면 당신에게 도움이 될 방법은 얼마든지 있다.

'포기'를 선택했다면 정체성 대화를 시작하라

무언가를 포기하고 자신의 선택에 만족하려면 정체성 대화가 좋은 출발점이 될 수 있다. 지금부터는 포기 이후 해방감을 주는 네 가지 전제에 대해 이야기해보자.

상황을 개선시키는 것은 나의 책임이 아니다

최선을 다하는 것이 나의 책임이다. 그러나 카레나의 경우에는 상황이 개선될 수 있다는 환상을 버렸다.

나는 예전에 사랑에 실패해본 경험이 있어서 이번만큼은 정말 잘되기를 바랐어요. 그러나 잘되기를 원하는 것이 전부가 아니었어요. 언제부턴가 이번만큼은 무슨 일이 있어도 좋은 결과가 있어야만 하며, 그렇게 만드는 것이 나의 책임이라고 생각하게 되었던 거예요. 그래서 온갖 노력을 다했죠. 어찌 보면 진작 끝냈어야 하는지도 모르는데……. 그러나 만일 내가 좀 더 나은 사람이었거나 적절한 때에 적절한 말을 했더라면, 좀 더 열심히 노력했더라면, 아니면 무엇 하나라도 변했다면 폴과의 관계가 잘 되었을지도 모른다는 생각을 떨쳐버릴 수가 없었어요.

카레나가 죄책감과 슬픔을 극복한 방법은 한계가 있다는 것을 인정하는 것이었다. 남녀관계가 반드시 편하고 알차고 가까워지기만 하는 것은 아니다. 당신이 할 수 있는 일은 바로 노력하는 것이다.

상대방에게도 한계가 있다

당신은 때때로 상대방에게 자신의 감정과 관점에 대해서, 혹은 상대방이 나에게 미치는 영향력에 대해 말할 것이다. 또한 상대방도 이해한다고 하고 서로 행동을 변화시키기로 동의한다. 그러나 당신을 괴롭히는 일이 반복되자 이렇게 생각하게 된다.

'그는 이것이 나를 화나게 만든다는 걸 알고 있어. 그런데 이게 뭐야? 자기한테는 내가 중요하지 않다는 거야, 아니면 일부러 그러는 거야? 이걸 어떻게 생각해야 할까?'

당신이 잊어서는 안 되는 것 한 가지는 상대방도 당신과 마찬가지로 불완전한 인간일 뿐이라는 사실이다. 상대방에게도 한계가 있다. 상대방의 음주가 얼마나 당신에게 상처를 주고, 건망증이 당신을 화나게 만들고, 무반응이 당신을 슬프게 만드는지 아무리 되풀이해 설명해주어도 지금 당장은 도저히 달라질 수 없을지도 모른다.

평생 큰누나 노릇을 해온 앨리슨은 자신이 아무리 원해도 하루아침에 보스 기질을 버릴 수는 없었다. 언젠가는 그녀의 남동생은 누나와 계속 싸우는 것보다는 그녀를 보스 기질을 지닌 불완전한 인간으로 인정해주는 편이 더 쉽다는 것을 깨달을지도 모른다. 남동생은 자신의 정체성 대화를 통해 누나가 자기를 편하게 대하도록 해주고, 자신도 누나에 대해 좋아하고 찬탄하는 부분을 사랑할 수 있게 될 것이다.

갈등과 나는 별개다

포기하는 데 큰 걸림돌은 어떤 문제를 나 자신과 동일시하는 것이다. 자신은 항상 마음에 안 드는 아들이며, 늘 고통받는 아내이며, 억압받는 부류에 속한다고 보는 것이다. 우리는 다른 사람들 사이의 갈등과 관련시켜 자신에 대한 정의를 내린다. 하지만 갈등과 나의 존재는 별개다.

지난 4년간 롭 회사의 리더들은 몇몇 핵심적인 전략 문제에 관해 의견 대립을 보였다. 반대 세력에 속했던 롭은 경영진에 반대하며 버티고 있는 사람으로 직업 정체성을 거의 잃었다. 그런데 갑작스러운 합병으로 롭 측이 통제권을 잡게 되자 그는 만족감과 함께 불안감을 느끼게 되었다. 더 이상 반대 세력이 아닌 자기 자신을 어떻게 봐야 할지 모르겠다는 것이다. 롭은 아마도 자신의 정체성을 갈등 속 자기 역할에 지나치게 연관시키고 있었을 것이다.

인종적 갈등에서는 이런 역학관계가 중요하게 작용한다. 하나의 공동체로서 우리의 존재는 종종 우리가 아닌 것, 우리가 반대하는 것, 그리고 우리가 견디어낸 역경 등의 맥락에서 정의되곤 한다. 슬프게도 화해의 가능성이 오히려 두렵게 느껴질 수도 있다. 그것이 우리의 역할뿐 아니라 공동체의 정체성을 송두리째 앗아갈 수도 있기 때문이다.

이런 상황에 대처하기란 어렵다. 왜냐하면 무언가 더 좋은 대체물이 있지 않는 한 우리의 정체성을 포기하기가 쉽지 않기 때문이다. 만일 갈등에 의해 당신의 존재가 흐려진다면, 혹은 당신 자신을 그 투쟁의 일부로 보게 된다면 한 발짝 뒤로 물러서서 당신의 투쟁 목적이 무엇인지 관조해보길 바란다. 당신은 갈등을 지속시키기 위해 싸우는 것이 아니라 정의를 위해 싸우고 있는 것이다.

포기가 무관심은 아니다

종종 그냥 포기하는 것이 관심이 없다는 의미로 보이지 않을까 두려워서 쉽게 결정을 내릴 수 없을 때가 있다. 자매 간에 갈등을 겪지 않는다면 언니가 당신에게 얼마나 소중한지를 어떻게 보여주며, 당신도 언니에게 의미 있는 존재라는 사실을 어떻게 알 수 있겠는가! 포기하면서도 관심을 갖는 것이 가능할까? 데이비드는 그 어떤 것보다도 이 문제로 고심했다.

내 동생이 살해당했을 때, 나는 동생을 죽인 사람을 용서할 수 있으리라고 생각하지 않았어요. 그것도 포커 게임을 하다가 술 한잔 때문에 그런 짓을 저질렀다니 말이에요. 물론 그런 곳에 갔던 동생에게도 화가 났던 것은 사실이에요.

나는 재판에 출석하지 않았어요. 도저히 그럴 수가 없었죠. 수년간 동생 생각이 날 때마다 그 부당한 죽음에 대한 분노와 고통에 온몸을 떨었어요. 상상 속에서 동생과 대화를 나누며 내가 얼마나 슬픈지뿐만 아니라 동생의 바보 같은 행동과 나를 두고 혼자 갔다는 생각에 얼마나 화가 나는지를 토로하곤 했어요.

최근에서야 나는 내 동생과 그를 죽인 살인자, 그 두 사람을 용서하는 것의 의미를 알게 되었어요. 나의 분노와 적개심을 버리는 것이 동생에 대한 사랑과 나의 상실감을 버리는 것은 아니죠. 나는 그것에 대해서 아무것도 할 수 없으므로 마침내 그 사실을 받아들인 거예요. 동생을 잃은 충격을 극복할 수는 없을 거예요. 나는 아직도 동생과 이야기를 나눠요. 그러나 이제는 그 대화가 그렇게 힘들지 않아요. 이제는 수많은 다른 감정에 휩싸이지 않고 동생을 그리워할 수 있게 되었으니까요.

데이비드의 이야기는 추억과 사랑을 간직하면서도 분노를 버릴 수 있다는 사실을 보여준다. 데이비드는 동생의 일을 잊을 수도 없고 잊고 싶지도 않다. 물론 고통스럽기는 했지만 그 경험을 통해 자신의 아이들과 다른 사람들의 관계에도 적용할 수 있는 많은 것을 배웠다. 또한 포기하고 용서하는 과정에서 비극을 겪은 뒤 계속 느끼던 감정의 부담도 덜 수 있었다.

데이비드의 경우보다 훨씬 더 일상적인 일에서도 어려운 대화에 수반되는 감정이나 정체성 문제를 포기한다는 것은 어려운 일일 것이다. 어려운 대화는 우리 존재의 가장 핵심부에서 진행된다. 그곳은 우리가 소중하게 생각하는 사람들과 원칙들이 우리의 자아상, 자부심과 교차하는 지점이다. 진심으로 포기하는 것은 기술적이며 우아하게 어려운 대화를 하지 않는 방법이다. 물론 어려운 대화에 능숙해질수록 포기할 일이 줄어들 것이다. 대화 능력을 향상시키는 비결은 합당한 목표를 지니는 것이다.

문제를 거론할 때의 세 가지 목표

우리는 당신을 곤란에 빠뜨릴 수도 있는 목표에 대해 이야기했다. 그렇다면 합당한 목표에 대해서는 어떨까? 가장 중요한 덕목은 상호 이해를 위해 노력하는 것이다. 반드시 상호 합의를 이루어낼 필요는 없지만, 그다음에 어떻게 할지에 대해 충분히 알고 결정을 내리도록 각자 상대방의 이야기를 더 잘 이해할 필요가 있다. 대화가 어려울 것 같으면 다음 세 가지 목표를 기억하라.

상대방의 이야기 듣기

상대방의 관점을 탐색하다 보면 '세 가지 대화'를 거치게 된다. 내가 갖고 있지 않거나 접근할 수 없는 어떤 정보를 상대방이 가지고 있는가? 그것에 영향을 미치는 과거의 경험은 어떤 것인가? 자신의 행동에 대한 상대방의 변명은 무엇인가? 상대방의 의도는 무엇이었는가? 나의 행동이 어떤 영향을 미쳤는가? 그들은 내가 그 문제에 어떻게 원인을 제공했다고 생각하는가? 상대방의 감정은 어떤가? 이런 상황이 우리에게 어떤 의미를 주는가? 우리의 정체성에 어떤 영향을 미치는가? 중요한 것은 무엇인가?

자신의 생각과 감정 표현하기

만족스럽게 자신의 생각과 감정을 표현하는 것이 목표가 되어야 한다. 상대방이 당신의 말을 이해하고 어쩌면 감동받기를 바라겠지만, 반드시 그러리라고 기대해서는 안 된다. 당신이 할 수 있는 것은 당신의 생각, 의도, 원인 제공, 감정, 정체성 문제 등을 최선을 다해 잘 말하는 것이다. 즉, 당신의 이야기를 함께 나누는 것이다.

함께 해결하기

만일 당신과 상대방이 각자 무언가를 배웠다면, 상황을 개선시키기 위해서 어떻게 해야 할까? 브레인스토밍을 하여 상호 필요를 모두 충족시킬 수 있는 창의적인 해결책을 찾아낼 수 있을까? 서로의 요구가 상충할 때, 갈등을 해결하기 위해 공평하고 효과적인 방법을 담보하는 정당한 기준을 적용할 수 있을 것인가?

위의 세 가지 목표는 당신과 상대방이 세상을 바라보는 견해가 다르고, 강렬한 감정을 느끼고 있으며, 각자 나름대로의 정체성 문제를 지니고 있다는 사실을 알려준다. 결국 각자가 자기의 이야기를 가지고 있다는 뜻으로, 목표를 세울 때는 이런 현실을 고려해야만 한다.

이런 목표는 배우려는 자세에서 나오는 것이며, '세 가지 대화'를 통해 노력하면서 마음 자세를 '단정'에서 '호기심'으로, '논쟁'에서 '탐색'으로, '단순성'에서 '복잡성'으로, '또는'에서 '그리고'로 바꾸어나가야 가능하다. 보기에는 간단하고 어쩌면 소박해 보이기까지 할 것이다. 그러나 그런 단순성이 대화를 잘 풀어나가는 데 따르는 어려움과 대화 방식을 변화시키는 힘의 원천이 될 것이다.

대화의 첫 단추가
중요하다

대개 어려운 대화에서 가장 어려운 것은 시작 부분이다. 처음 몇 초가 지나면 그것이 좋지 않은 소식이라든지, 상대방은 상황을 전혀 다르게 보고 있다든지, 원하는 것을 얻어내기 힘들 것이라는 등의 사실을 알아챌 수 있다. 때로는 상대방이 화를 낼 수도 있으며, 그들이 대화를 나눌 의사가 전혀 없음을 알게 되는 경우도 있다.

대화의 출발은 위태로움으로 가득 차 있지만, 한편으로는 좋은 기회가 되기도 한다. 대화 전체의 방향에 가장 큰 영향을 미칠 수 있는 시점이기 때문이다. 물론 상황을 강하게 몰아붙일 경우 쉽게 시작할 수도 있다. 시작하는 말에 따라서 이해를 얻어내고 문제 해결의 길이 열릴 수도 있다.

이제 대화를 시작하면서 좋은 기회를 잡을 수 있는 방법과 단순한 원칙들을 제시하겠다. 그러면 당신의 접근법이 왜 실패로 끝났는지 이해할 수 있을 것이다.

잘못 꺼낸 첫마디

대화란 무언가를 말해야 시작되는 것이다. 그러므로 어릴 적에 수영을 처음 배울 때처럼 주의사항 같은 말을 떠올리면서 눈을 감고 심호흡을 한 뒤 어찌됐든 뛰어들어야 할지도 모른다.

- 아버지의 유언을 거스른다면 가족들을 갈라놓게 될 거야.
- 당신이 제 상사 앞에서 그렇게 말해서 나는 너무 화가 났어요.
- 당신의 아들 네이선은 수업시간에 소란을 피우고 싸우는 등 문제가 많아요. 일전에 가정에는 별 문제가 없다고 말씀하셨지만, 틀림없이 무언가 문제가 있는 것 같아요.

미처 깨닫기도 전에 대화는 위험한 선을 넘어선다. 상대방은 상처받거나 길길이 날뛰며 화를 내고 당신은 방어적인 태도를 취하게 된다. 준비했던 말은 무용지물이 되고 애초에 왜 이런 대화를 해야 한다고 생각했는지 의심스러워진다. 무엇이 잘못된 것일까?

자신의 이야기로 시작하지 마라

대화를 시작할 때 대개는 자신의 이야기로 시작한다. 자신의 관점에서 문제점을 묘사하고 상대방이 우리가 피하려고 했던 바로 그 반응을 유발시킨다. 상대방이 문제의 근원이라고 보는 바로 그 부분에서 출발하는 셈이다. 상대방이 나의 이야기에 동의한다면 그런 대화자체가 필요 없었을 것이기 때문이다. 나의 이야기는 오히려 상대방에게 자기방어를 하고 반격을 가하라고 알려주는 신호탄을 보내는 것과 같다.

시작부터 상대방의 정체성을 흔들지 마라

나의 이야기는 상대방에 대한 판정을 포함하게 마련이다(대부분 의도적은 아니지만). 상대방이 어떤 사람이며, 내가 볼 때 문제는 상대방에게 있다고 말하게 된다. 단 하나의 시작 문장만으로도 상대방을 쫓아버릴 수 있다.

물론 더 나쁘게 시작하는 경우도 있겠지만, 앞의 문장들이 어떻게 상대방을 방어적으로 만드는지 별로 어렵지 않게 알았을 것이다. 처음부터 상대방의 정체성 대화를 유도하면서 상대방의 이야기가 끼어들 여지를 남겨두지 않았기 때문이다. 당연히 상대방은 나의 이야기를 거부하고 자신의 입장에서 이야기하고 싶을 것이다. "나는 가족들을 분열시키려는 것이 아니라 아버지가 원했던 것을 대변하고 있을 뿐이에요" 아니면 "네이선은 문제아가 아닙니다. 아이들을 잘 다룰 줄 아는 사람은 네이선이 사랑스러운 아이라는 걸 알 것입니다"라고 말한다.

상대방의 이야기를 배제함으로써 우리는 암묵적으로 자신의 이야기와 상대방의 이야기, 자신의 감정과 상대방의 감정 사이에서 취사선택을 한다.

그렇다면 그 대신 어떻게 해야 하는지가 문제다. 대화가 올바른 방향으로 시작되도록 이끌어주는 두 가지 효과적인 가이드라인을 소개하겠다. 하나는 '제3의 이야기'에서 대화를 시작하는 방법이고, 다른 하나는 상대방을 초대해 문제를 함께 탐색하는 방법이다.

시작하는 문장	내포된 의미
아버지의 유언을 거스른다면 가족을 갈라 놓게 될 거야.	당신은 이기적이고 배은망덕하며 가족에게 무관심하다.
당신이 제 상사 앞에서 그렇게 말해서 나는 너무 화가 났어요.	나쁘게 말하면 당신은 나를 배신했고, 최대한 좋게 봐준다면 당신은 바보 같은 짓을 했다.
당신의 아들 네이선은 수업시간에 소란을 피우고 싸우는 등 문제가 많아요. 일전에 가정에는 별문제가 없다고 말씀하셨지만, 틀림없이 무언가 문제가 있는 것 같아요.	당신의 아들은 말썽꾸러기인데, 그건 아마도 당신이 부모 노릇을 잘못하여 가정환경이 나쁘기 때문일 것이다. 도대체 숨기는 것이 무엇인가?

'제3의 이야기'에서 시작하라

모든 어려운 대화에는 당신과 상대방의 이야기 외에도 눈에 보이지 않는 제3의 이야기가 포함되어 있다. 제3의 이야기란 둘 사이의 문제와 전혀 이해관계 없이 객관적인 관찰자의 입장에서 바라보는 이야기를 말한다.

이를테면 자전거 사용자와 자동차 운전자들 사이의 도로 사용에 대한 문제가 발생한다면 양쪽의 고충을 모두 이해하는 도시계획 전문가가 제3의 이야기를 제공할 수 있을 것이다. 결혼 생활에 문제가 발생한다면 결혼 문제 상담가가, 친구들 사이에 일어난 언쟁이라면 두 사람을 잘 알고 있으며 서로의 주장을 진지하게 고민해줄 수 있는 공통의 친구가 제3의 이야기를 해줄 수 있지 않을까?

중재자처럼 생각하기

도시계획 전문가, 결혼 문제 상담가, 공통의 친구는 모두 중립적인 관찰자나 중재자의 관점을 지닌다. 중재자는 사람들의 문제 해결을 도와주는 제3자다. 판사나 심판관과는 달리 중재자는 판결을 내릴 권한을 가지고 있지 않다. 그들은 단지 양쪽이 더 효율적으로 의사소통하고 발전적인 방향을 찾도록 도와줄 뿐이다.

중재자가 지닌 가장 효과적인 도구는 제3의 이야기를 찾아내는 능력이다. 즉, 양쪽이 동시에 수긍할 수 있는 방식으로 문제를 기술할 수 있다는 의미다. 분쟁 당사자들은 어느 한 사람만 동의할 수 있는 이야기를 하기 쉬운데, 자신의 이야기부터 대화를 시작할 때가 바로 그런 경우다. 문제는 각자 서로 다른 이야기를 가진 사람들이 현재의 상황에 대한 하나의 이야기를 받아들이도록 해야 하는 것이다.

중재자는 어떤 마술적인 직관으로 이런 작업을 하는 것이 아니라 누구라도 배울 수 있는 공식을 이용하는 것이다(물론 풍부한 경험도 중요하다). 또한 제3의 이야기로 시작하기 위해서 당신이 꼭 제3자여야만 할 필요는 없다. 당신의 이야기도 그런 방식으로 시작할 수 있다.

옳고 그름, 좋고 나쁨을 구별하지 않기

열쇠는 서로의 이야기 간의 격차, 즉 차이점을 기술하는 방법을 배우는 것이다. 당신의 생각과 감정이 어떻게 다르든지 간에 깊이도 딩신과 상대방이 사물을 보는 관점이 서로 다르다는 사실 자체는 인정할 수 있을 것이다. 예를 들어보자.

제이슨의 룸메이트인 조앤은 그릇을 며칠이고 싱크대 속에 놔두는데, 그것을 제이슨은 도저히 참을 수가 없다. 스스로 못 견뎌 결국 설거지를 하게 된다. 예전에 제이슨은 그 문제를 거론하면서 조앤에게 다음과 같이 말했다.

"아니, 대체 내가 왜 모든 것을 해야 하는 거야? 설거지를 저렇게 오랫동안 안 하면 어떻게 하자는 거야? 이건 건강을 위협하는 문제라고."

제이슨은 자신의 입장에서 말한 것이다. 그러면 조앤이 좋게 받아들일 리가 절대 없으며 변명을 하거나, 아니면 오히려 제이슨을 공격하게 될 가능성이 높다. 만일 제이슨이 "조앤, 설거지 문제로 얘기 좀 해야겠어" 하고 더 요령껏 말했다 해도 그녀의 반응이 크게 달라질 것은 없다. 왜냐하면 요령이 있든 없든 간에 그것은 여전히 제이슨의 이야기이기 때문이다.

한편 조앤이 그 문제에 대해 거론한다면 다음과 같이 시작할 것이다.

"제이슨, 네가 설거지에 대해 너무 집착하는 면이 있는 것 같아서, 그 문제로 얘기 좀 나눴으면 해. 어젯밤 같은 경우를 봐. 내가 식사를 끝내기도 전에 식탁을 치웠잖아. 좀 느긋해져봐."

물론 이것 또한 조앤의 입장이므로 제이슨은 선뜻 동의할 수 없을 것이다.

이 경우 제3의 이야기로 대화를 시작하려면 어떻게 해야 할까? 우선 두 사람 각자의 의견에 대한 어떤 판정도 배제한 채, 조앤과 제이슨의 차이점을 객관적으로 기술해보자.

216

"제이슨과 조앤은 설거지에 대한 견해 차이를 보이고 있으며, 위생 관념의 적절성과 강박 관념의 정도에 대한 기준도 서로 다르다. 서로 상대방의 방식을 마음에 들어 하지 않는다."

중재자나 관찰자가 친구라면 문제를 그렇게 기술할 것이고, 제이슨과 조앤 둘 다 그 차이점에 동의할 것이다. 차이점이 있는 것은 분명하고, 제3의 이야기에서는 어느 쪽이 맞는지 어떤 사람의 견해가 더 일반적인지에 대한 판정은 없다. 제3의 이야기는 단지 차이점에 대해 언급할 뿐이다. 그것이 바로 양쪽을 같은 이야기에 동의하게 만드는 방법이다. 양쪽 모두 그 문제에 대한 토론 당사자로서 자신의 이야기를 인정받았다고 느끼게 된다.

그 방법을 알게 되면, 당사자도 제3의 이야기로부터 시작할 수 있다. 그렇다면 제이슨은 이렇게 말하게 될 것이다.

"조앤, 너하고 나는 실제로 설거지를 하는 시점이나 설거지를 해야 한다고 믿는 시점에 대해 생각이 서로 다른 것 같아. 그래서 얘긴데, 그 점에 대해 얘기 좀 할 수 있겠어?"

제이슨은 자신의 견해를 버리지 않으면서도 대화를 요청할 수 있고(그는 곧 조앤의 입장을 물어볼 것이고, 자신의 이야기도 하게 될 것이다), 조앤도 방어적 자세를 취하지 않고 대화에 응할 수 있을 것이다.

중요한 것은 이런 식으로 이야기를 시작하기 위해서 반드시 상대방이 주장하고자 하는 바를 미리 알고 그것을 포함시켜야 하는 것은 아니라는 사실이다. 그냥 상대방의 입장을 인정해주면 된다. 그리고 상대방의 관점에 대해서 당신이 이해하지 못하는 부분이 많이 있다는 것과 당신이 대화를 하고 싶은 이유는 상대방이 견해를 좀 더 일고 싶기 때문이라는 것을 밝히면 된다. 다음과 같이 말하는 것이다.

"내가 느낀 바로는 너와 나는 이 상황을 서로 다르게 보고 있어. 나의 견해에 대하여 함께 얘기하고, 너의 생각에 대해서도 더 알고 싶어."

대개의 경우, 양쪽의 견해를 모두 포함시키고 공동의 탐색을 이끌어내기 위해 제3의 이야기에서 대화를 시작할 수 있다.

자신의 이야기에서 벗어나서 문제를 바라보는 것이 자신의 관점을 버리는 것은 아니다. 대화를 시작하는 목적은 공동의 해결책을 모색하기 위해 상대방을 초대하는 것이다. 해결책을 찾아가는 과정에서 각자의 관점에서 문제를 바라보고, 자신이 알고 있고 얘기를 나눈 것을 바탕으로 관점을 조정하게 된다.

아버지의 재산을 어떻게 분배할 것인가, 그것이 어떤 것을 기초로 해서 나온 생각인가, 그리고 지금의 의견 충돌에 대해 어떻게 생각하고 있는가에 대해 당신의 형제와 이야기를 나누게 되면 어떤 게 공평한 것인지에 대한 당신의 생각이 바뀔 수도 있고, 상대의 생각도 바뀔 수 있다. 그리고 어쩌면 모두가 공평하다고 느끼는 해결책을 찾을 수 있을 것이다.

물론 둘 사이의 의견차가 좁혀지지 않을 수도 있다. 당신은 세 명의 자식에게 재산을 똑같이 분배해야 한다고 생각하고, 동생은 아버지의 의도는 일곱 명의 손자와 손녀에게도 똑같이 나누어주는 것이었다고 주장한다. 그래서 손자가 세 명 있는 자기네 가족이 손녀 한 명밖에 없는 당신네보다 더 많이 분배받아야 한다고 말한다. 논쟁의 내용은 마음에 들지 않지만, 당신은 자신이 얼마나 화나고 슬프며, 걱정이 되는지를 표현할 기회를 얻었으며, 동생이 다르게 생각하는 이유

당신의 이야기로 시작하기	제3의 이야기로 시작하기
아버지의 유언을 거스른다면 가족을 갈라 놓게 될 거야.	아버지의 유언에 대해서 이야기 좀 하고 싶어. 아버지의 유언이 무엇을 의미하는지, 그리고 어떻게 하는 것이 공평한지에 대해 너와 나는 견해 차이가 있는 것 같아. 네가 상황을 왜 그런 식으로 보는지 알고 싶고 내 생각도 말하고 싶어. 이뿐 아니라 법정 공방으로 확산되었을 때 그것이 가족에 어떤 영향을 미칠지에 대한 두려움도 있어. 너도 그렇게 생각할 거야.
당신이 제 상사 앞에서 그렇게 말해서 나는 너무 화가 났어요.	오늘 아침, 회의에서 있었던 일에 관해 당신과 이야기하고 싶었어요. 나는 당신의 말 때문에 화가 났어요. 내가 언짢아진 이유가 무엇인지를 당신에게 설명하고 그에 대한 당신의 견해를 듣고 싶어요.
당신의 아들 네이선은 수업시간에 소란을 피우고 싸우는 등 문제가 많아요. 일전에 가정에는 별문제가 없다고 말씀하셨지만 틀림없이 무언가 문제가 있는 것 같아요.	네이선의 수업 태도에 대해 걱정이 되는 사항을 알려드리고, 그런 문제가 발생한 원인이 무엇인지에 대한 당신의 의견을 듣고 싶습니다. 지난번의 대화를 되새겨볼 때, 당신과 나는 서로 약간 다른 생각을 가지고 있는 것 같습니다. 내가 보기에 아이가 학교에서 문제를 일으킬 때는 가정에 문제가 있는 경우가 많은데, 당신은 그렇지 않다고 확신하는 것 같더군요. 함께 노력한다면 네이선의 문제에 대한 원인과 해결책을 찾아낼 수 있을 거예요.

를 더 잘 이해하게 되었다. 추잡한 싸움으로 가족들 사이에 의가 상하는 결과를 가져오지 않고도 의견차를 조율하는 방법을 배울 수 있다.

서로의 의견에 귀를 기울이고 다른 사람의 관점과 감정을 존중한다는 것은 비록 의견 일치를 보지 못하더라도 서로가 아끼고 있다는 사실을 보여주는 것이며, 의견 교환 가능성이 항상 열려 있다는 것을 보여준다. 적어도 조금 더 성숙해져서 의견의 불일치와 인간관계의 중요성을 분리해서 생각할 수 있게 될 것이다.

상대방을 제3의 이야기로 초대하라

항상 당신이 의도한 대로 대화를 시작할 수 있는 것은 아니다. 때로는 당신이 준비되어 있는지 아닌지와 상관없이 어려운 대화가 집 문간이나 사무실에서 갑자기 시작되기도 한다.

그러나 당신이 대화를 시작한 것이 아닌 경우에도 제3의 이야기대화법을 따를 수 있다. 일단 다음과 같이 해보라. 상대방의 이야기를 받아들여서 제3의 이야기 중 상대방의 입장을 묘사하는 부분으로 사용하는 것이다. 상대방의 관점으로 이야기를 시작한다는 것이 당신에게 반드시 불리한 시작이 되는 것은 아니다.

만약 조앤이 제이슨에게 와서 "네가 설거지에 급급해서 저녁식사를 망쳐놓는 것에 대해서 얘기 좀 하자"라고 말한다면 제이슨도 자신의 입장에서 이야기하고 싶을 것이다.

"뭐라고? 문제는 바로 너야. 넌 내가 아는 사람들 중에 가장 지저분한 사람이야."

만약 이렇게 말한다면 대화는 곧바로 넘지 못할 벽에 부딪치게 될 것이다. 그 대신 제이슨이 조앤의 이야기를 제3의 이야기 중 상대방의 관점 부분으로 이용해서 이렇게 말할 수 있다.

"너는 내가 설거지하는 방법에 대해 불만이 있는 모양이구나. 나도 너의 설거지 방식에 불만을 느껴왔어. 각자 취향과 생각이 다른 법인가봐. 이 문제에 대해 얘기를 나눠보는 것이 좋을 것 같아."

제이슨은 조앤의 이야기를 대화의 중요한 부분으로 인정했을 뿐만 아니라 전체적인 문제점을 이해하는 과정에 자신의 이야기도 포함시켰다. 그렇게 함으로써 대화의 목적을 논쟁에서 이해로 전환하는 데 성공한 것이다.

먼저 목적을 설명한다

대화를 잘 시작하기 위해 필요한 두 번째 단계는 다음처럼 간단히 초대를 하는 것이다.

"나는 우리 문제를 서로가 받아들일 수 있는 방식으로 표현해봤어. 이제 서로 이해하고 문제를 해결하는 것을 대화의 목적으로 삼고 싶어. 네가 그것이 일리 있다고 생각하는지 알고 싶고, 대화에 초대하고 싶어."

상대방이 당신의 초대를 받아들이게 하려면, 자신이 무엇에 응하는지를 알 수 있도록 해줘야 한다. 상대방의 관점을 좀 더 잘 이해하고 각자의 생각을 얘기하며 함께 해결책을 찾으려는 것이 당신의 목적임을 분명히 밝힌다면, 대화는 편안하게 진행될 수 있다. 상대방이 대화에 자신의 관점이 포함되어 있다는 사실과 이 대화가 자기를 변화시키기 위한 것이 아님을 알게 된다면 당신의 초대를 받아들일 가능성은 그만큼 높아진다.

강요하지 않고 초대한다

물론 상대방이 초대에 응하지 않을 수도 있는데 막무가내로 대화에 참여하라고 강요할 수는 없다. 과제의 핵심이 '문제를 기술하고 대화의 목적을 밝히는 것'이라고 할 때, 아무리 잘 준비된 이야기일지라도 저항에 부딪칠 수 있다. 왜냐하면 아무리 제3의 이야기라고 하더라도 당신 입장에서 말하는 제3의 이야기일 수밖에 없기 때문이다. 그러므로 당신의 제안이 상대방에 의해 수정될 가능성을 열어놓아야 한다.

대화의 목적 자체를 '문제 기술과 대화의 목적에 대한 의견 교환'으로 할 것을 고려해보라. 다시 말해 문제를 기술하고 대화의 목적을 설정하는 것 자체를 공동의 과제로 삼아야 한다는 뜻이다.

상대방을 파트너로 대우한다

상대방에게 문제 해결을 위한 중요한 역할을 부여한다면 당신의 초대가 받아들여질 가능성은 높다. 상대방을 '문제'로 보거나 들러리로 생각하고 싶은 유혹을 뿌리쳐야 한다. 그렇지 않으면 상대방의 정체성 대화가 시작될 것이고, 대화 분위기는 냉각될 것이다. 지지부진한 연봉 협상에서 당신은 "적절한 연봉 수준에 대한 의견차가 있어 보이는군요"라고 말할 수 있다. 그러나 "당신이 처음이라서 잘 모르는 것 같으니까 일반적으로 어떻게 하는지 알려드리죠"라고 말하며 상대방을 애송이 취급한다면 대화는 그 순간으로 끝나게 될 것이다.

당신의 초대에 응하는 것이 자기의 순진함, 무감각함, 교묘함 혹은 다른 방법으로 바람직하지 못하거나 부절적하다는 것을 인정하는 것이라면 초대에 응할 확률은 당연히 낮아진다. 반면에 당신이 "……를 좀 설명해주겠어요?"라고 말한다면, 조언자의 역할을 부탁하는 것이다. "이런 쪽으로 한번 같이 생각해보면 어떨까?"라고 한다면 파트너의 역할을 청하는 것이다. "이렇게 하는 것이 가능할까?"라고 말한다면 상대방에게 해결자가 될 수 있는 기회를 주는 것이다.

상대방에게 어떤 역할을 제안할 때는 진심이어야 한다. 그러나 당신의 첫 생각, 이를테면 상대방을 악한으로 보았던 처음의 그 생각이 가장 진실한 생각일 것이라고 착각하지는 마라. 상대방의 역할을 조정한다는 것은 당신이 상황을 제대로 파악하고 개선하는 데 상대방의 도움이 필요하다는 사실을 인식하고 있다는 의미다.

때때로 가장 진실한 행동은 마음속 깊은 곳의 생각을 얘기함으로써 상대방에게 더 긍정적인 역할을 부여하기도 한다. 이렇게 말할 수 있을 것이다.

"이 상황에 대한 내 생각은 네가 좀 무심하다는 거야. 이 말이 어떤 면에서는 너에게 부당하게 여겨지겠지만, 상황을 개선시키는 데 네가 도움이 되어주면 좋겠어. 이 문제에 대한 너의 생각을 알려줄 수 있겠지?"

이렇게 말한다면, 당신은 정직하게 말하면서도 상대방에게 '더 나은 이해를 가지도록 도와주는 사람'의 역할을 제안하는 것이나

인내심을 가져야 한다

인내심을 가지라는 말과 강요하지 말고 초대하라는 조언이 서로 모순되는 건 아니다. 상대방에게 당신이 제안하는 것이 무엇인지를 알도록 하는 데는 시간이 걸릴 수도 있기 때문이다.

루스는 그녀의 전남편이 딸 알렉시스와 만나는 일정에 대해 대화를 나누고 싶어 한다. 과거에 그들의 대화는 싸움으로 끝나곤 했는데, 이번에 루스는 제3의 이야기에서 시작해서 도움이 될 만한 제안을 할 것이다. 그렇다 하더라도 그녀가 남편을 납득시키는 데는 상당한 노력이 필요할 것이다.

루스 페리, 당신이 알렉시스와 만나는 날에 당신이 약속을 지킬 수 있는지 아닌지를 확실히 몰라서 곤란을 겪고 있어.

페리 알았어, 알았다고. 미안해! 현장에 문제가 좀 생겨서 그걸 해결하느라고 회의가 길어져서 꼼짝할 수가 없었어.

루스 갑작스러운 상황이 발생할 수 있다는 것은 이해해. 단지 오늘만을 말하는 게 아니야. 전체적으로 문제가 있다고 생각하는 거야. 최근에 몇 번이나 알렉시스와 함께 시간을 갖기로 약속하고 확인까지 했다고 생각했는데도 나중에 알고 보니 당신은 그것을 확실한 약속으로 생각하지 않고 가볍게 여겼잖아. 시간을 낼 수 있으면 온다는 식으로 말이야.

페리 실제로 내가 그렇게 말했잖아. 시간을 낼 수 있으면 가겠다고.

루스 페리, 나는 확실히 약속한 걸로 생각하고 있었단 말이야. 어떤 일이 있어도 오겠다는 약속으로 말이야. 우리 사이에 무언가가 서로 어

굿나면 알렉시스가 힘들어해. 이 문제를 해결하기 위해서 시간 좀
낼 수 있지?

페리 물론이지. 나도 알렉시스를 속상하게 만들고 싶지 않아!

시작 부분에서 페리는 루스가 말하는 문제를 인정하지 않았고, 이
해도 못하고 있었음을 알 수 있다. 그는 자기가 안 간 것 때문에 루스
가 소리 지르고 화를 낼 것으로 예상했고 거기에 맞춰 반응했지만, 루
스는 마음을 열고 인내심 있게 노력하여 좋은 대화를 이끌어냈다.

상황별로 다른 대책을 준비하라

제3의 이야기로 대화를 시작하라는 일반적인 조언 외에도 당신이
처한 어려운 대화의 종류와 성격에 따라 좀 더 구체적인 충고를 하고
자 한다.

나쁜 소식을 전할 때

앞장에서 말했듯이 나쁜 소식을 전하는 것도 대화의 일종이다. 이
때는 곧바로 솔직하게 말하는 것이 가장 좋은 방법이다. 상대방이 먼
저 말하게 유도하려고 애쓰지 마라. 이를테면 "우리 헤어져"라고 말
하지 않고 "요즘 우리 관계에 대해서 어떻게 생각해?" 같은 식으로 상
대방의 의도를 떠보지 마라. 결국 당신이 원하는 게 헤어지는 거라는
사실을 뻔히 알면서 공연히 근래에 있었던 문제에 대해 두 시간씩이

나 장황한 이야기를 늘어놓지 마라.

크리스마스 때 당신 가족이 고향에 가지 못할 거라는 사실을 부모님께 말해야 한다면, 이렇게 말할 수 있을 것이다.

"우리는 명절에 집에 가는 것이 부모님에게 얼마나 중요한 일인지에 대해 많은 얘기를 나누었어요. 그리고 그것이 우리에게는 경제적으로나 정신적으로 얼마나 부담이 가는 일인지에 대해서도 얘기했고요. 이렇게 전화를 드리는 이유는 후안과 내가 많은 이야기를 해본 결과 이번 크리스마스는 그냥 여기서 아이들과 함께 지내기로 결정했다는 것을 알려드리려고요. 이런 결정을 내리기까지 정말 어려웠어요. 그리고 실망시켜드려서 죄송하게 생각해요. 하지만 최대한 일찍 알려드리고 싶었고, 괜찮으시다면 그 결정에 대해 어떻게 생각하시는지 말씀도 듣고 우리의 생각도 말씀드리고 싶었어요."

좋은 소식과 나쁜 소식이 있을 때 나쁜 소식을 먼저 전해야 한다는 의미가 아니다. 그것보다는 두 가지 소식이 있음을 분명히 하라는 이야기다. 실제로 어떤 이야기를 먼저 하면 좋을지 듣는 사람에게 물어볼 수도 있을 것이다. 아니면 이야기를 전달하는 당신만의 논리적인 순서가 있을 수도 있다.

무언가를 부탁할 때

어려운 대화 중에는 무언가를 얻어내는 것이 목적인 경우도 있다. 임금 인상을 요구하는 경우가 흔히 그렇다. 그렇다면 어떻게 시작해야 할까?

간단히 충고하자면 요구하지 말라는 것이다. 그것보다는 임금 인상이 정당한지, 상식적으로 설득력이 있는지를 함께 생각해보도록 요청하라. 그렇게 한다고 해서 당신의 주장이 약해지는 것은 아니다. 더 현실적인 방법을 택하는 것뿐이다. 상사는 당신과 다른 동료 직원들에 대해 당신이 갖고 있지 않은 정보를 가지고 있다. 기분 나쁘게 들릴지도 모르겠지만, 상사와 얘기해보기 전에는 당신이 정말로 임금 인상을 요구할 자격이 있는지 알 수 없는 일이다.

당신도 어느 정도는 이 사실을 알고 있다. 임금 인상을 요구할 때 긴장되는 이유가 바로 그것이다. "임금을 인상해주십시오"라고 말하는 대신 이렇게 말하라.

"나의 임금 인상 요구가 타당한지 알고 싶습니다. 내가 보기에는 자격이 충분하다고 생각되는데요. 이러이러한 이유에서 그렇습니다. 어떻게 생각하십니까?"

대화를 시작하는 방법의 작은 차이는 긴장감을 완화시킬 뿐만 아니라 대화의 진행에도 도움이 된다. 결과적으로 당신은 자신이 임금 인상 자격이 없다는 사실을 알게 되거나, 처음에 생각했던 것 이상으로 더 많이 오를 수도 있을 것이다.

잘못된 대화를 다시 시도할 때

과거의 경험을 통해 어떤 사람은 특정한 이야기에 즉각적으로 굉장히 부정적인 반응을 보이는 경우가 있다는 것을 알고 있다. 아들은 성적 얘기만 나오면 싫어하고, 아내는 가계부에 관한 얘기를 꺼린다. 사무실에서 인종차별 문제를 거론하면 동료들은 이상하게 생각한다. 예전에 그런 이야기를 꺼냈다가 실패했거나, 그것에 대해 언급하는 것만으로도 잔소리꾼 취급을 받는 상황에서 어떻게 하면 건설적인 대화를 나눌 수 있을까?

가장 쉬운 방법은 먼저 어떻게 이야기할지에 대해 이야기하는 것이다. '대화를 하려고 할 때 통상적으로 상황이 전개되는 방식' 그 자체를 문제 삼아 제3의 이야기를 시도해보라.

"예전에 보니까 우리 회사의 승진 과정에 인종 문제가 영향을 미치고 있지는 않은지에 대한 이야기를 꺼내려고 하면 몇몇 사람들은 못마땅해하더군요. 나는 누구를 비난하려는 것이 아닙니다. 단지 그것이 함께 논의해볼 만한 가치가 있는 중요한 문제라고 생각할 뿐입니다. 그 문제에 대해서 우리 각자가 어떻게 생각하는지, 그리고 그 문제를 다루는 더 나은 방법이 있는지 살펴보고 싶습니다."

제3의 이야기를 시작하는 방법

- **각각의 이야기가 어디에서 유래되었는지 탐색하라:** "지금 나의 반응은 아마도 지난번 직장에서의 경험과 관계가 있는 것 같아요."
- **당신에게 미친 영향에 대해 이야기하라:** "당신이 의도한 건지 모르겠지만 당신이 ……했을 때 몹시 언짢았어요."
- **자신이 원인을 제공한 부분에 대해 책임을 져라:** "내가 상황을 더 어렵게 만든 점이 몇 가지 있어요."
- **감정을 기술하라:** "이런 이야기를 하는 것이 약간 긴장되기도 하지만 그래도 나에게는 이 이야기를 하는 것이 중요해요."
- **정체성 문제에 비추어보라:** "이 문제에 집착하는 이유는 아마도 내가 자신을 ……한 사람으로 받아들일 수 없기 때문인 것 같아요."

무엇을, 어떻게 이야기할 것인가

제3의 이야기에서 시작하면 일단 산언저리까지는 쉽게 갈 수 있다. 그러나 그곳에서부터 올라가야 할 산이 버티고 있다. 일단 문제점에 대한 정확한 묘사와 대화의 방향 설정이 끝나고 나면, 각각의 관점에서 '세 가지 대화'를 탐색하는 데 시간을 투자해야 한다. 상대방은 자신의 관점과 감정을 이야기할 것이고, 당신도 자신의 이야기 속으로 들어가 자신의 감정을 이야기할 것이다.

자신의 이야기를 전개함에 있어 '세 가지 대화'는 매우 유용한 탐색 방법을 제시해준다. 당신은 자신의 관점을 형성하게 만들었던 과거의 경험에 대해 다음과 같이 이야기할 수 있다.

"내가 그토록 민감하게 반응했던 이유는 지난번에 어떤 업자로부터 돈을 못 받았을 때 상황이 더 악화되는 경험을 했기 때문인 것 같아요."

당신은 상대방의 의도가 무엇인지 물어보고, 그것이 당신에게 어떤 영향을 미쳤는가에 대해 얘기할 수도 있다.

"당신은 이런 것에 대해 아는지 모르는지 모르겠지만, 당신이 전화를 안 하면 너무 걱정이 되어서 견딜 수가 없어요."

그리고 감정에 대해 말함으로써 더 강조할 수 있다.

"만일 내가 당신이라면, 이쯤 되면 굉장히 짜증났을 것 같아요."

궁극적으로 무슨 얘기를 할 것인가 결정하는 것은 상황적 맥락과 관계, 그리고 무엇이 적절하고 도움이 된다고 느끼는지에 달려 있다. '세 가지 대화'는 무엇에 대해 이야기할 것인가를 결정하는 데 매우 유용한 지도를 제공한다. 다음 장에서는 어떻게 얘기할 것인가에 대해 더 깊이 있게 탐색하려고 한다.

　상대방 이야기의 내면을 깊숙이 들여다보기 위해서는 물어보고 들어보고 인정하는 특별한 기술이 필요하다. 그리고 자신의 이야기를 분명하고 설득력 있게 전달하기 위해서는 자신감이 있어야 하며, 내용이 정확해야 한다.

내 이야기를 듣게 하려면
먼저 들어라

앤드루가 더그 삼촌을 방문했다. 삼촌이 전화를 하는 동안 앤드루는 삼촌의 바짓가랑이를 잡아끌며 이렇게 말한다.

"삼촌, 나가서 놀고 싶어."

"지금은 안 돼. 삼촌 전화하고 있잖아."

"아이, 삼촌. 난 나가고 싶단 말이야!"

"지금은 안 돼, 앤드루!"

"그래도 난 나가고 싶다고!"

몇 차례 더 실랑이를 한 후에 더그는 새로운 방법을 써본다.

"야, 앤드루, 너 밖에 나가고 싶지, 그렇지?"

"응."

그러고 나서 앤드루는 별말 없이 혼자 놀기 시작한다. 결국 앤드루는 삼촌이 자기를 이해해주는지 아닌지를 알고 싶었을 뿐이다. 즉 자기 말을 들어주는지가 궁금했던 것이다.

앤드루의 이야기는 우리 모두에게도 적용된다. 우리는 다른 사람의 관심을 끌고 싶은 욕구를 지니고 있다. 내 이야기를 상대방이 들었는지 궁금해한다.

어떤 사람들은 자기는 남의 이야기를 귀 기울여 듣는 사람이라고 생각한다. 또 어떤 사람들은 자기는 그렇지 못하지만 아무래도 상관없다고 생각한다. 당신이 두 부류 중 어느 한쪽에 속한다면, 이번 장은 건너뛰고 싶을지도 모른다. 그러나 남의 이야기를 귀 기울여 듣는 것이야말로 대화에 있어서 가장 효과적인 기술이다. 그것은 상대방을 이해하는 데 도움이 된다. 그리고 더욱 중요한 것은 상대방이 당신을 이해하는 데 도움이 된다는 사실이다.

경청은 최고의 대화 기술

1년 전 그레타의 어머니는 당뇨병을 선고받았고 매우 엄격한 투약과 식이요법, 운동치료를 따르도록 지시받았다. 그레타는 어머니가 이 치료법을 잘 지키지 않는 것이 걱정되었지만 어머니를 설득하는 데 번번이 실패했다. 모녀의 대화는 다음과 같았다.

그레타 어머니, 그 프로그램대로 운동하셔야 해요. 그것이 얼마나 중요한지 알고 계시잖아요.

어머니 애야, 잔소리 좀 그만해라. 너는 잘 모르겠지만, 나도 나름대로 최선을 다하고 있는 거란다.

그레타 　나도 알아요. 운동하는 게 힘들다는 것은 알지만 그래도 열심히 하셔야 돼요. 오래 사셔서 손자들도 보고 그러셔야죠.

어머니 　그 얘기 좀 그만해라. 운동도 식이요법도 너무 힘들구나.

그레타 　알아요. 운동이 뭐 재미있는 것은 아니니까요. 하지만 일단 시작해서 몇 주 지나면 재미도 붙고 오히려 좋아하실 거예요. 어머니가 좋아하실 만한 프로그램을 찾아볼게요.

어머니 　(목이 메어서) 너는 몰라. 내가 얼마나 스트레스를 받는지. 더 이상 얘기하고 싶지 않구나. 그렇게만 알고 있어라!

그레타는 당연히 짜증스럽고 무력감을 느낄 수밖에 없다. 그러나 어떻게 하면 더 단호하고 설득력 있게 얘기해서 어머니를 변화시킬 수 있을까 고민한다.

그러나 문제는 그레타가 단호하지 못한 데 있는 것이 아니라 그녀가 호기심이라는 문제를 간과하는 데 있다. 다음의 대화에서는 그레타가 대화의 목표를 '설득하기'에서 '배우기'로 전환했다. 그렇게 하기 위해 그레타는 귀 기울여 듣기, 질문하기, 그리고 어머니의 감정을 인정해주기에 초점을 맞췄다.

그레타 　어머니가 당뇨와 운동요법에 대해 얘기하기 싫어하신다는 거 잘 알아요.

어머니 　그래, 정말 싫단다.

그레타 　싫다니까 말인데요, 어떻게 싫다는 말씀이세요?

어머니 　모든 것이 다 싫다. 그럼 그게 재미라도 있을 것 같니?

그레타 아뇨, 어머니. 어렵다는 것은 물론 알지요. 저는 단지 어머니가 어떻게 생각하시는지, 그게 어머니한테 어떤 의미가 있는지, 또는 어떤 감정이신지를 잘 모른다는 얘기예요.

어머니 내가 말해주마. 아버지가 살아 계시다면 얘기가 좀 다르겠지. 내가 아프면 항상 잘 보살펴주었거든. 네 아버지는 이런 복잡한 규칙을 잘도 지키곤 했단다. 아마 이번 같은 경우에도 알아서 다 해결해주었을 거야. 이렇게 아프니까 아버지가 더욱 그리워지는구나.

그레타 아버지가 안 계셔서 외로우셨나봐요.

어머니 물론 친구들도 있고 너도 잘해주지만 아버지와는 다르지. 외롭다는 말은 하기 싫구나. 너희에게 부담이 되고 싶지 않으니까.

그레타 왜 우리한테 외롭다고 말하면 부담이 될 거라고 생각하세요? 우리가 걱정할까 봐요?

어머니 너에게 외할머니의 전철을 밟게 하고 싶지 않다. 너의 외할머니도 그 어머니가 당뇨로 돌아가셨거든.

그레타 그랬어요? 몰랐네요.

어머니 내가 할머니를 돌아가시게 만든 병에 걸렸다는 말만 들어도 무섭더구나. 받아들이기도 힘들고. 그사이 의학이 발달했으니까 아마도 그 규칙들을 따라야겠지. 하지만 그렇게 얽매어 살아야 한다니 나 자신이 꼭 병든 노인네같이 느껴지더구나.

그레타 그러니까 그런 규칙을 다 따른다는 것은 어머니가 인정하기 싫은 사실을 인정하는 꼴이 되는 거군요.

어머니 말이 안 된다는 건 나도 안단다. (목이 메어서) 너무 무섭고, 받아들이기 힘들구나.

그레타 어머니, 그런 기분 충분히 이해해요.

어머니 다른 이유도 있단다. 도대체 어떻게 하라는 것인지 알기도 어려워! 식이요법이나 운동요법이나 서로 다 연결되어 있어서 잘 따라 해야 하는데……. 너무 복잡하고, 그렇다고 의사가 친절하게 설명해주는 것도 아니고. 도대체 어디서부터 어떻게 시작해야 될지 모르겠더구나. 아버지라면 잘 설명해주었을 텐데.

그레타 그런 거라면 저도 얼마든지 도와드릴 수 있어요.

어머니 애야, 짐이 되고 싶지는 않다.

그레타 제가 도와드리고 싶어요. 그래야 저도 기분이 좋을 것 같아요.

어머니 그렇게만 해준다면 내 마음속 큰 짐을 하나 더는 거지!

어머니의 말을 진심으로 귀 기울여 듣자 그들의 대화가 얼마나 나아졌는지 그레타 자신도 깜짝 놀랄 정도였다. 그녀는 어머니 입장에서 문제들을 바라봄으로써 생각했던 것보다 문제가 훨씬 더 심각하다는 사실을 깨달았고, 어머니에게 실제로 도움이 필요한 부분을 도와드릴 수 있게 되었다. 상대방에 대해서 배운다는 것, 그것이 바로 귀 기울여 듣는 것의 최대 장점이다. 그러나 그보다 더 놀라운 장점도 있다.

내가 먼저 귀 기울이면 상대방도 그렇게 한다

아이러니하게도 그레타가 어머니를 설득하는 것을 포기하고 어머니의 말을 듣고 인정해주는 것으로 목표를 바꾸자, 지금까지 그렇게 그녀를 괴롭히던 문제가 해결되었다. 이것은 결코 우연이 아니나 어려운 대화에 처한 사람들에게서 가장 흔히 듣는 불평이 상대방이 도무지 자기의 말을 들으려 하지 않는다는 것이다. 그런 말을 하는 사람에 이런 충고를 해주고 싶다.

"당신이 상대방의 이야기를 더 귀 기울여 들어야 합니다."

상대방이 당신의 말을 귀 기울여 듣지 않는 것은 그들이 고집스럽거나 당신의 이야기를 이해하지 못하기 때문이라고 생각한다. 그래서 당신은 같은 이야기를 반복하고, 다른 방법으로 설명하기도 하고, 더 큰 소리로 말하는 등의 방법을 쓸 것이다. 표면적으로 그것은 좋은 전략처럼 보이지만, 사실은 그렇지 않다. 무슨 이유일까?

대부분의 경우 상대방이 귀 기울이지 않는 이유는 그들이 고집스러워서가 아니라 자신의 이야기가 존중받지 못하고 있다고 생각하기 때문이다. 다시 말하면, 그들이 당신의 이야기를 귀 기울여 듣지 않는 이유는 바로 당신이 그들의 이야기를 귀 기울여 듣지 않는 이유와 같다. 상대방은 오히려 당신이 이해가 느리고 고집스럽다고 생각한다.

그렇다면 문제는 간단하다. 일단 열심히 경청하는 자세를 보여주어야 한다. 그중에도 가장 중요한 것은 상대방의 이야기와 감정을 이해하고 있다는 것을 보여주는 것이다. 이 말을 믿을 수 없다면 한번 시도해보라. 평소 당신 말을 잘 들으려 하지 않는 사람, 자기 말만 반복하는 사람을 찾아서 그의 이야기에 귀 기울여주어라. 특히 좌절감, 자부심, 두려움 같은 느낌을 표현할 때를 잘 포착해서 그의 감정을 인정해주어라. 그리고 그 결과를 지켜보아라.

내면의 소리를 듣는 법

두 번째 대화에서 그레타는 어떻게 달라졌는가? 우선 그녀는 어머니에게 질문을 했다. 그리고 어머니의 말을 이해하고 자기가 이해하고 있다는 사실을 알려주기 위해 문장을 바꾸어 표현했다. 또한 어머니의 감정을 이해하기 위해 노력했으며, 그런 것을 들었을 때는 아낌없이 공감을 표시했다.

이 모든 것은 경청하는 데 있어 아주 중요한 요소로, 아무리 강조해도 지나치지 않다. 그레타의 태도 중에서 가장 중요한 변화는 "예, 이해해요"에서 "이해하게 도와주세요"로 바뀐 것이다. 그런 자세를 가지면 다른 모든 것은 자연스럽게 나온다.

표현보다는 진실성에 초점을 맞춘다

'능동적인 듣기'에 관한 많은 책들과 워크숍에서 귀 기울여 듣는 사람이 되려면 어떻게 해야 하는지 가르친다. 그들의 조언은 대동소이하다. 질문을 하라, 상대방의 말을 바꾸어서 다시 말해주라, 그들의 견해를 인정해주라, 그리고 시선을 맞추면서 주의를 집중해라.

모두 다 좋은 조언이다. 그러나 배운 기술을 실전에 응용해보려고 해도 친구나 동료들이 너무 가식적이거나 기계적이라고 말하는 바람에 실망한다. 그들은 이렇게 말한다.

"나한테는 그런 '능동적인 듣기' 같은 거 하지 말라고."

중요한 것은 이것이다. 말하는 법과 듣는 법을 배웠지만 훌륭한 경청의 핵심은 진실함이란 것을 알아야 한다. 사람들은 당신의 말과 행동뿐만 아니라 내면까지도 읽을 수 있다. 당신의 자세가 진실하지 못하다면 무슨 말을 해도 효과가 없다. 당신이 진정으로 호기심을 가지고 있는지, 진정으로 상대방을 배려하는지 그대로 드러나게 마련이다. 만일 당신의 의도가 진실하지 못하다면 그 어떤 말이나 행동도 도움이 되지 않을 것이다. 반대로 의도가 순수하다면 바보 같은 말이라도 해를 끼치지 않을 것이다.

귀 기울여 듣는 것도 진실해야만 힘이 있고 효과가 있는 법이다. 진실하다는 것은 의무감 때문이 아니라 진정으로 걱정이 되고 궁금하기 때문에 귀 기울이는 것을 말한다. 그렇다면 중요한 것은 "당신은 정말 알고 싶은가?", "정말 걱정이 되는가?" 하는 것이다.

내면의 목소리의 볼륨을 높인다

자기 자신에게 귀 기울임으로써 자기 내면에서 일어나는 일을 알수 있다. 내면의 목소리가 어떤 것인지, 즉 생각은 하지만 말로 표현하지 않는 것이 무엇인지를 주의 깊게 살펴보는 것이 진실하지 못한 듣기의 장벽을 넘는 첫걸음이다.

당신 내부의 비평가를 찾아보라. 아마 이렇게 말할 것이다. "음, 내면의 목소리란 참 재미있는 개념이군!" 혹은 "무슨 소리야? 나에겐 내면의 목소리 같은 것은 없어(이것이 바로 그 목소리다) 등이다."

내면의 목소리를 꺼버리지 말고 볼륨을 높여야 한다. 그 목소리의 볼륨을 줄이거나 꺼버려선 안 된다. 그 반대로 해야 한다. 즉 당분간이라도 내면의 목소리의 볼륨을 높이고, 도대체 무슨 말을 하고 있는지를 파악하라. 다시 말해 귀 기울여 들어보라는 말이다. 자기 자신의 생각을 정확히 알고 있어야 비로소 그것을 조절할 수 있고, 상대방에게 초점을 맞출 수 있다.

내면의 소리를 들으며 상대방에게 집중하는 법

그렇다면 내면의 비평가가 쉴 새 없이 얘기하는 가운데 어떻게 하면 호기심을 가지고 집중해서 상대방의 이야기를 들을 수 있을까? 두 가지를 시도해볼 수 있다. 첫 번째는 그 목소리를 호기심으로 바꿀 수 있는지 시도해보라. 즉 내면의 목소리를 배우기 모드로 설정할 수 있는지 시험해보라. 그리고 가끔 그렇듯이 이 방법이 효과가 없다면 그때는 상대방의 이야기를 들으려 하기 전에 당신 내면의 목소리를 먼저 표출해야 할 것이다.

먼저 호기심으로 태도를 전환해라. 내면의 목소리를 바꿀 수 없다고 생각하는 것은 잘못이다. 호기심을 못 느낀다고 생각될 때는 노력으로 되찾을 수 있다. 상대방의 세계를 이해하는 것은 생각보다 어려운 일이라는 점을 명심하라. 만일 당신이 상대방의 감정이나 그들이 하려는 말을 이미 알고 있다고 생각한다면, 그것은 착각에 지나지 않다는 사실을 기억하라. 자신이 옳다고 확신했지만 아주 사소한 사실 하나가 모든 것을 바꾸어놓았던 경험을 잊지 마라. 항상 배울 것이 더 있다는 사실, 그리고 수많은 인생의 이야기 속에 있는 심오함, 복잡성, 모순, 뉘앙스를 생각해보라.

우드리이 어섯 산끼끠 딸 그니가 깐밈궁에 읿마늘 깨워다 주시는 어떤 강아지의 엄마가 도망가서 돌아오지 않는 영화를 본 뒤 무서워하고 있었다. 오드리는 조시도 자기가 혼자 버려질까 봐 무서워하는 것이라고 생각하고 딸에게 이렇게 설명했다.

"엄마가 조시를 혼자 두고 도망가는 일은 절대 없을 거야."

그러나 조시의 걱정은 그것이 아니었다. 조시는 새로 산 거북이가 걱정되었던 것이다. 그 거북이도 어떤 새끼 거북이의 엄마일지 모르는데 지금 어딘가에서 새끼 거북이가 자기 엄마를 찾고 있을지도 모른다는 생각에 걱정하고 있었다. 사실 조시의 거북이는 아직 새끼였지만, 조시는 그 사실을 모르고 두려움과 죄책감을 느끼고 있었다. 오드리는 딸의 말에 귀 기울이지 않고 자신 내면의 목소리에만 집중하는 실수를 범한 것이다. 그녀 내면의 목소리는 '아, 무슨 얘긴지 다 알아'라고 말하고 있었고, 그녀의 호기심은 완전히 사라진 것이다.

호기심을 되찾는 또 다른 방법은 대화의 목적에 집중하는 것이다. 당신의 목적이 설득이거나, 이기는 것이거나, 무엇을 시키는 것이라면 내면의 목소리도 그에 상응하는 이야기를 들려줄 것이다. 다음과 같이 말이다.

"이렇게 하면 되잖아. 틀림없이 제일 좋은 방법인데."

그러나 당신의 주된 목적이 상대방을 이해하는 것이라면, 다음과 같은 질문을 하도록 유발할 것이다. "저 말을 납득하려면 어떤 사실을 더 알아야 할까?" "저 말이 설득력이 있으려면 세상을 어떤 관점에서 바라보아야 하는 것일까?" 등이다.

그러나 내면의 목소리가 너무 강력하다고 생각될 때가 있을 것이다. 호기심을 불러일으켜보려 하지만 잘 안 된다. 당신이 고통, 분노,

배신감, 또는 그와는 반대로 기쁨과 사랑에 사로잡혀 있을 때는 귀 기울여 듣는 것이 불가능하다.

대릴라는 반년이나 함께 지내온 룸메이트 헤더가 양성애자라는 사실을 처음 알았을 때 너무 기가 막혔다. 그래서 헤더가 이야기하는 동안 집중할 수가 없어 당황했다. 대화에서 진실함을 유지하기 위해서 그녀는 무엇보다도 자신의 생각과 감정에 정직해야 했다.

"나를 믿고 얘기해줘서 고마워. 그리고 정말 너의 얘기를 듣고 싶기도 하고, 화가 나기도 해. 그런데 이제 너를 어떻게 대해야 할지 잘 모르겠어."

대릴라와 헤더가 앞으로 나누게 될 대화는 순탄치 못할 것 같다. 각자가 지니고 있는 강력한 감정에 대해 생각해보고 대화해야 하는 문제도 있지만, 성 정체성에 대해 서로 다른 입장을 가지고 있기 때문이다. 친구이며 룸메이트로서 지금의 상황을 어떻게 다루어야 할지 이야기를 나눌 때는, 서로 상대방의 이야기를 잘 듣는 것이 절대적으로 중요하다. 상대방의 말을 집중해서 듣기 위해서는 자기가 먼저 이야기를 해야 할 경우도 있다.

당신이 이런 상황에 처해 있다면, 상대방에게 그의 말을 귀 기울여 듣고 싶다는 것과 그가 말하는 것에 관심을 갖고 있지만 지금으로써는 집중해서 들을 수가 없다는 사실을 알려라. 당신이 생각하고 있는 것의 핵심을 간단히 말해주는 것으로 충분할 것이다. "네 말을 듣고 정말 놀랐어. 지금은 동의할 수 없지만 네 생각에 대해 좀 더 듣고 싶어" 혹은 "네 이야기를 듣고 싶기는 하지만 지금은 아무래도 내가 방어적으로 반응할 것 같다는 생각이 드는 건 어쩔 수 없어"라고 말한다. 이렇게 말하고 나서는 귀 기울여 듣기로 돌아갈 수 있다. 다만 당신의 생각은 다르다는 것과 결국 자신의 생각으로 돌아갈 거라는 사실을 확실히 한 것이다.

어느 때는 들을 수도 없고 말할 수도 없다고 생각되는 경우가 있을 것이다. 너무 당황스럽거나 혼란스러워서 그럴 수도 있고, 단지 지금 다른 일을 해야 하기 때문일 수도 있다. 반쪽뿐인 관심을 주는 것보다는 이렇게 말하는 것이 낫다.

"이것은 내게 중요한 문제야. 언제 시간을 내서 얘기해보고 싶어. 하지만 지금 당장은 안 될 것 같아."

내면의 목소리를 통제하는 것은 쉽지 않다. 처음에는 특히 그렇다. 하지만 귀 기울여 들으려면 그것이 가장 중요하다.

경청의
세 가지 기술

귀 기울여 듣는 데 가장 중요한 것이 마음가짐이기는 하지만 구체적으로 사용할 수 있는 기술, 도움되는 방법이 있다. 호기심이라는 측면을 넘어서서 잘 듣는 사람들이 사용하는 중요한 세 가지 기술은 질문하기, 바꾸어 표현하기, 그리고 상대방의 감정 인정하기다. 이와 관련해서 해야 할 것과 하지 말아야 할 것들을 지금부터 살펴보자.

질문하기

경청을 위한 질문에는 중요한 전제 조건이 하나 있다. 바로 '배우기 위해서만' 질문해야 한다는 것이다. 그 질문을 하는 이유가 무엇인지를 생각해봄으로써 그 질문이 대화에 도움이 될지 악영향을 미칠지 알 수 있다. 그에 대한 유일한 좋은 대답은 배우기 위해서다.

하고 싶은 말을 질문으로 가장하지 마라

어렸을 적에 부모님과 차를 타고 다녀본 사람이라면 퉁명스러운 목소리로 "아직도 안 왔어요?"라는 말을 몇 번은 해보았을 것이다. 당신은 목적지에 아직 도착하지 않았다는 것을 알고 있고, 당신이 안다는 것을 당신의 부모님도 알고 있으므로 역시 퉁명스럽게 대답한다. 그러나 당신 말의 진짜 의도는 "너무 지루해요. 빨리 도착했으면 좋겠어요"라는 것이었다. 당시 솔직하게 표현했다면 부모님으로부터 더 긍정적인 반응을 끌어냈을 것이다.

이것은 질문에 대한 중요한 규칙을 보여주는 것이다. 정말 질문이 아니라면 질문하지 마라. 질문을 가장해서 주장하지 마라. 그렇게 하면 혼란과 분노를 야기하게 되는데, 그런 질문은 냉소적이거나 야비하게 들릴 공산이 크기 때문이다. 질문으로 가장된 주장들의 예를 살펴보자.

질문	하고 싶은 말
냉장고 문을 저렇게 열어둘 거니?	냉장고 문 좀 닫아라.
단 한 번만이라도 내 말에 집중하지 못하겠니?	내 말을 좀 더 집중해서 들어주었으면 좋겠어.
꼭 그렇게 빨리 운전해야 되겠어?	불안하니까 천천히 운전해.

이처럼 질문을 가장한 주장은 모두 감정이나 부탁에 관한 것임에 주목하라. 이것은 하나도 놀라운 일이 아니다. 감정 표현이나 부탁은 누구나 직접적으로 말하기 어려운 대화다. 상대적으로 입장이 불리해지기 때문이다. 그런데 당신이 해야 할 말을 냉소적인 질문으로 포장해 던지면 좀 더 안심이 된다. 그러나 그렇게 해서 얻는 안심은 허상일 뿐이며, 얻는 것보다 잃는 것이 더 많을 수도 있다. "단 한 번만이라도 내 말에 집중하지 못하겠니?"보다는 "내 말을 좀 더 집중해서 들어주었으면 좋겠어"라고 말하는 것이 대화에 있어 훨씬 효과적이다.

왜 그럴까? 상대방은 숨어 있는 감정이나 부탁에 대해 듣기보다는 냉소와 공격에 더욱 집중하기 때문이다. 당신이 외롭다고 하는 말보다는 자신을 무심하다고 생각한다는 말이 안테나에 잡힌다. 자기 자신을 방어하는 데 신경을 쓰기 때문에 진짜 메시지는 잘 전달되지 않는다. 그러므로 "내가 언제 집중을 안 했다고 그래?"라는 식으로 반응할 가능성이 높다. 그리고 그때부터 상황은 악화된다.

반대신문을 위해 질문하지 마라

두 번째 오류는 상대방의 주장을 반박하기 위한 방편으로 질문을 하는 것이다.

- "당신은 이게 전부 내 잘못이라 생각하는 것 같아. 하지만 당신의 실수가 더 많았다는 것을 부정할 수는 없을 텐데, 안 그래?"
- "그 계약을 성사시키기 위해 최선을 다한 것이 사실이라면, 당신이 포기하자마자 게이트가 성사된 것에 대해 어떻게 설명할 텐가?"

이런 질문은 잘못됐다. 배우기 위해서가 아니라 당신이 옳고 상대방이 그르다는 것을 확인시키려는 불순한 의도에서 출발했기 때문이다. 그런 질문 속에 들어 있는 생각을 좀 더 건설적으로 표현하고 싶다면, 바닥에 깔려 있는 내용을 뽑아내서 표현하되 너무 못 박아서 표현해서는 안 된다. 그런 주장에 대해서 상대방이 아무 생각도 해보지 않았다고 추정하지 말고, 그들도 생각해보았을 것이고 나름대로 할 이야기가 있을 것이라고 생각하라. 예를 들어 이렇게 말할 수도 있을 것이다.

"당신이 계약을 성사시키기 위해 모든 노력을 다했다고 생각하는 거 알고 있어. 그런데 당신이 포기하자마자 케이트가 바로 계약을 성사시킨 것을 보면 뭔가 문제가 있는 것 같아. 어떻게 생각해?"

열린 질문을 하라

열린 질문이란 상대방이 자유롭게 대답할 수 있는 질문을 말한다. "네, 아니오"로 묻는 질문이나 보기 중에서 고르게 하는 질문보다 더 많은 정보를 얻을 수 있다. "A를 하려고 했던 거야, B를 하려고 했던 거야?"보다는 "무엇을 하려고 했던 거야?"가 낫다. 이렇게 하면 당신이 제공한 보기 때문에 상대방의 대답이 편향되거나 생각이 왜곡되는 것을 막을 수 있다. 그리고 상대방은 자기에게 중요한 것에 초점을 맞춰 반응할 수 있다. 전형적인 열린 질문이란 결국 "좀 더 얘기해줘"라거나 "내가 ……에 대해 더 잘 이해할 수 있도록 도와줘"라는 말을 변형시킨 표현이라고 볼 수 있다.

더 구체적인 정보를 요구하라

상대방의 결론이 어떻게 해서 나왔는지, 그리고 그가 앞으로 어떤 비전을 가지고 있는지 이해하기 위해서는 상대방의 사고 과정과 비전에 대해 더 확실하게 얘기해달라고 요청하는 것이 도움이 된다. "어떻게 해서 그런 결론에 이르렀어?", "예를 한번 들어봐", "그렇게 되면 과연 어떨까?", "그게 어떻게 작용할까?", "우리가 그 가설을 어떻게 시험해볼 수 있지?" 등이다.

로스와 그의 상사 사이에 있었던 일을 한번 살펴보자. 로스는 그가 참가하고 싶은 어떤 학술 세미나의 광고지를 받았다. 제품 개발 담당자로서 그의 역량 함양에 도움이 될 것이 분명했으므로 상사와 대화를 하면 흔쾌히 시간도 내주고 참가비도 회사 경비로 부담해줄 것이라는 생각에 추호도 의심이 없었다. 그러나 대화는 그의 예상과는 다른 방향으로 흘러갔다.

상사 자네의 세미나 참가비를 회사에서 대주려면, 자네가 오랫동안 이 회사에 근무하며 헌신적으로 일할 것이라는 더 많은 증거가 있어야 하는데, 지금 나로서는 그렇게 보이지가 않네.

로스 저는 이 회사를 위해 정말로 열심히 일하고 있어요. 이미 말씀드렸잖아요. 이 세미나에 참가하려는 것도 다 회사를 위해서 아닙니까?

상사 나는 그렇게 보지 않네. 자네는 현재의 자리를 다른 곳으로 가기 위한 발판 정도로 생각하고 있다고 느껴지는데.

로스 글쎄요. 저는 이 일을 사랑하고 계속 근무할 계획이라는 말 외에는 드릴 말씀이 없네요. 그 세미나는 업무에 도움이 될 텐데……

이 대화가 왜 시간 낭비인지 알아보기는 그리 힘들지 않다. 결과적으로 보면 "나는 이래요!"와 "당신은 그렇지 않아!" 이외에는 어떤 정보도 교환되지 않았기 때문이다. 상사가 하는 말의 핵심은 "자네는 우리 회사에 헌신할 자세가 되어 있지 않아. 하지만 이유는 말하지 않겠네"이며, 불행히도 로스는 그것이 무엇인지 물어보지 않았다.

약간의 코치를 받은 다음 로스는 그 문제에 대해 상사와 다시 대화를 나누었다. 이번에는 더 구체적인 정보를 요청했다.

로스 어떤 사람이 헌신적인지를 평가하는 기준에 대해 더 말해주십시오. 그리고 제가 헌신적이지 못하다고 생각하는 이유가 무엇인지도 알고 싶습니다.

상사 글쎄. 여러 가지가 있지. 그중 하나는 자네가 회사 내의 친교 활동에 관심이 없어 보인다는 거야. 내 경험상 그건 애사심의 척도가 되거든. 이곳에서 오래 근무를 하겠다고 생각한 사람들은 동료들과 좋은 인간관계를 만들고 유지하는 것이 얼마나 중요한 것인지를 알고 있지.

로스 어휴. 그렇게 말씀하시다니 정말 놀랍네요. 회사에 헌신적이라는 것은 늦게까지 열심히 근무하거나, 아니면 많은 업무를 잘 처리하는 것 같은 기준으로 평가하리라고 생각했는데요.

상사 그것도 물론 중요하지만 이직할 때 좋은 기록을 받기 위해서 그렇게 일할 수도 있는 법이지. 내 경험에 비추어보면 회사에 장기간 근무할 사람들은 동료 직원과 잘 어울린다는 공통점이 있어.

로스와 상사는 이제야 좀 이야기가 통하기 시작했다. 대화를 마칠 무렵에는 왜 그렇게 서로 다른 결론에 도달하게 되었는지에 대해 이해할 수 있었다. 로스에게는 귀중한 정보였다.

'세 가지 대화'에 대한 질문을 하라

세 가지 대화는 각각 호기심에 근본을 두고 있다.

- 당신의 관점에 대해서 조금 더 이야기해주세요.
- 내가 갖지 못한 어떤 정보를 가지고 있을까?
- 어떻게 다르다고 생각하세요?
- 나의 행동이 어떤 영향을 미쳤나요?
- 이게 왜 내 잘못이라고 생각하는지 구체적으로 말해줄래요?
- 이 모든 것에 대해 어떤 감정이에요?
- 당신에게 왜 이것이 중요한지 구체적으로 말해주세요.
- 그런 일이 발생한다면 그것은 당신에게 어떤 의미를 지니게 될까요?

대답이 확실하지 않다면 계속해서 구하라. 필요하다면 무엇이 아직도 명확하지 않고 모순인가를 말하고, 확실히 해줄 것을 요구하라.

"좋아, 자네 생각에 케이트가 계약을 성사시킬 수 있었던 이유는 가격을 낮추었기 때문이란 말이군. 그게 바로 차이점이었군! 그런데 아직도 석연치 않은 점은, 왜 자네는 가격을 내리거나 그 문제에 대해 허락을 구할 생각을 하지 않았느냐는 거야. 그 점에 대해서 어떻게 생각하나?"

대답하지 않아도 되도록 만들어라

상대방에 대한 순수한 배려와 진정으로 알고 싶은 욕망에서 질문을 던지더라도 상대방은 대화를 회피하거나 방어하거나 역습할 수 있다. 당신의 의도를 곡해하거나 주제를 바꿔버리는 식으로 반응할 수도 있다. 한 가지 대응책은 당신은 도와주려 하는 것이며, 방어적이 될 필요가 없다는 사실을 알려주고 계속해서 답을 요구하는 것이다. 그러나 이 방법은 자꾸 강요한다는 인상을 줘서 지속적인 저항을 낳을 수도 있다. 그러므로 요구보다는 대화에 초대하는 형식의 질문을 만들 필요가 있으며, 그런 의도를 명확하게 밝히는 것이 좋다. 요구와는 달리 초대는 거절해도 어떤 불이익도 받지 않는 것이다. 이는 상대방을 안심시키며, 특히 상대방이 대답을 거부했을 때 당신이 그것을 인정하는 반응을 보인다면 서로 간의 신뢰는 깊어질 수 있다.

대화 상대가 누구든 간에 대답에 대한 선택권을 주면 대답을 들을 수 있는 확률도 높아질 뿐 아니라 진실한 대답을 들을 확률도 높아진다. 지금 당장은 아니더라도 생각해본 후 나중에 대답할지도 모른다. 선택권을 주는 것은 당신의 사려 깊음을 더욱 부각시켜주며, 그들이 질문에 대해 다시 한번 생각해볼 수 있는 자유를 준다.

바꾸어 표현하기

훌륭한 듣기의 두 번째 기술은 '바꾸어 표현하기'다. 즉 상대방의 이야기를 당신이 이해한 대로 당신의 말로 바꾸어 표현하는 것이다.

바꾸어 표현하기에는 중요한 두 가지 장점이 있다.

첫째, 바꾸어 표현하기는 당신이 이해한 것을 확인할 수 있는 기회다. 어려운 대화는 오해가 생기면 더욱 어려워지게 마련인데, 실제로 우리가 생각하는 것보다 훨씬 더 많은 오해가 일어난다. 바꾸어 표현하면 상대방에게 "아뇨, 내가 말한 것은 그런 뜻이 아닌데요. 내 말은……"이라고 말할 기회를 준다.

둘째, 바꾸어 표현하기는 상대방에게 당신이 그들의 이야기를 잘 들었다는 것을 확인시켜준다. 어떤 사람이 대화 중에 같은 이야기를 반복한다면 그것은 듣는 사람이 이해하고 있는지 확신할 수 없기 때문이다. 상대방이 같은 말을 자꾸 반복한다면 바꾸어 표현하기를 더 많이 해주어야 한다는 신호로 생각해도 된다. 자신의 말에 귀 기울여준다고 느끼면 남의 이야기에도 귀를 기울이게 된다.

레이철과 론 부부의 대화를 예로 들어보자. 그들은 유대교의 안식일을 지키는 일과 그날에는 여행을 금하는 전통적인 규칙을 얼마나 엄격히 지켜야 하는지에 대해 종종 언쟁을 벌인다.

론　　크리스에게 내일 간다고 했어.

레이철　론, 내일은 토요일이잖아. 안식일인데 크리스네 집으로 운전해서 갈 수 없다는 것쯤은 당신도 알고 있을 텐데! 게다가 아침에는 교회에 가야 하잖아.

론　　알아. 하지만 크리스한테 약속했는걸! 그날밖에 시간이 안 되잖아.

레이철　글쎄. 가족으로서 교회에 함께 가는 것은 중요하다고 생각해. 일요일에 가는 건 어때?

론   일요일은 안 돼. 크리스도 교회에 가야 한다고.

레이철 아니, 그럼 크리스의 종교가 우리 종교보다 더 중요하단 말이야?

위의 대화에서 레이철도 론도 자신의 이야기가 존중되고 있다고 생각하지 않는다. 이런 악순환을 깨려면, 둘 중 하나가 상대방의 이야기를 귀 기울여 듣고 바꾸어 표현하기를 해야 한다. 론이 그렇게 했다고 가정해보자.

론   크리스에게 내일 간다고 했어.

레이철 론, 내일은 토요일이잖아. 안식일인데 크리스네 집으로 운전해서 갈 수 없다는 것쯤은 당신도 알고 있을 텐데! 게다가 아침에는 교회에 가야 하잖아.

론   당신은 내가 계획을 세우는 것이 불만인가 보군.

레이철 당연하지. 우린 같이 갈 거잖아.

론   그러니까 내가 당신과 의논하지 않고 계획한 게 문제라는 거지?

레이철 아니, 그보다도 우리가 교회에 가는 것을 항상 내가 챙기고 잔소리해야 한다는 게 싫어.

론   내가 당신에게 우리의 종교 생활을 책임지도록 만든다고 느끼고 있는 것 같네.

레이철 응, 내가 무슨 안식일 감시자 같아서 싫어. 게다가 애들 교육상 어떤 영향이 있을지도 걱정되고.

론   내가 안식일을 어기는 걸 보면 아이들도 안식일을 가볍게 여기게 될까 봐?

레이철 부분적으로는 그렇기도 하지만 그 외에도 문제가 많아. 나 혼자 가면 재미없단 말이야. 게다가 당신이 가고 싶어서 교회에 가야지 내가 졸라서 억지로 가게 만들고 싶지 않아.

론 이해할 수 있을 것 같아. 물론 나도 나를 위해 가고 싶지! 하지만 어느 때는 당신이 강요하는 빛을 보이면 귀찮아서 오히려 안 가기도 해. 또 어느 때는 다른 일을 하는 것도 교리를 실천하는 거라는 생각도 들고.

레이철 (미심쩍어하며) 다른 어떤 일?

론 크리스를 도와주는 거. 그들 부부는 지금 상황이 안 좋아. 그래서 같이 시간을 좀 보내주고 싶어. 예배에 참석하는 것도 중요하지만 그런 것도 교리를 지키는 방법이라고 생각해. 아이들에게도 다른 사람들을 도와주는 게 중요하다는 사실을 일깨워주고 싶기도 하고.

레이철 그럼, 도움이 되겠지.

론 하지만 그렇게 되면 당신이 원하는 대로 함께 교회에 가는 거라든가, 가족의 종교 문제를 당신 혼자 책임지고 싶지 않다는 측면은 충족되지 않겠지. 그것에 대해 좀 더 얘기해주겠어?

복잡하고 어쩌면 아주 민감해질 수도 있는 이야기에서 론과 레이철은 출발을 잘하고 있는 것처럼 보인다. 론이 바꾸어 표현한 말들은 그가 그녀의 생각을 이해하려고 노력하고 있으며, 그녀의 감정에도 신경 쓰고 있다는 사실을 말해준다. 론은 더 이상 자기 말을 반복하지 않고, 레이철은 귀 기울여 듣기 시작했다.

론은 레이철이 말하는 내용이 아니라 그녀가 말하지 않은 내용에 대해서도 반응하면서 바꾸어 표현하기 시작했다. 그녀가 불만스러워한다는 사실 말이다.

상대방의 감정을 인정해주어야 한다는 것은 가장 기본적인 원칙이다. 감정은 마치 결합하지 못한 화학원소처럼 인정을 받음으로써 결합할 대상을 찾아 대화의 주변을 떠돈다. 원하는 만큼 인정받지 못할 경우, 감정은 대화에 방해가 될 뿐이다. 마치 혼이 나든 칭찬을 받든 상관없이 관심을 끌고 싶어 하는 아이와 같다. 만일 당신이 그런 인정을 해준다면, 그것은 상대방에게도, 관계에 대해서도 당신만이 해줄 수 있는 아주 소중한 무언가를 제공한 것이다.

보이지 않는 질문에 답하라

인정해주는 것이 왜 그리도 중요한가? 감정의 표현에는 항상 보이지 않는 질문이 붙어 있기 때문이다. '이런 내 감정이 괜찮은 건가?', '당신은 그들을 이해하는가?', '당신은 그들을 배려하는가?', '당신은 나를 소중히 여기는가?' 등이다. 이것들은 아주 중요한 질문이며, 그 대답을 알기 전에는 대화를 계속하기가 어려운 질문이다. 상대방의 감정을 인정해주기 위해 시간을 들이는 것은 앞의 질문에 대해 크고 확실한 목소리로 "예"라고 확답하는 것과 같다.

상대방의 감정을 인정하는 방법

인정한다는 것은 상대방이 하는 말 속에 들어 있는 감정을 이해하려고 노력한다는 표시를 해주는 것이다. 그러므로 만일 상대방이 "당신이 나에게 거짓말을 했다는 사실에 대해 혼란을 느끼고 있어요"라고 말한다면, 다음과 같이 반응할 수 있을 것이다.

- 다시는 이런 일이 없을 겁니다.
- 거짓말이 아니었다는 것을 설명드려야겠군요.
- 글쎄, 당신이 약간 과민 반응을 보이는 것 같은데요.

모두 다 이해할 수 있는 반응이다. 처음 두 말은 내용에 대한 반응이고 마지막 것은 상대방의 감정을 평가하는 것이다. 그러나 어떤 것도 상대방의 감정을 인정해주거나 보이지 않는 질문에 대해 대답하고 있지 않다. 오히려 다음과 같은 말을 했더라면 인정해주는 반응이 되었을 것이다.

- 그것 때문에 굉장히 화가 난 것 같네요.
- 이 일은 당신에게 매우 중요한 문제인 것 같군요.
- 만일 내가 당신의 입장이었다면 나 역시 혼란스러웠을 거에요.

완벽한 대답이란 없다. 실제로 말을 할 필요가 없는 경우도 있을 것이며, 때로는 그저 고개를 끄덕이거나 시선을 마주치는 것만으로도 상대방을 인정해줄 수 있다.

문제 해결보다 감정 인정이 먼저다

물론 궁극적으로는 문제 해결이 목적이므로 다음과 같이 물어볼수 있다. "이 일을 어떻게 처리할 생각입니까?", "왜 그런 짓을 했나요?", "당신은 이런 일이 발생한 것에 대해 어떻게 설명하겠습니까?" 이런 질문은 중요하지만 순서 역시 중요하다. 말로 하든 어떻든 간에 사람들은 흔히 자신의 감정을 인정받아야 갈등 대화로 넘어간다. 어려운 대화를 하다 보면 지나치게 목적에 집착한 나머지 인정해주는 단계 없이 곧바로 문제 해결로 넘어가는 일이 종종 있는데, 그런 경우 일을 그르치기 쉽다. 어느 날 남편이 당신에게 이렇게 말했다.

"당신은 아주 열심히 일하는 것 같아. 도무지 얼굴 볼 시간이 없네."

그의 말이 맞다고 느낀 당신은 이렇게 대답한다.

"다음 달에는 일이 좀 줄어 6시까지는 집에 올 수 있을 거야."

그런데 당신의 남편은 만족스럽지 않은 눈치고, 당신은 남편이 무슨 말을 더 바라는지 알 수가 없다. 여기서 남편의 불만은 무슨 수학 문제 같은 것이 아니다. 당신은 문제를 '해결했다'고 생각하지만 남편의 보이지 않는 질문은 아직 해결되지 않았다. 남편은 그 감정을 인정받기를 원하고 있다. "지난 몇 달간 정말 힘들었어, 그렇지?" 혹은 "당신, 외로운가봐"라는 말을 하는 것이 더 적절했을 것이다. 문제 해결도 중요하지만 그보다 앞서 더 중요한 것이 있다.

인정과 동의는 별개다

인정해주기라는 문제에 흔히 따라오는 질문이 있다. "만일 상대방의 생각에 동의하지 않는다면 어떻게 해야 하는가?" 이것은 매우 중요한 문제로, 여기서 우리는 감정 대화와 갈등 대화를 구별할 수 있어야 한다. 즉, 상대방이 말하는 내용에 동의할 수는 없을지라도 그 사람이 느끼는 감정의 중요성은 인정해줄 수 있어야 한다는 뜻이다.

예를 들면 어떤 상사가 부하 직원 한 사람을 다른 부서로 보냈는데 그 직원이 항의를 한다고 하자. 다음 대화에서 상사가 그 직원의 말에 동의하지는 않지만, 어떻게 감정을 인정해주는지 주의해서 보기 바란다.

직원 그렇게 열심히 일했는데, 왜 이제 와서 절 보내시는 겁니까? 이건 공평하지 않아요.

상사 당신은 정말로 상처받고 배신감을 느끼고 있는 것 같군요. 당신이 왜 그렇게 화가 나는지 이해해요.

직원 그러면 불공평한 처사라는 내 말에 동의하시는 겁니까?

상사 내 말은 당신이 얼마나 화가 나는지를 알겠다는 거예요. 그리고 당신의 화난 모습을 보니 나도 가슴이 아파요. 또한 왜 당신이 이번 이동이 불공평하다고 생각하며 배신감을 느끼는지도 이해할 것 같아요. 바로 그런 점 때문에 당신을 보내기로 결정하는 것이 쉽지 않았어요. 그리고 내 나름대로 노력도 해보았어요. 결국 이렇게 된 것은 유감이지만 그것은 올바른 결정이었으며, 불공평한 처사라고 생각하지 않아요. 당신이 왜 그렇게 생각하는지 얘기해보세요.

이런 식의 구분을 짓기 위해서는 많은 생각을 해야 하지만 큰 도움이 될 수 있다. 우리는 흔히 상대방에게 동의하지 않으면 반대해야 한다고 이분법적으로 생각하는 경향이 있다. 그러나 사실 이야기의 내용에는 동의하지 않으면서도 감정의 중요성은 인정해줄 수가 있다.

감정이입은 여행의 과정이지 목적지가 아니다

어떤 사람을 이해해주는 가장 심오한 단계는 감정이입일 것이다. 감정이입을 위해서는 상대방을 피상적으로 관찰하는 데서 그쳐서는 안 된다. 그 사람에게 담겨 있는 모든 경험과 배경을 포함해 그 사람의 내면에서 어떻게 느낄지를 상상하면서 그 사람의 눈으로 세상을 바라보는 상태가 되어야 한다.

감정이입을 하는 경청자로서의 여행에는 방향은 있지만 종착지는 없다. 당신은 결코 목적지에 '도착'할 수 없다. "당신을 완벽하게 이해해"라고 말할 수 없기 때문이다. 그렇게 하기에 사람은 너무 복잡한 존재이며, 다른 사람의 삶 속으로 들어가 있는 자신을 상상하는 우리의 능력에는 한계가 있기 때문이다. 어떤 의미에서는 오히려 다행이 아닐 수 없다.

심리학자들의 연구 결과에 의하면, 사람들은 상대방이 공감하려고 노력하고 있다는 것을 아는 것, 즉 내가 어떻게 보고 느끼는지를 상대방이 이해하려고 하는지에 관심이 있는 것일 뿐, 실제로 상대방이 그런 상태에 이르렀다고는 믿지 않는다고 한다. 앞서 말했듯이 훌륭한 경청은 진정한 의사소통의 지름길이다. 이해하려고 노력하는 것은 가장 긍정적인 메시지를 전달해준다.

당당하게
표현하라

　제3의 이야기로 대화를 시작하는 것은 아주 좋은 방법이다. 그다음으로 중요한 일은 상대방이 생각하고 느끼는 것을 진정으로 알고 싶어 하는 마음으로 귀 기울이는 것이다. 그러나 상대방을 이해하는 것이 모든 것을 해결해주지는 않는다. 상대방도 당신의 이야기를 들어야 하기 때문이다. 그러기 위해서 당신은 스스로를 표현해야 한다.

　어려운 대화를 할 때 자신을 얼마나 잘 표현하는가는 어휘력이나 표현력 혹은 기지와는 아무 상관이 없다. 윈스턴 처칠과 마틴 루터 킹 주니어는 훌륭한 웅변가였지만 어려운 대화를 할 때 딱히 그들의 화법이 도움을 주었다고 말할 수 없다.

　어려운 대화의 일차적인 목적은 상대방을 설득하는 것도, 깊은 인상을 남기는 것도, 장난을 치는 것도, 속이는 것도, 다른 사람을 이기는 것도 아니다. 그것은 당신이 무엇을 보고 있는지, 그것을 왜 그런 방식으로도 보는지, 당신이 어떻게 느끼는지, 그리고 당신이 누구인지를 표현하기 위한 것이다. 당신이 말하려고 하는 것이 중요하다는 자기인식과 신념이 유창한 웅변술이나 기지보다 더 중요하기 때문이다.

모든 사람의 견해와 감정은 평등하다

로스쿨 2학년에 재학 중인 존은 법원 발령을 앞두고 근무와 관련한 몇 가지 궁금한 점에 대해 논의하기 위해 명성 있는 연방판사와 만날 준비를 하고 있다. 그 연방판사는 때때로 까다롭고 따지기를 좋아한다는 평판을 듣고 있다. 따라서 존은 판사의 사무실로 들어갔을 때 말할 용기를 잃고 주눅이 들까 봐 걱정하고 있었다. 이런 존에게 그가 가장 좋아하는 교수는 다음과 같이 조언했다.

"나보다 높은 사람에게 위협을 느끼거나 대접을 못 받고 있다는 생각이 들면 '신의 눈에는 인간이 다 똑같아 보인다'는 말을 떠올리곤 한다네."

신을 믿고 안 믿고를 떠나서 우리 모두가 그 메시지를 통해 무언가를 얻을 수 있다. 우리가 누구이든, 우리가 자신을 얼마나 대단하고 막강한 존재로 생각하고 있든, 우리가 자신의 가치에 대해 어떻게 평가하고 있든 간에 우리 모두는 존경받고 존엄성 있는 한 인간으로서 대우받을 만한 자격이 있다. 나의 견해와 감정은 상대방의 그것만큼 정당하고 가치 있고 중요한 것이지만, 그 이상도 그 이하도 아니다. 이것이 어떤 사람들에게는 너무 당연한 것이겠지만, 또 어떤 사람들에게는 아주 중요한 새로운 뉴스가 될 것이다.

시인이며 행동주의자인 오드리 로드는 자신의 책 『시스터 아웃사이더Sister Outsider』에 실린 어떤 수필에서 자기표현과 자격 부여라는 문제에 대해 숙고하고 있다. 그것은 그녀가 유방암 진단을 받은 직후였다.

나는 나에게 가장 중요한 것은 꼭 표현하고 언어화하고 얘기해야 한다고 믿는다. 설령 그럼으로써 상처받고 오해받는다 할지라도 말이다.

내가 죽을 수밖에 없다는 것을 강제적이고 본질적으로 인식하게 되면서, 그리고 비록 아무리 짧은 인생일지라도 나의 인생에서 소원하고 바랐던 것 중에서…… 가장 후회스러웠던 것은 나의 침묵이었다. 조금 이르든 조금 늦든, 나 자신을 표현했든 안 했든 간에 나는 죽음을 앞두고 있다. 나의 침묵은 결코 나를 보호해주지 못했다. 당신의 침묵도 당신을 보호해주지 못할 것이다.

지쳤을 때 말하는 법을 배운 것과 똑같은 방법으로 두려울 때 말하는 법을 배울 수 있다. 우리는 언어와 정의의 필요성보다 두려움을 더 많이 존중하도록 사회화되었다. 우리가 두려움 없는 상태가 되기를 침묵하며 기다리는 동안, 그 침묵의 무게는 우리를 질식시킬지도 모른다.

로드는 자신을 표현하는 데 따르는 위험에 대해 잘 알고 있다. 그러나 그녀는 침묵의 대가가 훨씬 더 크다는 것을 인식하고 있다. 자신의 자격을 인식하는 것은 대화에서 자신의 목소리를 찾는 데 도움이 되고 두려움이나 무기력함을 느낄 때 자신을 대변할 수 있는 용기를 줄 것이다.

자기 파괴를 경계하라

때로 우리는 자신을 대변해야 한다는 믿음과 주장을 펼칠 자격이 없다는 감정 사이에서 이러지도 저러지도 못한다. 이런 상황에서 우리의 무의식적인 생각은 미혹적이며 기만적인 해결책을 제시한다. 우리는 계속 노력하지만 결국에는 무능하기 때문에 실패하고 만다. 그리고 고민거리를 해결하기에는 이미 너무 늦은 후에야 말한다.

우리는 아주 편리하게도 본질을 망각한다. 그리고 중요한 요점은 우리의 머리에서 사라진다. 됐다! 우리의 모든 관심사는 만족되었다. 우리는 시도해본 것에 대해서 기분 좋게 느끼고 성공하지 못한 것에 대해서도 은밀히 만족한다. 이것이 바로 자기 파괴의 기술이다.

이것이 당신이 흔히 사용하는 계략이라면, 어떤 것에 대해 양면적 가치를 느낄 때는 경계해야 한다. 어렴풋이나마 멀미가 나거나 혼란스러운 감정이 들 때는 당신이 나아가고 있는 길 앞에 커다란 정지 표지판이 있다고 상상하라. 계속 진행하기 전에 정체성 대화를 할 필요가 있다. 당신은 왜 자격이 없는가? 당신의 머릿속에서 '당신은 자격이 없다'고 말하고 있는 것은 과거 누구의 목소리인가? 당신이 목소리를 높일 자격이 있다는 것을 충분히 느끼기 위해서는 무엇이 필요한가?

자신을 표현하지 못하면 인간관계도 어려워진다

매사추세츠 주의 마서즈비니어드 섬으로 가는 배의 티켓에는 가운데 자르는 점선 옆에 '잘랐을 경우 무효임'이라는 흔한 문구가 인쇄되어 있다. 어려운 대화에서도 이와 똑같은 위험부담을 감수한다. 자

262

신에게 가장 중요한 것을 얘기하지 못하면 우리 자신은 다른 사람들에게서 분리되고 인간관계는 손상된다.

대부분의 사람들은 실제로 자기 생각을 표현하는 사람들과 얘기하는 것을 좋아한다. 안젤라는 그녀의 약혼자가 '지나치게 착한' 사람이기 때문에 그 사람과 헤어졌다. 그는 자신의 취향을 말한 적도, 언쟁을 벌인 적도, 목소리를 높인 적도, 어떤 부탁을 한 적도 없다. 그의 친절함은 항상 고맙지만, 그녀에게는 뭔가가 빠져 있는 것 같았다. 그것은 그 남자 자신의 존재였다.

당신이 외롭고 의기소침해 있을 때 가까운 사람들에게 그런 감정에 대해 말하지 않는다면 그들이 당신의 일면을 볼 수 있는 기회를 빼앗는 것이다. 어쩌면 당신이 정말로 어떻게 생각하고 느끼는지를 다른 사람들이 알게 되면 그들이 당신을 덜 존경하고 덜 좋아하며 덜 칭찬할 것이라고 생각할지도 모른다. 그러나 당신의 잘나가는 모습만 지속적으로 보여주기는 어려운 일이다. 우리는 종종 일부분을 가리려다가 우리 자신 전체를 가려버리기도 한다. 그래서 활력 없고 동떨어진 사람의 면모만 보여주게 된다.

자신을 표현하는 일은 어렵고 힘든 일일 수도 있다. 그러나 그것은 인간관계를 바꾸고 유대감을 더욱 공고히 하는 기회가 되기도 한다. 아메리카 원주민인 캘리는 10대 비행청소년을 지도하는 프로그램에서 같이 일하는 동료들과 가깝게 지내지 않았다. 어느 정도는 그들이 백인이기 때문에 자신을 이해할 수 없을 거라고 생각했다. 실제로 그녀의 눈에는 종종 동료들의 배려가 부족한 것처럼 보였다.

그러던 어느 날 캘리는 위험무릅쓰 감수하고 그들과 몇 가지 이야기를 나누었다. 그녀는 자기가 어렸을 때 놀림받은 이야기와 얼마나 오랫동안 '평범한' 사람이 되기를 바랐는지 모른다고 말했다. 그런 이야기를 털어놓음으로써 그녀와 동료들 사이의 관계가 몰라보게 달라졌고, 그녀의 동료들은 캘리를 높이 평가하게 되었다. 그리고 그들도 자신이 소외당하고 있다고 느꼈을 때나 괴로운 상황에 처했을 때의 이야기를 털어놓기 시작했다. 만일 캘리가 자신의 이야기를 하지 않았다면 그녀가 오랫동안 가져온 사람들의 선입견을 깰 기회를 갖지 못했을 것이다. 그 선입견이란 백인들은 캘리 같은 사람을 이해하려고 하지도 상관하지도 않는다는 생각이다. 실제로 캘리가 자신의 이야기를 털어놓지 않았다면 동료들은 캘리를 이해하고 배려할 수 있는 기회를 갖지 못했을 것이다.

인간관계는 양쪽 모두가 서로의 진실함을 체험할 때 뿌리를 내리고 자란다. 이런 관계는 편안할 뿐만 아니라(본연의 자신이 되면 마음이 편하므로) 영혼을 살찌우는 것이다(나의 상사는 내 약점을 잘 알고 있지만 그래도 좋다고 생각한다).

단, 표현해야 한다고 스스로를 괴롭히지는 마라

당신은 자신을 표현할 자격이 있다. 마음속 깊이 진심으로 이 말을 믿지 않는다면 당신은 상당히 노력해야 한다. 그러나 표현할 자격이 있다는 것이 반드시 표현해야 한다는 의무감과 연결되는 것은 아니다. 만일 그렇게 생각한다면 이것은 또 다른 형태로 자신을 괴롭히는 일이다.

'내가 생각하는 바를 말해야 하는데, 그러기가 너무 두려워. 나는 뭐 하나 제대로 하는 게 없어'라고 생각할 수 있기 때문이다. 흔히 자신을 표현하는 것은 아주 어려운 일이다. 그럴 수 있는 용기를 지닌다는 것은 평생의 숙제일 수도 있다. 당신이 표현하고 싶은 만큼 표현하지 못한다면 그럴 수 있도록 노력해야 하지만, 그 일로 자신에게 부담을 줄 필요는 없다.

문제의 핵심을 말하라

자기 자신을 표현하는 데 있어 가장 먼저 해야 할 일은 스스로 자격을 느끼는 것이다. 그다음에 할 일은 자신이 정확히 무슨 이야기를 하고 싶은지를 알아내는 것이다.

가장 중요한 것부터 시작하라

이야기를 시작할 때 자신에게 가장 중요한 것부터 말하는 것보다 더 좋은 방법은 없다. "나에게 이 일은 정말로…… 내가 지금 느끼고 있는 것은, 나에게 중요한 것은……" 이런 말로 시작하는 것이 좋다.

자신에게 중요한 것부터 얘기하는 것은 상식적인 일이지만, 우리는 종종 그것을 잊어버린다. 네 형제 중 맏형인 찰리가 열여섯 살짜리 막냇동생 게이지와의 관계를 호전시키기 위해 노력한 이야기를 들어보자.

게이지는 읽기에 어려움을 겪는 학습장애아다. 형들이 모두 고등학교를 우수한 성적으로 졸업하고 장학금을 받으며 대학을 나섰다는 사실을 감안하면, 학습장애라는 것이 게이지에게는 참으로 감당하기 어려운 문제였을 것이다. 그래서 게이지는 학교에서도 힘들어하고 문제점을 드러내며 이런 상황에서 위안을 얻기 위해 점점 더 술을 마셨다.

찰리는 자신의 경험을 살린 조언으로 막냇동생을 돕고 싶었다. "너는 꼭 토론반에 들어가야 해. 선생님도 좋으시고 네가 대학에 갈 때 도움이 될 거야"라고 말했다. 또한 "그리고 게이지야, 술도 너무 많이 마시지 마. 무슨 일이라도 생기면 어떻게 하니?"라고 말했다. 그러나 이런 찰리의 말은 게이지에게 비판받고 있다는 느낌을 주어 그를 더욱 방어적인 사람으로 만들었다. 또한 형이 선심을 쓰듯 자신을 돌보아주고 있다는 기분이 들게 했다. 결과적으로 형제의 거리는 더욱 멀어지고 말았다.

우리가 찰리에게 그들의 관계가 왜 중요하냐고 물었을 때 새로운 전기를 맞이하게 되었다. 찰리는 게이지가 성공을 위해 그렇게 열심히 공부하는 것을 높이 평가하고 있었다. 그리고 어렸을 때 자기가 게이지에게 한 행동을 후회하고 있었다. 우리는 찰리가 동생을 사랑하고, 또 그에게 사랑받는 좋은 형이 되기를 마음속 깊이 바란다는 사실을 알게 되었다. 찰리는 그런 이야기를 하며 울음을 터뜨렸다.

찰리가 이런 사실을 동생에게 말했을 때, 게이지는 놀랐다. 찰리에게는 동생이 필요했고 좋은 형이 되기 위해서는 동생의 도움이 필요했다. 이 사건은 그들의 관계에 아주 중요한 전환점이 되었다.

게이지는 독심술사가 아니므로 찰리가 하는 말에서 이런 사실을 짐작하는 게 불가능했다. 형의 말에는 메시지의 핵심이 나타나 있지 않았으며, 그가 느끼던 감정의 깊이도 드러나 있지 않았다. 그런 메시지가 있어야 할 자리에 완전히 다른, 다음과 같은 메시지가 있었다.

"너는 엉망이기 때문에 내 도움이 필요해. 근데 넌 너무 바보 같아서 그런 부탁조차 못하는구나."

불행하게도 이것은 어려운 대화에서 전형적으로 나타나는 현상이다. 우리는 때로 가장 중요하지 않은 말을 되풀이한다. 그러고는 상대방이 우리가 정말로 어떻게 생각하고, 어떻게 느끼는지를 알아주지 못한다고 투덜거린다. 어려운 대화를 시작할 때 스스로에게 다음과 같은 질문을 해보라.

"내가 이 문제의 핵심이 무엇인지를 말했는가? 무엇이 중요한지를 말했는가?"

만약 하지 않았다면 자기 자신에게 그 이유를 물어보라. 그리고 다시 시도해볼 용기가 있는지를 생각해보라.

돌려서 말하지 마라

흔히 중요한 이야기를 회피하는 방법 중 하나는 말하고자 하는 것을 바로 말하지 않고 대화의 밑바닥에 깔아놓는 것이다.

이 책의 서론 부분에서 우리는 대화를 할 것인가, 아니면 회피할 것인가와 관련된 딜레마에 대해 살펴보았다. 그 딜레마를 해결하기 위해 보통 사용하는 방법은 간접적인 메시지 전달에 의존하는 것이다. 자신이 어떤 이야기를 할 자격이 있는지 잘 모를 경우에는 특히 그렇다. 농담이나 질문, 우발적인 코멘트, 혹은 제스처 등을 통해 간접적으로 메시지를 전달하려고 한다.

직접적으로 이야기하지 않으면서 메시지를 전달하는 방법은 대화에 임하는 것과 회피하는 것의 중간 지점쯤으로 생각할 수 있다. 둘 다 열심히 하는 것도, 둘 다 하지 않는 것도 아니기 때문이다. 만일 둘 다 하는 것이라고 본다면 둘 다 하되 나쁜 방법으로 하고 있는 것이다. 즉 자신이 하고 싶은 말을 명확하게 전달하지도 못하면서 그 대화에서 일어날지도 모른다고 우려한 모든 문제를 야기하는 결과를 낳기 때문이다.

당신과 남편이 일요일에 주로 늦잠 자고, 집에서 빈둥거리고, 개를 산책시키고, 함께 잡다한 일을 하면서 보냈다고 가정해보자. 그런데 최근 들어 남편이 골프에 흥미를 느끼기 시작하더니, 이제는 일요일 오전마다 18홀을 도는 게임을 하는 데 여념이 없다. 그동안의 일요일이 대단했던 것도 아니고 무슨 특별한 데이트 같은 것을 하는 것도 아니었지만, 이제는 그 일요일이 없어진 것이다. 주중에는 둘만의 시간을 가질 기회가 거의 없으므로 남편의 새로운 취미 생활은 당신을 점점 더 화나게 만든다.

당신은 이런 상황에서 아무 말도 하지 않으면서 갈등을 회피할 수 있다. 그러나 그럴 경우 당신은 아마도 계속 불행할 것이다. 혹은 남편에게 "여보, 이번 주말에는 해야 할 집안일이 아주 많아", "그렇게 자주 해야 할 만큼 골프가 당신에게 중요해?" 혹은 "여보, 당신은 골프를 너무 많이 쳐!"라고 간접적으로 말할 수 있다.

위의 표현들 중 어떤 것도 "나는 당신과 더 많은 시간을 함께하고 싶어"라는 당신이 진정으로 하고 싶은 말을 전달해주지 않는다. 각 문장의 뜻과 그 이면의 메시지에 대해 생각해보자.

"여보, 이번 주말에는 해야 할 집안일이 아주 많아." 이 문장은 여러 가지 측면에서 허점을 가지고 있다. 첫째로, 이것은 전혀 다른 주제다. 함께 시간을 보내는 것과 집안일을 하는 것은 관련이 있을 수도 있지만 그것은 다른 문제다. 둘째로, 혹시 집안일이 문제라면 위의 문장은 그런 '사실'을 전달할 뿐이다. 그러므로 당신의 남편은 "별로 많은 것 같지도 않은데, 아무튼 돌아가서 얘기하자고"라고 대답할 수 있다.

"그렇게 자주 해야 할 만큼 골프가 당신에게 중요해?" 이것이 바로 질문으로 가장한 진술의 대표적인 예다. 이것은 간접적인 방법으로 어떤 메시지를 전달하고 있는 것이 분명하다. 그러나 그 메시지가 무슨 의미인지가 분명치 않다. 어투에서 화가 난 감정이나 불만은 표현된다. 그러나 무엇이 당신을 화나게 만드는지, 또 그것에 대해 당신의 남편이 어떻게 해야 하는 건지가 분명하지 않다. 당신의 남편이 사회봉사나 집안일 같은 것이 아니고 의미 없는 운동에 열중해서 화가 난다는 것인가? 혹은 남편이 멋진 여행길에 당신을 함께 데리고 가지 않아서 화가 난다는 것인가, 아니면 당신이 남편과 함께 충분한 시간을 보내지 못해서 화가 난다는 말인가? 분명히 말하지 않는데 남편이 어떻게 알겠는가?

"여보, 당신은 골프를 지나치게 많이 쳐!" 이 문장은 사실 속에 내포된 자신의 의견을 전달하고 있다. 이 말을 들은 당신의 남편은 이상한 생각이 들 것이다. "어떤 기준으로 지나치다는 거지?", "어느 정도가 적당한 거지?", "지나치게 많이 친다고 한들 그게 어떻다는 거지?" 등이다.

비록 남편이 이런 질문에 대한 답을 알고 있다 해도 당신이 의도한 메시지를 전달받지 못할 것이다. "여보, 당신은 골프를 지나치게 많이 쳐!"는 "나는 당신과 더 많은 시간을 함께하고 싶어"와는 너무 다른 뜻을 갖고 있다. 제대로 말하기 위해서는 당신이 진정으로 생각하고 느끼는 것이 무엇인지를 알아내서 그것을 직접 말해야 한다.

"당신과 많은 시간을 함께 보내고 싶은데, 우리는 일요일 오전밖에 시간이 없었잖아. 그래서 당신이 골프에 몰두해 있는 게 화가 나."

때로 당신은 이렇게 명시적으로 말하지 않고도 상대방이 어떤 문제가 있다는 것을 미리 알아차리고 그 문제를 해결해주기를 바랄 수도 있다. 사람들이 흔히 지니는, 또 이해할 수 있는 환상은 나의 이상적인 짝이나 완벽한 동료가 내 마음을 읽어서 내가 부탁하지 않아도 원하는 대로 해주기를 바란다. 그러나 불행하게도 그런 사람은 존재하지 않는다. 시간이 지남에 따라 서로가 어떻게 생각하고 느끼는지를 더 잘 이해하게 될 수 있지만 완벽하게 그렇게 할 수는 없다. 상대방이 내 마음을 읽지 못한다고 실망하는 것이 오히려 문제의 원인을 일부 제공하고 있을지 모른다.

하버드대학의 크리스 아지리스 교수는 간접적인 메시지 전달 방법과 비슷하지만 때론 파괴적인 의사소통 방법을 '부담 덜기'라고 부른다. 힌트를 주거나 질문을 유도해 어떤 메시지를 간접적으로 전달함으로써 강도를 낮추려고 하는 것을 말한다. 이 방법은 업무성과 평가에서 자주 사용된다. "그래서 자네는 일을 어떻게 했다고 생각하나?", "자네는 최선을 다했다고 생각하나?", "나도 비슷한 문제를 경험하고 있지만, 자네가 이렇게 했더라면 좀 더 나았을 것이라고 생각하지 않는가?" 등이다.

'부담 덜기'는 세 가지 메시지를 전달한다.

- 나는 어떤 견해를 가지고 있다.
- 그런데 직접적으로 말하기는 민망하다.
- 그렇기 때문에 당신에게 직접적으로 말하지 않겠다.

이런 메시지가 양쪽 모두를 불편하게 하고 방어적으로 만드는 것은 어쩌면 당연한 일이다. 그리고 그런 말을 듣는 사람은 으레 당신이 전달하고자 했던 실제의 메시지보다 더 나쁜 상황을 상상한다.

그런 주제를 더 명확하게 전달하고 논의하는 방법은 당신의 생각을 직선적으로 말하는 것이다. 그러면서도 그 상황에 대한 상대방의 견해가 어떻게 다른지, 그렇다면 그 이유가 무엇인지를 알고 싶다는 뜻을 정직하게 밝히는 것이다.

"내가 아는 바에 의하면, 당신은 이보다 더 잘했을지 몰라요. 하지만 어떻게 된 것인지는 당신이 가장 잘 알잖아요. 나와는 어떤 측면에서 생각이 다른가요?"

그리고 나서 만일 당신이 상대방의 말에 동의하지 않는다면, 그 견해차에 대해 검증하거나 조율하거나 대응하는 방법에 대해 직접적으로 얘기할 수 있을 것이다.

간단명료의 표현 기술, '나 그리고 나' 화법

사람들이 나를 잘 이해하도록 하기 위해서는 명확하고 간단하게 말해야 한다고 배웠다. 어느 정도는 맞는 말이다. 그러나 문제는 우리 머릿속에서는 항상 복잡한 생각, 감정, 전제 그리고 인식들이 뒤죽박죽 진행되고 있다는 사실이다. 그러므로 간단하게 말하려고 하면 때로는 불완전해지는 결과를 낳는다. 동료에게서 마음을 혼란스럽게 하는 편지를 받았다고 생각해보자. 당신은 이렇게 생각할 것이다.

'이 편지는 굉장히 창의적이지만, 동시에 너무 제멋대로라 나를 미치게 만드는군.'

그러나 그런 생각을 간단히 전달하기 위해 당신은 이렇게 말한다.

"당신의 메모는 너무 제멋대로라서 나를 미치게 합니다."

심지어는 이렇게 말할 수도 있다.

"당신의 메모는 나를 미치게 합니다."

이럴 때는 '나 그리고 나' 화법을 사용해서 지나친 단순화를 탈피할 수 있다. '그리고 대화법'은 다양한 인식, 감정, 전제에 대해 얘기하는 것이 중요하다는 것을 인정하는 것이다. 이것은 상대방의 인식과 당신의 인식에도 적용되며, 상대방의 감정과 당신의 감정에도 똑같이 적용된다. 또한 당신의 내면에서 진행되고 있는 다양한 인식과 감정, 전제에 대해서도 마찬가지다. 여기서 '그리고'는 당신이 생각하거나 느끼는 것을 연결해준다. 또한 복잡하기는 해도 분명하고도 정확하다. '나 그리고 나' 화법은 다음과 같다.

- 나는 당신이 총명하고 재능이 있다고 생각해요. 그리고 나는 당신이 충분히 열심히 일하지 않는다고 생각해요.
- 나는 당신이 너무 힘든 일을 겪어온 것에 대해서 유감스럽게 생각하고

있어요. 그리고 나는 당신에게 실망했어요.

- 나는 당신이 그렇게 외로워하고 있었다는 것을 몰랐던 자신에게 화가 납니다. 그리고 나 역시 그 시기에는 많은 문제를 겪었어요.
- 나는 드디어 이혼 절차가 모두 끝난 것에 대해 안도하고 마음이 가벼 워졌어요. 그것은 올바른 선택이었다고 생각해요. 그리고 나는 가끔 그 사람을 그리워해요.

'나 그리고 나' 화법은 어려운 대화를 시작할 때 흔히 당면하는 장애물을 쉽게 극복하는 데 도움이 된다. 그중 대표적인 것은 오해를 받을지도 모른다는 두려움이다. 당신은 팀이 새로운 의뢰를 맡는 것이 좋다고 생각한다. 그러나 사람들에게 실적을 올리고 보너스를 더 받기 위한 이기적인 목적에서 그러는 것처럼 보일까 봐 걱정이 된다. 만일 그것이 두렵다면, 당신의 주장을 펴면서 그런 얘기를 함께 해라.

"이번 건과 관련하여 얘기하고 싶은 것이 있습니다. 하지만 혹시 이기적으로 보일까 봐 말하기가 무척 신경이 쓰인다는 말씀을 드리지 않을 수 없습니다. 그러니 저의 말 중에 합당하지 않다고 느껴지는 부분을 말씀해주시면 같이 토론해보도록 하겠습니다."

또 다른 상황에서는 이렇게 말할 수도 있을 것이다.

"나는 여기서 확실하게 말씀드리고 싶은 것이 한 가지 있습니다. 그런데 내가 명확하고 냉정하게 말하지 못한다면 당혹스러워질 것 같아 걱정이 됩니다. 만약 그렇게 되면 내가 간단명료하게 정리하여 말할 수 있을 때까지 인내심을 가지고 도와주시기 바랍니다."

의견을 표현할 때의
주의사항

내가 어떻게 표현하는가에 따라 상황이 달라지는 것은 분명하다. 내가 말하고 싶은 것을 어떻게 말하는가에 따라서 부분적으로 다른 사람들이 어떻게 반응할지, 그리고 대화가 어떻게 진행될지가 결정된다. 그러므로 무언가 중요한 이야기를 하기로 결정했다면 다른 사람들의 이해와 생산적인 반응을 이끌어낼 가능성을 극대화시키는 방법으로 말하고 싶을 것이다.

자신의 의견은 '절대 진리'가 아니다

커뮤니케이션 기술이 아무리 훌륭하더라도 어려운 대화를 헤쳐나가기가 수월하지는 않을 것이다. 상처받기 쉬운 감정에 대해 얘기하기, 나쁜 뉴스 전달하기, 다른 사람들이 당신을 보는 시각에 대한 괴로운 얘기 듣기 등이 그렇다. 자신의 이야기를 절대적인 진리로 제시하면 분노, 방어적 자세, 논쟁 등을 낳지만, 그것은 얼마든지 예방할 수 있는 재난이다.

그것은 자칫 범하기 쉬운 실수이며, 원인은 사고의 오류에 있다. 우리는 흔히 자신의 신념, 의견, 판단을 사실로 여긴다. 좋아하는 영화나 음식, 스포츠 영웅에 대해 논쟁할 때는 자신의 판단을 사실로 말해도 상관없다. 그러나 어려운 대화에서는 그럴 수가 없다. 사실은 사실이고 사실이 아닌 것은 사실이 아니다. 그리고 그 차이에 대해 철저히 경계해야 한다.

만일 당신과 당신의 친구가 아이를 때리는 것이 괜찮은지에 대해 의견이 다를 경우, 당신이 '아이를 때리는 것은 절대적으로 잘못이다'라는 자신의 견해를 절대 진리처럼 말한다면 갈등이 증폭된다. 그것은 이미 거친 물살을 더욱 혼탁하게 만드는 격이 되며, 당신의 친구는 그것을 비난의 말이나 주제 넘는 참견으로 받아들일 수도 있다. 당신의 친구는 그 문제에 대해 대화를 하기는커녕 이렇게 말할 것이다.

"도대체 네가 뭔데 옳으니 그르니 하는 거야?"

그때는 다음과 같은 방법으로 말하면 훨씬 나을 것이다.

"나는 아이를 때리는 것이 옳지 않다고 생각해", "나는 때리는 것이 아이에게 해롭다고 말하는 책을 몇 권 읽었어", "나도 어렸을 때 맞아봤기 때문에 어떤 아이가 맞았다는 말을 들으면 슬프고 걱정돼" 혹은 "왜 이렇게 생각하는지 명확히 설명할 수는 없지만, 나는 정말 아이를 때리는 것은 옳지 않다고 생각해"라는 식으로 말이다.

이런 문장들은 모두 당신의 견해와 감정을 사실과 분명하게 구분

짓고 있다. 예를 들어 '매력적인', '못생긴', '착한', '나쁜' 등의 단어는 명확한 판정의 말이다. 그리고 '부적절한', '필수적인', '프로다운' 등의 단어를 쓸 때는 특히 조심해야 한다. 그런 단어들이 내포하고 있는 판정은 덜 명확하지만, 그래도 여전히 "당신이 누군데 나에게 그런 말을 하는 거예요?"라는 반응을 유도할 수 있다. 만일 당신이 무언가가 '부적전하다'고 말하고 싶다면 판정의 말 앞에 '내 생각에는……'이라는 표현을 꼭 붙여라. 그러나 판정의 말은 되도록 쓰지 않는 편이 좋다.

이것은 진리란 없다고 주장하는 것도 아니고, 모든 의견이 똑같이 타당하다는 말도 아니다. 단지 의견과 사실을 구분해야 한다는 뜻이며, 그렇게 하면 방어적 자세를 낳거나 의미 없는 싸움을 하기보다 더 나은 이해와 결정을 이끄는 신중한 토론을 할 수 있다.

결론이 어디서 나온 것인지 이야기한다

명확성을 확보하는 제1단계는 당신의 결론과 의견을 진리가 아니라 그저 당신의 결론과 의견으로 얘기하는 것이다. 이제 두 번째 단계는 당신의 결론에 내포되어 있는 것에 대해 이야기하는 것이다. 즉 당신이 갖고 있는 정보와 당신이 그것을 어떻게 해석했는지에 관한 것이다.

앞 장에서 이미 살펴보았듯이 우리는 그저 우리의 결론을 주고받을 뿐이지 그런 생각이 어디서 나왔는지 탐색해보지 않는다. 당신은 자기 자신에 대해 다른 사람들이 가질 수 없는 정보를 갖고 있다. 그런 종류의 정보가 중요할 수 있으므로 그것에 대해 이야기할 것을 고려해보라. 또한 당신의 생각과 그런 생각을 가지게 된 이유, 당신의 감정에 영향을 미친 경험을 갖고 있을 것이다. 그런 이야기를 한다면 그것은 당신의 견해라는 뼈대에 살을 붙이는 것과 같다. 딸 캐롤을 사립학교에 보내는 일을 놓고 아내와 논쟁을 한다고 해보자. 당신의 아내는 이렇게 말한다.

"나는 올해 캐롤을 꼭 그 학교에 보내야 한다고 생각해. 나이도 그렇고 학비를 어떻게 마련할지도 이미 계획해놓았어."

이에 대한 당신의 반응은 다음과 같다.

"그 애는 공립학교에서도 잘하고 있잖아. 난 그냥 거기 다녀야 한다고 생각해."

이런 대화가 결론에 도달하기 위해서는 두 사람의 결론이 어디서 나온 것인지 이야기할 필요가 있다. 당신의 머릿속에 있는 구체적인 정보는 무엇인가? 이 문제에 대해 당신이 그렇게 생각하도록 만든 과거의 경험은 무엇인가? 여기에서는 처음 몇 달 동안 느꼈던 두려움, 무언가 적응되지 않는 감정 등과 같이 당신이 사립학교에 갔을 때의 경험에 대해 얘기할 필요가 있다.

부모님이 당신의 학비를 대느라고 오랫동안 자동차도 살 수 없었던 것에 대해 당신이 얼마나 죄책감을 느꼈던가! 그 결정에 대해 당신이 우려하는 바를 논의하면서 당신의 머릿속에 있는 생생하고 구체적인 기억을 이야기하라. 당신이 그 주제에 대해 그렇게 느끼도록 만든 경험에 대해 아내가 모르고 있다면 다른 어떤 것도 이해가 되지 않을 것이다.

'항상', '절대로'를 조심하라

우리는 순간적인 감정으로 불만을 과장해 터뜨리기 쉽다. "당신은 왜 항상 내 옷에 대해 비난하는 거예요?", "당신은 절대로 고마움이나 격려의 말을 하지 않아요. 당신한테 무슨 말을 들을 때는 뭔가 잘못되었을 때뿐이에요!"처럼 말이다.

'항상', '절대로' 같은 단어는 불만을 표현하는 데 비교적 효과적이지만, 두 가지 심각한 결점을 지니고 있다. 첫째, 누군가가 언제나 비난한다는 것과 그들이 한 번도 긍정적인 말을 한 적이 없다는 것은 대부분 정확하지 않은 말이다. 이 단어를 사용하는 것은 빈도에 대한 논쟁을 불러일으킨다.

"그것은 사실이 아냐. 작년에 사무실 대항 아이디어 공모전에서 상을 탔을 때 나는 당신에게 몇 마디 좋은 말을 했어."

이런 반응은 당신을 더욱 화나게 만들 가능성이 높다.

'항상', '절대로' 같은 단어는 상대방이 행동을 변화시키는 것을 더 쉽게 만들기는커녕 오히려 더 어렵게 만든다. 실제로 '항상', '절대로' 같은 단어는 변화가 어렵거나 불가능하다는 것을 암시한다. 그 암묵적인 메시지는 "당신의 취향이 얼마나 유별나기에 나의 옷차림을 비난하는 거야?", "당신은 정상적인 사람처럼 행동할 수 없는 게 틀림없어"라는 의미를 갖고 있다.

더 좋은 접근법은 마치 (그것이 아무리 믿기 어렵더라도) 상대방이 자신의 행동이 당신에게 미치는 영향을 잘 모르기 때문인 것처럼, 그리고 좋은 사람이니까 일단 그것에 대해 알고 나면 자신의 행동을 변화시키기 원할 것이 틀림없다는 듯이 반응하는 것이다. 이렇게 말할 수 있을 것이다.

"당신이 내 옷을 보고 구겨진 커튼 같다고 말할 때 나는 상처를 받아. 내 옷차림을 비난하는 것은 내 판단에 대한 공격처럼 느껴지고, 내가 무능한 것처럼 느끼게 만들어."

그 대신 당신이 어떤 말을 듣고 싶은지에 대한 제안할 수 있다면 더 좋을 것이다.

"나는 당신이 나를 믿는다는 사실을 더 자주 느끼고 싶어. '그 색깔은 당신에게 잘 어울려'처럼 간단한 말이라도 들으면 기분이 좋아."

중요한 것은 당신의 말을 듣는 사람에게 그들은 바보이며, 아무것도 할 수 없다는 것을 암시하기보다는 행동의 변화를 고려해보도록 이끌고 권장하는 방법으로 감정을 전달하는 것이다.

상대방이 당신을 이해하도록 도와주는 방법

누군가 다른 사람의 이야기 속으로 들어가는 것은 쉽지 않다. 문제에 감정이 개입되어 있거나 세대차가 크거나 근본적으로 다른 기업 문화에 뿌리박고 있을 때는 특히 그렇다. 상대방을 이해하기 위해서는 상대방의 도움이 필요하다. 그리고 상대방이 당신을 이해하는 데도 당신의 도움이 필요하다.

만일 당신이 아이들을 베이비시터에게 맡기는 데 불안감을 느끼고, 당신 남편이 '느긋하게' 마음먹는 법을 배워야 한다고 말한다면,

당신은 남편이 이해할 수 있는 말로 불안감을 표현할 수 있다.

"그것은 당신이 비행기 타기를 두려워하는 것과 같아요. 내가 당신에게 비행기가 이륙할 때 아무 일 없을 테니 안심하라고 말해도 실제로는 더 불안하게 느껴질 때, 그것이 어떤 것인지 알잖아요. 이것도 같은 종류의 일이에요."

그리고 사람들이 정보를 받아들이는 속도와 방법은 저마다 다르다는 사실을 인정하라. 예를 들어 어떤 사람들은 시각 지향적이다. 그런 사람들에게는 시각적 비유를 사용하고, 비즈니스에서라면 그림이나 차트를 사용하는 게 낫다. 어떤 사람들은 먼저 문제 전체를 파악하려 하고, 그렇게 되기 전까지는 당신의 말에 귀를 기울일 수 없다. 또 다른 사람들은 처음부터 모든 세부 사항을 다 알고 싶어 한다. 이런 차이점에 주의하라.

상대방이 말을 바꿔 표현해보도록 요청하라

다른 사람의 말을 표현을 바꿔서 다시 말하면 당신이 제대로 이해했는지 확인하고 상대방의 말을 귀 기울여 들었다는 것을 알릴 수 있다. 상대방에게도 그렇게 해보도록 요청해보자.

"내 말이 잘 전달되었는지 확인할 수 있게 해주세요. 당신이 지금까지 들은 말을 다시 들려줄 수 있겠어요?"

상대방은 어떻게 다르게 생각하는지 물어보라

자신의 이야기를 명확하게 설명하는 것이 자기를 이해시키는 첫걸음이다. 그러나 즉각적인 성공을 기대하지는 마라. 진정한 이해는 주고받는 과정이 필요하다. 상대방이 당신의 이야기를 이해하지 못하거나 받아들이지 못한다면 강압적으로 이해시키려 하거나 다른 방법으로 말하려고 애쓰지 말고, 그들은 어떻게 보는지 물어보라. 특히 어떻게 다르게 보는지를 물어보라.

흔히 사람들은 동의를 구하기 위해 물어보는 경향이 있다. 아마도 안심하기 위해서일 것이다. "이해해요?", "당신도 동의하죠?"라는 식으로 말이다. 그러나 상대방이 어떻게 다르게 보는지를 묻는 것이 더 도움이 된다. 만일 당신이 동의를 구하려고 한다면 사람들은 자신의 의구심이나 의문점을 얘기하기를 주저할 것이다. 상대방은 당신이 정말로 자신의 의견을 듣길 원하는지 확신할 수 없기 때문에 "네, 그런 것 같아요."라고 말해버릴 것이다.

그러나 사실 상대방은 '네, 당신과 마찬가지로 제한적이고 비뚤어진 방법으로 동의해요'라고 생각한다. 그러므로 상대방에게 이 문제를 어떻게 보냐고 명시적으로 물어본다면 솔직한 반응을 얻어낼 가능성이 높다. 그러면 비로소 진정한 대화를 시작할 수 있다.

자신을 효과적으로 표현하는 비결은 궁극적으로 자신에 대해 가장 잘 아는 사람이 자기 자신임을 인식하는 것이다. 당신이 왜 이렇게 생각하고 느끼는지 가장 잘 아는 전문가는 바로 당신 자신이다. 만일 당신이 그것을 생각하고 느낀다면 그것을 말할 자격이 있고, 아무도 당신을 반박할 수 없다. 다만 누가 옳은지, 누가 무엇을 의도했는지, 어떤 일이 일어났는지 등과 같이 당신이 잘 모르는 것을 주장하려고 하면 문제가 될 뿐이다. 당신의 모든 경험을 바탕으로 충분히 말하라. 그러면 명백하게 표현할 수 있을 것이다. 자신을 대변하라! 그리고 힘 있게 밀어라.

대화를
주도하라

당신이 대화를 나누길 원하는 상대방도 이 책을 읽었을 가능성이 있고 '배우는 대화'를 하는 방법을 알고 있을 수 있지만, 반드시 그럴 거라고 믿지는 마라. 오히려 당신이 서로 이해하는 것에 대해서 말할 때, 상대방은 누가 옳은지에 대해 말할 가능성이 높다. 당신은 원인 제공에 대해서 말하는데, 상대방은 비난하기에 열중할지도 모른다. 당신은 상대방의 말에 귀 기울여 들으며 그들의 감정을 인정해주는데, 그들은 당신을 공격하고 방해하고 판정하는 것으로 되갚을지도 모른다. 당신은 커뮤니케이션을 향상시키기 위해 최선을 다하지만, 상대방은 오히려 건설적인 대화란 있을 수 없다는 것을 확인시켜주기만 할지도 모른다. 상대방은 여전히 비난받을 것을 걱정하면서 당신이 사용하는 말을 이해하지 못할 가능성이 높다. 상대방은 아마 지난번 대화를 할 때와는 달라진 당신과 당신의 행동을 아직도 신뢰하지 못할 것이다. 그렇다면 어떻게 해야 할까?

대화의 목적을 달성하려면 당신이 솔선해서 대화를 이끌어야 한다. 대화를 하면서 효과적으로 사용할 수 있는 몇 가지 기법이 있다. 예를 들어 프레임 다시 맞추기, 귀 기울여 듣기, 역학관계 분석 등 같은 기법을 사용하면 상대방이 협조적이든 비협조적이든 간에 궤도를 벗어나지 않고 대화를 계속할 수 있다.

상대방이 파괴적인 방향으로 나가는 경우, 프레임 다시 맞추기 방법을 사용하면 대화의 방향을 다시 바로잡을 수 있다. 그렇게 해서 당신은 도움이 되지 않는 말을 도움이 되는 말로 바꾸어놓을 수도 있다. 귀 기울여 듣기는 당신을 다른 사람의 세계로 들어가게 해주는 기술일 뿐만 아니라 대화를 건설적인 방향으로 이끌어갈 수 있도록 해주는 유일하면서도 가장 효과적인 방법이다.

그리고 역학관계 분석은 대화에서 문제가 되는 측면을 다루고 싶을 때 아주 유용하다. 이것은 상대방이 대화를 독점하고 당신이 주도하는 대화를 따를 용의가 없는 것처럼 보이는 경우에 특히 도움이 된다.

프레임을 다시 맞춰라

'프레임 다시 맞추기'는 상대방 말에서 요점을 뽑아 더 도움이 되는 개념으로, 말하자면 '세 가지 대화'에 대한 틀에 적용되는 개념으로 다시 '해석'하는 것이다. 당신은 새로운 길을 가고 있으며, 그 길로 상대방을 초대하여 같이 가려고 한다. 당신이 직접 길을 안내하려는 것이다.

앞에서 다루었던 미겔과 신디의 상황으로 돌아가보자. 신디는 브라질 프로젝트를 수행하는 엔지니어 팀을 이끌고 있었다. 미겔은 처음에는 신디의 리더십에 저항했지만 곧 그녀의 가장 열렬한 지지자가 되었다. 그러나 신디에게는 안됐지만 미겔의 열성이 이성 간의 감정으로 발전했다. 그는 신디 주변을 졸졸 따라다니면서 그녀와 함께 보내는 시간이 얼마나 좋은지를 표현하기도 하고, 그녀와 단둘이 해변을 호젓하게 산책하고 싶다고 말하기도 한다.

신디는 미겔을 비난하는 자세를 버리자 그제야 자신이 미겔에게 혼란을 주는 신호를 보냈을지도 모른다는 사실을 깨닫기 시작했다. 자신의 불쾌감을 직접적으로 표현하지 않음으로써 그런 상황에 원인 제공을 했던 것이다. 신디는 그 문제에 대해 미겔과 대화를 나누기로 했다. 대화를 성공적으로 마치기 위해 그녀는 '비난하기'에서 '원인 제공 파악하기'로 대화의 프레임을 계속해서 다시 맞춰야 할 것이다. 그 대화의 일부는 다음과 같을 것이다.

신디 당신과 진작 이런 얘기를 해야 했는데, 지금이라도 우리가 그것에 대해서 얘기하는 것은 나에게 정말로 중요한 일이에요!

미겔 당신이 언짢았다면 당연히 나에게 말했어야지요! 이것이 당신이 언짢아하는 이유군요. 팀의 리더라면 이런 일을 더 잘 다룰 줄 알아야죠.

신디 내가 그렇게 해야 했든 아니든, 내가 그 문제를 거론하지 않은 건 사실이에요. 지금 보니 내가 그 문제를 거론하지 않았기 때문에 상황이 더 나빠진 것 같아요. 누가 잘못했는지에 초점을 맞추는 대신 애초에 어떻게 해서 이런 상황에 이르렀는지를 살펴보고 싶어요. 나는 우리 둘 다 어떤 행동을 하거나 혹은 하지 않았기 때문에 상황이 악화됐다고 생각해요.

미겔 글쎄요. 나는 이 모든 일의 원인은 당신이 미국인이라는 데 있다고 생각해요. 미국 여성들은 이런 문제에 너무 민감해서 있지도 않은 문제를 만들어내곤 해요.

신디 미국 여성들이 지나치게 민감한지 아닌지에 대해서는 하루 종일 논쟁을 해도 부족할 거예요. 중요한 것은 아마 당신과 내가 처음부터 아주 다른 문화적 관점에서 출발했다는 사실일 거예요. 그렇기 때문에 나는 당신의 말이 무언가 암시하는 것 같고 언짢았어요. 그런데 당신은 우리의 관계가 직장 동료로서 함께 일하는 사이를 벗어난 일이 없다고 보는 것 같군요. 내 말이 맞아요?

미겔 맞아요. 내가 보기엔 내 행동이 정상이었고 무슨 큰 의미가 있는 것도 아니었어요.

신디 당신이 '정상'이라고 말한 것은 우리 둘이 그저 직장 동료라는 것이 정상이라는 말인가요. 아니면 직장 동료끼리 그 이상의 관계를 추구하는 것이 정상이라는 의미인가요?

미겔 양쪽 다요. 우리는 서로 농담을 할 수도 있어요. 내가 당신을 얼마나 좋아하는지 말할 수도 있어요. 만일 당신이 전혀 관심이 없다면 그저 무시하면 돼요. 그리고 관심이 있다면 그렇게 반응을 하고요. 여기서 문제는 당신이 과민 반응을 보이고 있다는 것과 이 문제를 더 빨리 거론했어야 했다는 거예요.

신디 시작할 때 내가 말했듯이, 내가 진작 그 문제를 거론했더라면 섹어노 어떤 문제는 피할 수 있었을지도 모르죠. 당신은 계속 그렇게 행동하고 나는 그것을 무시하려고 애썼기 때문에 일이 더욱 꼬였다고 생각하거든요. 당신이 바에서 술을 같이 마시자고 하거나 해변을 같이 걷자고 하면 내가 계속 거절했을 때처럼요.

미겔   당신도 알다시피, 나도 무언가가 잘못되었음을 말할 수도 있었을 거예요. 내가 당신에게 뭐가 잘못됐는지 물어볼 수도 있었을 거고요. 그리고 처음부터 서로가 상대방에게 기대하는 것이 무엇인지를 말해야 했을지도 몰라요.

마지막 말에서 미겔은 마침내 원인 제공과 비난의 차이점을 이해하기 시작했으며, 편한 마음으로 자신이 원인을 제공한 부분을 인정하기 시작했다. 그러나 이런 결과를 얻기 위해 신디는 비난에 초점을 맞추려는 미겔을 지속적으로 방향 전환시켜야 했다.

어떤 문제라도 프레임을 다시 맞출 수 있다

프레임 다시 맞추기는 인생의 모든 문제에 적용될 수 있다. 배우는 대화로 나아가기 위해서는 상대방의 어떤 말에 대해서도 프레임을 다시 맞출 수 있다. 다음 표의 예들을 살펴보라.

물론 단 하나의 문장으로 마술 같은 효과를 가져올 수는 없지만 앞의 예문은 당신에게 좋은 출발점이 될 수 있을 것이다. 신디처럼 당신도 지속적으로 노력해야 하며, 대화가 생산적인 궤도를 이탈하지 않도록 프레임을 계속해서 다시 맞춰야 한다.

상대방의 말	프레임 다시 맞추기
내가 옳아요. 그리고 그것에 대해서는 재론의 여지가 없어요!	나는 당신의 관점을 이해합니다. 당신은 그것에 대해 강렬한 감정을 느끼고 있는 것이 틀림없습니다. 나 역시 그 상황에 대한 나의 관점을 말씀드리고 싶습니다.
당신은 일부러 나에게 상처를 주었어요!	당신이 나의 행동에 대해서 정말로 회의를 느끼고 있다는 것을 압니다. 저도 역시 화가 납니다. 그것은 의도적이 아니었습니다. 당신의 감정에 대해 좀 더 얘기해주시겠습니까?
이 모든 것이 당신 잘못이에요!	내가 문제에 일부 원인을 제공한 것은 틀림없어요. 그러나 우리 둘 다 원인 제공을 했다고 봅니다. 누구의 잘못인지에 초점을 맞추는 것보다는 어떻게 해서 현재의 상황에 이르게 되었는지를 살펴보았으면 좋겠어요. 양쪽 모두의 원인 제공에 대해 살펴보아야 한다는 것입니다.
당신은 내가 만났던 사람 중에 가장 못된 사람이에요.	당신은 정말 기분 나쁘게 느끼고 있는 것 같군요.
나는 나쁜 이웃이 아니라고요!	맙소사, 나도 그렇게 생각하지 않아요. 그리고 당신도 나를 못된 이웃이라고 생각하지 않기를 바라요. 우리가 이 문제를 다루는 방법에 대해 의견이 다른 것은 사실이지만, 난 좋은 이웃들 사이에서도 얼마든지 그런 일이 발생할 거라고 생각해요. 문제는 우리가 함께 협조해서 양쪽의 우려를 해소할 방법을 찾아낼 수 있느냐 하는 거예요.

'당신 그리고 나' 화법

프레임 다시 맞추기의 두 번째 기법은 '혹은, 또는'에서 '그리고'로 전환하는 것이다. 만일 상대방이 당신이 생각하는 것과 그가 생각하는 것 사이에, 혹은 당신이 느낀 것과 그가 느낀 것 사이에 하나를 선택하라고 한다면 당신은 '그리고 대화법'을 선택함으로써 양자택일을 거부할 수 있다.

앞에서 우리는 '나 그리고 나' 화법에 대해 살펴보았다. 서로 대화를 하는 경우라면 그것은 '당신 그리고 나'가 될 것이며, 이것은 절대적으로 중요한 것이다. 그것은 나 자신의 내부가 아니라 우리 사이의 '그리고'이다. 그것은 이렇게 말하는 방식이다.

"나는 당신이 말하는 것을 귀 기울여 듣고 이해할 수 있습니다. 당신 역시 내가 말하는 것을 귀 기울여 듣고 이해할 수 있습니다."

스테이시가 생모를 찾는 과정에서 '당신 그리고 나'라는 화법이 큰 도움이 되었다. 그녀의 양어머니 조이스는 생모를 찾는 것은 헛고생이 될 것이라고 말했다. 스테이시는 양쪽의 주장을 모두 수용하기 위해 '그리고' 전략을 사용함으로써 헛수고가 될지 말지에 대한 논쟁을 피할 수 있었다.

"어머니 말씀이 맞을 수도 있어요. 내 노력이 헛수고로 끝날 가능성이 많죠. 그리고 어쩌면 생모를 찾는다 해도 실망할지도 몰라요. 생모가 나를 만나고 싶어 하지 않을지도 모르죠. 그리고 나에게는 시도해본다는 것이 중요해요. 그 이유는 이래요……."

조이스는 이렇게 말했다.

"지금까지 우리가 너를 사랑하고 키워왔는데 생모를 만난다 한들 너에게 무엇을 해주겠니?"

스테이시는 그 말에 대해 '나 그리고 나'와 '당신 그리고 나' 화법을 활용해서 대답했다. 이것이 복잡하게 들린다면, 복잡한 것이 사실이다. 그리고 그것이 바로 스테이시의 대답이 건설적이며 효과적인 이유다.

"내가 생모를 찾는 것이 어머니에게는 정말 난감한 일인 것처럼 들리네요. 당신은 이 세상에서 최고의 어머니이며 나에게는 평생 유일한 어머니일 거예요. 이 사실은 절대로 변하지 않아요. 이것은 나에게도 어려운 일이에요. 어머니가 이렇게 상처받는 것을 봐야 하기 때문이죠. 그래서 때로는 나 자신이 너무 이기적이고 배은망덕한 것 같아요. 그뿐만 아니라 내가 정말 해답을 찾고 싶은 문제들이 있어요. 생모를 찾으면서도 이것이 우리에게 어떤 의미를 지니는지 계속 대화했으면 좋겠어요."

스테이시는 어머니가 우려하는 점의 중요성과 효과를 손상시키지 않고 자신의 주장을 펼 수 있었다.

귀 기울여 들어라

당신이 아무리 프레임 다시 맞추기를 잘해도 효과적인 상호작용을 위해 가장 중요하고 유일한 규칙은 다음과 같다. '당신이 상대방의 말을 귀 기울여 듣고 이해해준다고 느껴야만 비로소 대화가 긍정적인 방향으로 나아갈 수 있다.'

당신이 귀 기울여 듣지 않는다면 상대방은 결코 당신이 자신의 말을 듣고 이해한다고 느끼지 않을 것이다. 상대방의 감정이 격해져 있을 때는 잘 듣고 인정해주라. 그들이 자신의 이야기만 옳다고 주장할 때는 당신이 들은 내용을 해석한 다음 왜 그렇게 생각하는지에 대해 몇 가지 질문을 하라. 만일 그들이 당신에게 비난을 퍼붓는다면 당신 자신을 방어하기 전에 그들의 견해를 이해하려고 노력하라. 당신이 압도당하거나 어떻게 앞으로 나아가야 하는지를 잘 모를 때는 항상 잘 듣는 것이 중요하다는 사실을 명심하라.

우리는 흔히 듣는 사람은 대화에 있어서 수동적인 역할을 한다고 생각하지만 반드시 그렇지 않다. 때로는 잘 듣는 것이 대화의 방향을 결정할 수도 있다.

하프리트와 그의 아내 모니샤 사이의 전화 통화 내용을 살펴보자. 모니샤는 큰 제약회사의 영업사원으로 많은 시간을 길에서 보낸다. 다음 대화는 이 부부가 겪고 있는 문제가 무엇인지를 잘 보여준다.

모니샤   알았어. 글쎄, 이제는 자야 할 것 같아. 내일 아침에 중요한 프레
         젠테이션이 있거든.
하프리트 그럼 목요일에나 당신을 만나게 되나?
모니샤   그렇지. 목요일 밤에. 일곱 시까지는 집에 갈 수 있을 거야.
하프리트 오케이, 잘 자…… (침묵) 사랑해.
모니샤   잘 자. 목요일에 만나.

하프리트는 상처받고 화가 나서 전화를 끊으면서 이렇게 불평한다.

"모니샤는 나에게 사랑한다는 말을 한 번도 한 적이 없어. 내가 그 문제를 언급하면 그녀는 이런 식으로 넘어가지. "내가 당신을 사랑하는 거 당신도 알잖아요. 그런데 맨날 사랑한다는 말을 할 필요가 뭐 있어요?"라고 말이야."

이 문제는 분명 하프리트에게 중요하다. 그렇기 때문에 끈질기게 모니샤에게 그 문제를 거론하는 것이다. 많은 사람은 자신의 생각을 주장하는 데 끈질기다. 하프리트 역시 자신의 말을 그저 반복할 수밖에 없다. 그렇지만 그것은 별로 효과가 없다.

끈질기게 지속하는 방법을 찾아내면서도 지금 서로 대화를 하고 있다는 사실을 기억해야 한다. 어려운 대화에서 끈질기다는 것은, 자신의 주장을 할 때뿐만 아니라 상대방의 견해를 듣는 데도 역시 고집스러운 관심을 가져야 한다는 뜻이다.

'세 가지 대화'의 측면에서 볼 때 하프리트는 이제 모니샤가 왜 그렇게 행동하는지에 대해 호기심을 갖기 시작했다. 다음 대화에서 하프리트는 모니샤가 이 문제에 대해 어떻게 생각하는지 잘 듣고 질문하고 이해하기 위해 노력하기로 마음먹었다.

하프리트   내가 당신에게 사랑한다고 말하면 당신은 어떤 생각이 들어?

모니샤   '아, 자기도 그 말을 듣기를 기다리고 있구나'라는 생각을 해. 그런데 그 말이 하기 싫어지는 거야. 강요받은 느낌이 들어서. 하여튼 당신은 내가 자기를 사랑한다는 걸 알고 있잖아.

하프리트   물론 당신이 나를 사랑한다는 걸 잘 알고 있지만 때로는 확신이 없어질 때가 있어. 당신이 내가 그걸 알고 있다고 말할 때, 당신

	은 어떻게 해서 내가 안다고 생각하는 거야?
모니샤	글쎄, 그러니까 당신과 계속 살고 있잖아, 안 그래?
하프리트	그 정도라면 곤란하지! 우리 부모도 서로 사랑하지 않게 된 후 몇 년을 더 같이 살았거든. 그렇기 때문에 내가 이런 상황에 대해서 불안하게 느끼는지도 모르지만…….
모니샤	으음, 우리 집은 오히려 그 반대였어. 우리 부모님은 무지하게 서로 좋아했는데, 우리 앞에서도 허구한 날 사랑한다고 말하는 거야. 나는 그게 참 듣기 민망했어. 정말 서로 사랑하는 사람들은 항상 그 말을 할 필요가 없을 거라고 생각했어. 그냥 행동으로 보여주면 되잖아.
하프리트	어떻게 보여줘?
모니샤	몰라, 뭐 서로에게 친절하다든지 하면 되겠지. 예를 들어 시어머니가 편찮으셨을 때 내가 모든 것을 제치고 피닉스로 갔던 것처럼 말이야. 내가 그렇게 한 것은 당신이 얼마나 힘들지 잘 알고 있었기 때문이야. 그래서 도움이 되고 싶었던 거지…….

하프리트와 모니샤는 아직은 더 노력해야 한다. 그러나 하프리트가 단순히 서로의 감정과 주장에 대한 반박과 논쟁을 귀 기울여 듣는 것만으로도 양쪽 모두가 어려운 주제에 대해 흥미 있고 건설적인 대화를 하도록 이끌고 있다.

역학관계를 분석하라

프레임을 다시 맞추고 귀 기울여 듣는 이유는 당신이 원하는 방향으로 대화를 이끌기 위해서다. 그것은 아주 효과적인 수단이며 대부분의 대화에 그런 기법이 따른다. 그러나 때로는 그것만으로 충분치 못할 때가 있다. 당신이 아무리 귀 기울여 잘 듣고 반복해서 프레임을 다시 맞춰도 상대방은 계속 끼어들거나 공격하거나 거부할 것이다. 당신이 어떤 문제에 대해 얘기하려고 하면 그때마다 그런 문제는 문제도 아니라며 또 다른 이유를 댈 것이다. 어쩌면 화를 낼지도 모른다.

이런 경우에는 역학관계 분석이 도움이 될 수 있다. 대화 자체에서 발생하는 문제를 토론의 주제로 내놓는 것이다. 어떤 의미로는 당신 스스로 '대화의 의사'가 되어 문제점을 진단하고 건강한 대화를 위한 처방을 내리는 것이다. 이런 종류의 진단과 제안은 다음과 같은 방식으로 이루어질 것이다.

- 우리가 이 문제에 대한 대화를 시작하면 언제나 시간 낭비만 한다는 것을 깨달았어. 아무래도 한 시간쯤 시간을 정해서 양쪽 모두가 진정으로 이 문제에 초점을 맞추고 그것을 다루어야 할 것 같아.
- 지금까지 세 번이나 내 생각에 대해 말하려고 했지만 그때마다 당신이 내 말을 끊었어. 당신이 그랬다는 것을 알고 있는지 어떤지는 모르겠지만 나는 화가 나. 당신이 말한 것 중에서 내가 이해하지 못하고 있는 무언가 중요한 것이 있다면 그것에 대해 얘기해보자. 그런 다음에 내

말을 끝낼 수 있었으면 해.

- 내가 깨달은 것을 말할게. 당신에게 내 말 때문에 상처받았느냐고 물으면 당신은 "아니, 아니, 절대로 아냐"라고 대답하지. 하지만 당신은 계속 나에게 사람들이 상처받거나 화가 났을 때 하는 방식으로 행동해. 적어도 나한테는 그런 식으로 보여. 내가 보기에 최선의 방법은 내 행동 중 어떤 부분이 당신을 화나게 만드는지 찾아내는 거야. 그렇지 않으면 우리가 대화해봤자 아무런 성과도 없을 거야.

- 지금까지 여러 번 중요한 사항을 말했을 때 당신은 위협적일 정도로 크게 화를 냈어. 당신이 그런 반응을 보이는 이유가 뭔지 모르겠어. 당신이 화가 난다면 그 이유가 무엇인지 정말 알고 싶어. 내 마음이 바뀌도록 위협하기 위한 것이라면 그건 효과가 없을 거야. 정말로 당신을 화나게 만드는 것이 무엇인지를 알고 싶어. 그리고 위협을 느끼지 않고 그 문제에 대해 대화할 방법을 찾고 싶어.

당신들 사이의 역학관계를 분석하는 것은 분위기를 바꾸는 데 아주 효과적이다. 그것은 당신들이 실제로 생각하고 느끼고 있지만 정직하게 밝히지 않는 것을 이끌어낸다. 그리고 그런 대화 과정에서 느끼는 좌절감을 해소할 수 있다. 흔히 상대방은 자기가 당신을 화나게 만드는 행동을 하고 있다는 것을 깨닫지 못한다. 그러나 그런 대화는 실질적인 내용도 없이 때때로 긴장감만 높인다. 대화가 도무지 안 될 때 시도해볼 수 있는 최선의 방법은 역학관계를 분석해보는 것일지도 모른다.

대부분의 경우에 '세 가지 대화'를 가려내고 각자 문제점의 핵심을 찾아내는 것만으로도 문제를 해결할 수 있다. 그러나 반드시 그런 것만은 아니다. 서로의 이야기를 이해하고 무슨 일이 있었는지를 알기 위해 오랫동안 노력해왔다. 그리고 문제에 수반되는 감정을 더 잘 파악할 수 있게 되었다. 그러나 아직도 어떻게 함께 나아갈지를 결정해야 하며, 그 방법에 대해서는 의견이 다를지도 모른다.

이때가 문제 해결의 시간이다. 근본적으로 문제 해결을 위해서는 정보를 수집하고 인식을 검증해야 하며, 서로의 주요 관심사를 만족시킬 수 있는 대안을 찾아야 한다. 그렇게 할 수 없을 경우에는 차이를 해소할 수 있는 공정한 방법을 찾아야 한다.

합의에는 양쪽의 일치가 필요하다

어려운 대화를 할 때는 상대방의 요구를 어느 정도 타협하고 수용할 필요가 있다. 문제를 해결하기 어렵거나 분노를 일으킨다면 그것은 아마도 당신이 상대방을 설득하려고 애쓰기 때문일 것이다. 이런 함정에 빠진 사람은 마치 낚싯바늘에 걸린 물고기처럼 탐욕스러운 상대방의 요구를 들어주고 앞으로 나아가는 방법에 대해 합리적인 방법을 도출하려고 온갖 애를 쓴다. 그렇게 되면 당연히 모든 권한은 상대방이 쥐게 되고, 그들이 만족할 때까지 당신은 계속 싸워야 한다.

이런 식의 패턴을 보면 문제가 뭔지 알 수 있다. 그것은 대화의 문제에는 두 사람이 개입되어 있으며, 양쪽이 일치하기 전에는 합의란 있을 수 없다는 점이다. 당신이 상대방을 설득해야 하는 만큼 상대방도 당신을 설득할 필요가 있다. 그러므로 당신에게는 항상 선택권이 있다. 상황을 반전시킬 수도 있고 상대방에게 당신을 설득해보라고 할 수도 있으며 상대방에게 그렇게 해야 한다고 주장할 수도 있다.

당신이 설득당하는 것에 대해 열린 마음을 가지고 있고, 만약 합의에 이르지 못해도 그 결과를 받아들일 준비가 되어 있다면 당신은 분명하게 말할 수 있다.

"이번 주에 당신은 논문을 검토해야겠다고 계획했다는 것을 알고 있지만, 왜 나까지 논문 검토를 하면서 휴가를 보내야 하는지 납득할 수 없어요."

많은 사람은 꼭 합의할 필요가 없다는 것을 깨닫게 되면 커다란 해방감과 안도감을 느끼고 스스로 권한을 가졌다고 느낀다.

정보를 수집하고 자신의 인식을 검증하라

헨리는 이번 주말에 친구들과 여행을 가기로 몇 달 전부터 계획했다. 새로운 디스플레이를 완성하고 작업 일정을 맞추기 위해 일주일 내내 초과근무를 했는데, 금요일 아침에 그의 상사인 로사리오가 그에게 이렇게 말했다.

"어쩌나, 이 납품업자와 큰 문제가 생겼어요. 이번 주말까지는 그 문제를 해결해야만 다음 달 연휴 때 주문 폭주에 대비해서 물량을 확보할 수가 있어요. 당신이 주말에 여행 계획이 있다는 걸 알고 있기 때문에 너무 미안해요. 하지만 당신이 꼭 있어야 되겠어요. 친구들과 여행 일정을 좀 바꿀 수 있겠죠?"

헨리는 화를 내면서 폭발하거나 논쟁을 하기보다는 로사리오가
왜 그렇게 걱정을 하는지 그 이유를 알아보기로 했다. 로사리오와 대
화를 나누다 보니 문제의 납품업자에 대해 가지고 있는 생각이 서로
달랐다. 헨리는 중간에 뜻밖의 문제가 발생하기는 했지만 납품업자
가 자신들과 협력해서 어떻게든지 주문량을 대줄 것이라고 생각했
다. 로사리오는 지난 몇 년간 납품업자 때문에 낭패를 당한 경험이 많
기 때문에 무슨 일이든지 처음에 제대로 안 되면 연휴를 무사히 넘기
지 못할 것이라고 생각하고 있었다.

생각의 차이는 보통 서로의 전제와 가정이 상충되기 때문에 나타
난다. 그게 뭔지를 안다면 경험적으로 어떤 생각이 타당한 것인지, 그
리고 어느 정도 타당한지를 공정하게 테스트하는 방법에 대해 논의
할 수 있다. 헨리는 납품업자에게 전화를 걸어서 그 품목을 얼마나 확
보하고 있는지, 그리고 연휴 대목 때 물량에 문제가 생기면 협력해줄
사람이 있는지 물어보자고 제안했다. 로사리오는 '만일 이렇게 된다
면?'이라는 가정을 몇 가지 해보고 저쪽에서 그 문제에 대해 책임질
사람을 알아두길 원했다. 물론 상대방을 설득하려면 테스트가 공정
하고 적절하다는 데 양쪽 모두가 만족해야 한다.

서로 상충하는 인식과 결론을 다루면서 각자 상대방의 이야기에
서 아직 이해할 수 없는 부분을 분명히 말해야 한다. 당신이 상대방의
논리를 이해하는 데 방해가 되는 부분은 어디인가? 헨리는 이렇게 말
할지도 모른다.

"이제 나는 왜 작년에 우리가 물량 확보 문제로 손실을 입었는지
이해하게 되었어요. 그 문제를 빨리 해결하는 것이 정말 필요한 것 같

아요. 하지만 지금은 30일 정도 여유가 있는데, 왜 이번 주말이 당장 그렇게 문제가 되는지 이해할 수 없어요."

그리고 어떻게 해야 당신이 납득할 수 있는지 말하라. 설득당하는 것에 대해 열린 마음을 지니는 것은 아주 효과적인 자세다. 그렇게 하면 현재 자신의 견해에 대해 정직하고 확고해질 수 있고 상대방의 말을 경청할 수 있다.

"내 생각으로는 이번 주말에 우리 부지배인 빌이 재고 조사를 할 수 있으니까, 일단 그렇게 하면 다음 주에 그 문제에 잘 대응할 수 있다고 생각되는데요. 당신의 생각은 다릅니까? 만일 당신이 빌에 대해 우려를 한다면 그것은 설득력이 있다고 생각해요."

또한 어떻게 해야 상대방을 설득할 수 있는지 물어보라. "나는 이번 주말에 여행 계획을 취소하고 근무해야 된다는 것을 이해할 수 없는 몇 가지 합당한 이유를 말했어요. 하지만 당신은 계속 내가 있어야 한다고 완강하게 주장하는데, 나에게 말하지 않은 다른 이유가 있나요? 만일 없다면, 내가 당신을 설득시키기 위해 할 수 있는 말은 더 이상 없어요. 만일 있다면, 그것은 무엇인가요?"

마지막으로 상대방에게 조언을 구하라. "당신이 내 입장이라면, 이런 상황에 대해 어떻게 느끼고 생각할지 이야기해주세요. 당신이라면 어떻게 하겠습니까? 그 이유는 무엇입니까? 당신은 앞으로 이런 일이 다시 발생하지 않도록 하는 방법을 알고 있습니까?"

그동안의 경험으로 볼 때, 설득이란 쌍방 통행에서만 가능하다는 사실을 이해하고 있는 사람들에게는 이런 상황이 거의 일어나지 않는다. 일방적으로 밀어붙이지 않는 사람이라는 평판 덕분에, 그들은 그렇지 않았다면 자신의 이익을 취하려고 애썼을지도 모르는 사람들에게서 존경심은 물론 폭넓은 양보까지도 얻어낸다.

대안을 만들어내라

이웃의 시끄러운 개에 대한 얘기로 돌아가보자. 당신이 결국 이웃에게 그 문제를 거론한다면 이웃은 개가 짖는 것은 오히려 안전에 도움이 된다고 생각한다는 사실과 밤에 개를 밖에 내놓는 것은 혹시라도 새로 태어난 아기를 해치는 사고를 예방하기 위해서라는 사실을 알게 될 것이다. 당신은 그 말이 일리가 있다고 생각한다. 그리고 하여튼 밤에 잠을 못 자는 것이 얼마나 짜증나고 피곤한 일인지에 대한 당신의 생각도 밝혔다. 그 문제에 대한 해결책을 찾아낼 시점이 되었을 때 당신은 딜레마에 빠질 것이다. 당신의 해결책(개를 없애는 것)은 그들에게 설득력이 없고, 그들의 해결책(귀마개를 사용하든지 창문을 닫는 것)은 당신에게 말도 안 되는 것으로 보인다.

어려운 상황에서 모든 사람의 요구를 충족시키는 창의적인 해결책을 찾는 경우도 많지만, 그것이 분명하지 않거나 찾아내기 어려운 경우도 있다. 이때는 함께 머리를 맞댈 필요가 있다.

"양쪽 모두의 이해를 충족시킬 수 있는 창의적인 해결책을 찾아내기 위해 우리가 함께 노력할 수 있을까요? 당신은 어떻게 생각하십니까? 시도해볼 생각이 있으십니까?"

끈기를 갖고 노력하면 그만큼 성과가 있을 것이다. 또한 브레인스토밍을 통해 좋은 아이디어를 찾을 수 있을지도 모른다. 예를 들어 당신의 아들이 이웃집 개와 놀아주면 이웃이 새로 태어난 아기를 돌보는 바쁜 시간 동안 개가 운동도 더 많이 하고 관심도 더 많이 받을 수 있다. 그러면 개를 갖고 싶어 하는 아들의 관심도 충족시켜줄 수 있을 것이다. 혹은 이웃이 개의 친구가 되어줄 또 다른 개를 키우기로 결정할 수도 있다. 아니면 밤 열 시 이후에는 개를 밖에 내놓지 않고 아기방의 문을 닫아놓을 수도 있다. 개 짖는 소리가 괴로울 때는 그들에게 전화를 걸 수 있도록 요청할 수도 있다. 그러면 그들이 즉시 대처해서 당신이 밤에 잠을 못 자는 일이 없도록 할 수도 있다. 더욱 중요한 것은 계속 이웃으로 지내려면 당신과 그들과 개를 포함하는 모두를 만족시키는 해결책을 찾기 위해 함께 노력해야 한다는 사실을 깨닫는 것이다.

일반적으로 어떤 관계를 지키면서 갈등을 해소하는 최선의 방법은 해결책으로 유도할 수 있는 기준이나 공정한 원칙을 찾아내는 것이다. 문제를 해결할 방법을 찾아낼 수 없을 때에는 어떤 공정한 기준을 적용해야 하는지, 그리고 그 이유가 무엇인지를 물어보라. 시끄러운 개 문제의 경우 소음에 관한 그 지역의 규정이 있을 것이며, 이웃의 다른 개 주인들이 개를 조용하게 만들기 위해 사용하는 방법도 있을 것이다. 산업적·지역적 관행이나 법적 선례, 윤리적 기준이 모두 어느 쪽에도 손해를 입히거나 체면을 손상시키지 않고 문제를 해결할 수 있는 방법을 제공해줄 것이다.

물론 모든 기준이 똑같은 설득력을 지니는 것은 아니다. 어떤 것은 더 직접적이고, 더 널리 받아들여지며, 혹은 시간·장소·상황 등과 관련하여 즉각적인 타당성을 지닐 것이다. 서로 다른 기준들 사이의 상대적인 공정성을 가늠해보는 것은 또 다른 토론의 주제가 된다. 상호 배려의 원칙, 어려운 대화에 관해 이 단계에서 기억해야 할 사항은 우리 모두가 자신의 행동 방식이 옳다고 믿는 경향이 있다는 것이다. 나에게 문제가 발생한 것은 상대방의 방식이 무언가 잘못되었기 때문이라고 생각하고, 자신의 방식을 따르도록 강요하는 해결책을 내놓으면서 이렇게 말할 것이다.

"당신만 변화하면 아무 문제도 없을 거예요!"

불만은 이해가 되지만 그 주장에는 설득력이 없다. 사람들이 서로 다르다는 사실은 살아가는 재미를 준다. 때때로 불만이 발생하는 것은 입장료를 지불하는 것과도 같다. 그리고 이미 살펴보았듯이 어느 한쪽이 항상 양보한다면 그 관계는 유지될 수 없다. 이상적인 해결책이라면 대체로 각자 서로의 차이를 어느 정도 수용하거나 어떤 문제에 있어서는 이쪽으로, 다른 문제에 있어서는 그 반대쪽으로 주고받는 것이라야 한다. 이것이 상호 배려의 원칙이다.

모든 대화의 끝이 반드시 합의는 아니다

모든 갈등이 서로 합의해서 해결되는 것은 아니다. 때로는 고도로 숙련된 커뮤니케이션 과정을 거친 후에도 양쪽 모두에게 만족스러운 대안을 못 찾을 수 있다. 그러면 당신은 결정을 내려야만 한다. 원하는 것보다는 미흡하더라도 받아들일 것인가, 아니면 합의하지 않고 거기에 따르는 결과를 감수할 것인가?

앞에서 언급했던 헨리와 로사리오의 사례로 돌아가보자. 로사리오는 상사이고 헨리는 훌륭한 직원이다. 만일 헨리가 주말에 근무하는 문제에 대한 해결책을 도출하지 못한다면, 그들은 각자 어떤 선택을 해야 한다. 만일 함께 해결책을 찾지 못한다면 어떻게 할지 각자 생각해봐야 한다.

만일 당신이 합의에 이르지 못하고 그냥 나가버린다면 두 가지가 필요하다. 첫째는 당신이 나가는 이유를 설명해야 한다. 지금까지 논의해온 해결책이 충족시켜주지 못하는 관심 사항과 이해관계는 무엇인가? 로사리오의 계속적인 요청에도 불구하고 헨리가 주말에 근무하지 않기로 결정한다고 가정해보자. 헨리는 그냥 나가기보다는 자신의 감정, 관심 사항, 선택에 대해서 명백하게 설명해야 한다. 그는 이렇게 말할 수도 있을 것이다.

"정말 미안해요. 나는 좋은 직원이 되고 싶고 가능한 회사에 도움이 되고 싶어요. 나는 웬만하면 주말 근무나 야간 근무도 즐겁게 해요. 지금까지 봐서 알잖아요? 미리 계획하기 나름이에요. 당신을 곤란하게 해서 정말 미안해요. 하지만 이번 주말 계획은 나에게 정말 중요해요. 그리고 나는 이미 충분히 통보했고 여행을 가기 위해 일주일 내내 열심히 일했어요. 마음에 드는 선택은 아니지만 어쩔 수 없이 가야겠어요."

두 번째 사항으로 이제 헨리에게 필요한 것은 그 결과를 받아들이는 것이다. 월요일에 돌아왔을 때는 이미 해고되었을지도 모른다. 그 결과를 받아들일 수 있다면, 정말 그래도 괜찮다면 친구와 여행 가는 것도 괜찮다. 어쩌면 헨리가 돌아왔을 때 로사리오가 언짢아하면서도 그와 그의 시간을 더욱 존중하게 되었을 수도 있다. 아니면 로사리오가 사과를 할 수도 있으며, 앞으로 이런 일이 다시 발생하지 않도록 하기 위해 대화를 요청할 수도 있다.

만일 헨리가 일자리를 잃어서는 안 되는 입장이라면 최선의 선택은 주말에 근무하는 것이다. 친구들과 함께 시간을 보내지 못하는 것이 실망스럽기는 하지만, 대화를 능숙하게 해냈고 결국 현명한 선택을 했다는 것을 알게 될 것이다.

대부분의 어려운 대화는 실제로 하나의 대화가 아니다. 그것은 오랜 시간에 걸쳐 지속적으로 이루어지는 일련의 상호작용과 탐색 행위다. 이번에 헨리와 로사리오가 해결책을 찾아낸다고 해도 그들 사이에는 수많은 문제가 대두될 것이다. 업무량은 계속 많을 것이고, 헨리와 로사리오는 사생활과 균형을 이루는 방법을 찾기 위해 함께 노력해야 할 것이다. 앞에서 브로슈어 때문에 논쟁한 마이클과 제이슨도 우정을 회복하고 앞으로도 함께 일을 할지, 그리고 어떻게 할지를 탐색할 방법을 찾아야 한다. 당신과 이웃은 당신의 아들이 개를 돌보도록 하는 방법이나 밤에 개를 밖에 내놓지 않는 방법을 시도해보고 그것이 실행 가능한지 검토해봐야 할 것이다. 그 결과가 어떻든 간에 당신은 사후관리를 위한 대화를 해야 하며, 필요하다면 다른 새로운 대책을 강구해야 할 것이다.

하버드식 대화법
체크리스트

1단계: '세 가지 대화'를 통해 당신의 이야기를 준비하라

갈등 대화

☐ 당신의 이야기는 어디서 나온 것인가?

☐ 상대방의 이야기는 어디서 나온 것인가?

☐ 이런 상황이 당신에게 어떤 영향을 미쳤는가?

☐ 상대방의 의도는 무엇인가?

☐ 각자 문제에 어떤 원인을 제공했는가?

감정 대화

☐ 성장 과정에서 당신이 겪은 '감정의 발자취'를 더듬어보라.

☐ 당신 안에 있는 다양한 종류의 감정을 모두 탐색해보라.

정체성 대화

☐ 당신에게 가장 중요한 것은 무엇인가?
☐ 정체성을 확고히 하기 위해 인정해야 할 것은 무엇인가?

2단계: 대화의 목적을 분명히 하고, 그 문제를 거론할지의 여부를 결정하라

☐ 당신이 대화를 통해 얻으려는 것은 무엇인가?
☐ '배우는 대화'를 하려면 어떤 자세로 대화를 시작해야 하는가?
☐ 이것이 그 문제와 관련하여 목적을 달성하는 최선의 방법인가?
☐ 그 문제가 정말로 당신의 '정체성 대화'에 내포되어 있는가?
☐ 당신이 원인을 제공한 부분을 변화시킴으로써 당신이 그 문제에 영향을 미칠 수 있는가?
☐ 만일 그 문제를 거론하지 않는다면, 당신이 그냥 포기하기 위해서 어떻게 하는 것이 도움이 될 것인가?

3단계: '제3의 이야기'로 시작하라

☐ 당신 이야기의 차이점을 바탕으로 문제를 기술해보라.
☐ 현재 상황에 대한 양쪽의 관점이 모두 포함되었는가?
☐ 당신의 목적에 대해 이야기하라.
☐ 함께 상황을 탐색할 파트너로 상대방을 대화에 초대하라.

4단계: 서로의 이야기를 탐색하라

□ 무슨 일이 있었는지에 대한 상대방의 관점을 이해하기 위해 상
   대방의 말을 경청하라. 그리고 질문하라.
□ 논쟁과 비난 뒤에 숨어 있는 감정을 인정해주어라.
□ 제대로 이해했는지 확인하기 위해 표현을 바꿔서 말해보라.
□ 어떻게 해서 이런 상황이 되었는지 함께 대화로 풀어보아라.
□ 당신의 관점, 경험, 의도, 감정에 대해 얘기하라.
□ 대화의 궤도를 벗어나지 않도록 프레임을 다시 맞춰라.
□ 사실에서 인식으로, 비난에서 원인 제공 분석으로, 탓하기에서
   감정 인정해주기로 바꿔라.

5단계: 서로를 만족시킬 수 있는 문제 해결 방안을 마련하라

□ 양쪽의 가장 중요한 우려에 부응하는 대안들을 찾아내라.
□ 어떻게 되어야 하는지에 대한 기준을 찾아내라.
□ 상호 배려의 원칙을 명심하라.
□ 일방적인 관계는 오래 지속될 수 없다는 것을 유념하라.
□ 앞으로 나아가면서 열린 커뮤니케이션을 유지할 수 있는 방법
   에 대해 이야기하라.

Part 3

불가능한 대화를 가능하게
만드는 10가지 방법

1

절대적 진리도
대화가 필요한가요?

Q. 모든 것이 상대적이라는 말처럼 들린다. 하지만 절대적인 사실도 있고 단순히 상대방이 틀릴 때도 있지 않을까?

이 책이 모든 사실은 상대적이며 모든 관점은 합리적일 수 있다고 주장하는 것으로 오해하는 독자들이 있다. 이것은 현실적인 논의('해외 공장을 철수시켜야 해', '저자 이름에 내 이름이 가장 먼저 올라가야 해', '아들을 한 달간 외출 금지시켜야 해')에서는 물론이고 가치와 신념에 관한 심오한 논의('건강 보건은 인간의 기본 권리야', '낙태는 살인이야', '내가 믿는 신이 진정한 유일신이야')에서도 똑같이 제기되는 질문이다.

세상에는 분명 사실이 존재한다. 그리고 사람들은 질문을 옳게 알고 있을 수도 있고 잘못 알고 있을 수도 있다. 간단한 예를 들어보자. 저녁 식사 값 30달러에 대한 15퍼센트의 팁이 6달러라고 하면 틀린 것이다. 30달러의 15퍼센트는 4.5달러니까. 하지만 만약 낚시이 튀으로 15퍼센트는 너무 적으니 20퍼센트가 '올바른 팁'이라고 생각한다면 그것은 사실이 아니라 하나의 판단일 뿐이다. 그 지역에서 팁으로 20퍼센트를 주는 것이 일반적이라는 설문조사를 거쳐서 나온 결론이라고 할지라도 말이다. 물론 그 지역의 관행이 그런 것은 사실이지만 그렇다고 20퍼센트가 올바르다는 뜻은 될 수 없다.

특히 격렬한 감정과 큰 위기, 복잡한 인식이 따르는 상황에서 생산적인 대화를 하기 위한 중요한 첫걸음은 견해와 가정, 가치, 이해관계, 예측, 판단 등을 '사실'과 구분하는 일이다. 다섯 살짜리 아이가 음식을 바닥에 던졌다면 그것은 사실이다. 그 문제로 아이를 훈육해야 할지, 어떤 식으로 해야 할지는 판단이다. 당신이 오늘 아침에 직장에 지각한 것은 사실이다. 그러나 지각이 불성실함을 뜻한다는 상사의 관점은 가정이다. 르완다에서 집단 학살로 수많은 사람이 목숨을 잃은 것은 사실이며, 미국의 개입 여부를 판단하는 것은 이해관계와 가치, 가정의 문제다.

사실은 분류하고 확인하고 측정할 수 있지만 그런 사실조차도 규정하기 어려울 때가 있다. 예를 들어 범죄 수사에 증거로 사용되는 CCTV 영상을 떠올려보자. 용의자는 범죄가 일어난 시각에 범죄 현장 부근의 CCTV에 찍힌 인물이다. 그렇지만 영상 속에 기록된 촬영 일시가 정확한 것인가? 편집된 영상은 아닌가? 이런 질문에 대해 사실에 기반을 둔 답은 존재하지만 그것이 정말로 사실인지 규정하기란 어려울 수도 있다.

게다가 기억이 하나의 요소로 작용할 때는 불확실성이 매우 높아진다. 연구 결과에 따르면 인간은 아무리 주의를 집중하고 있었다고 해도 완전히 신뢰할 수 있는 증인은 될 수 없다고 한다. 실제로는 잘못된 기억을 사실로 확신하는 경우가 많기 때문이다. 무의식적으로 기억을 바꾸기도 한다. 사건의 시간과 장소를 잘못 배치하고 그 자리에 있었던 사람도 잘못 기억한다. 기억 자체가 생생하고 구체적이어도 그럴 수 있다. 오늘날 뇌과학자들은 이러한 과정의 신경학적인 원리를 규명하고 그것이 드문 일이 아니라는 사실을 확인하고 있다. 최신 연구에 따르면 우리는 어떤 기억을 떠올리거나 이야기할 때 기억을 재구성해서 기억의 창고 속에 다시 집어넣는다고 한다. 따라서 어떤 일이 일어난 지 24시간밖에 지나지 않았더라도 기억을 얼마나 많이 되새겼는지에 따라 그 기억은 수차례 바뀌었을 수도 있다.

따라서 의견 차이가 있을 때는 사실에 대한 논의일지라도 상대방이 사실을 어떻게 바라보고 해석하는지 알아보는 것이 필수다. 단순한 오류, 정부 부족, 잘못된 정보, 선택적이거나 수정된 기억 때문인가? 아니면 사실 그 자체가 생각보다 훨씬 모호하기 때문인가?

이야기는 저마다 다르다

어떤 사실을 해석하고 판단하는 데 있어 의견 차이가 발생할 때는 상대방의 이야기를 이루는 토대를 이해할 필요가 있다. 이것 또한 상대성의 질문이 제기되는 영역이다. "그 사람의 해석이 내 해석만큼이나 일리가 있다는 거야? 말도 안 돼!" 누구나 이렇게 느껴본 경험이 있을 것이다. "그가 왜 그런 기대를 하는지는 알겠지만 합리적이지 못해. 공정한 기대가 아니라 그 자신의 문제점과 신경증을 보여주는 거라고 생각해."

분명히 말하지만 모든 해석과 이야기가 똑같다고 주장하는 것이 아니다. 다른 것보다 좀 더 이성적인 해석은 분명 존재한다. 적어도 대부분의 사람들에게 그럴듯하게 다가오는 해석은 있다. 여기에는 여러 이유가 있다. 어떤 이야기는 주어진 상황을 더 깊이 이해하고 이를 반영하여 설명한다. 즉, 사용 가능한 정보를 더 많이 고려한다는 뜻이다. 어떤 사람은 덜 극단적이고 그 상황의 시간이나 장소와 밀접하게 연결된 가정에 기초해 해석한다. 반대로 어떤 사람은 논리적이지 않고 모순이 있는 해석을 하기도 한다.

하지만 그런 기준으로 서로의 이야기를 비교하고 상대방의 관점을 바꾸려면 결국 배우는 대화를 통해 서로를 탐구해야 한다. 서로의 이야기가 무엇을 토대로 이루어지고 어느 지점에서 만나는지를 우선 알아야 한다. 적이나 팀원 혹은 관찰자를 설득할 때도 마찬가지다.

한마디로 상대방의 관점이 '완전히 틀렸다'고 생각되면 잠시 자신의 가정을 다시 살펴봐야 한다. 상대방이 분명히 내가 모르는 것을 알고 있을 수 있다. 자신의 관점을 시험하면서 상대방을 이해하려고 노력한다고 해서 손해를 보지는 않는다. 똑같은 상황에 대한 여러 다른 해석은 저마다 타당한 경우가 많다. 보는 각도에 따라 노파로도 보이고 어린아이로도 보이는 유명한 그림처럼 말이다. 따라서 상대방의 관점이 왜 말이 안 되는지가 아니라 왜 말이 되는지를 찾으려고 해야 한다. 말의 표현도 바꿔보고, 어느 부분이 왜 이해하기 어려운지도 상대방에게 알려주어 반응을 얻어낸다. 다른 정보, 모호한 정보에 대한 다른 해석, 또는 빠진 정보에 대한 다른 가정을 통해 상대방과 다른 나의 관점을 설명하려고 해보자.

배우는 대화를 아무리 활발하게 해봐도 상대방이 설득당하지 않거나 내 관점을 인정하지 않으려 들 수 있다. 그러면 어느 시점에서는 설득을 그만두고 의견이 불일치하는 대안으로 나아갈지 판단해야 한다. 하지만 대부분은 너무 일찍 포기한다. 상대방의 이야기를 제대로 이해하고 공정하게 가늠해보기도 전에 말이다.

포기하기 전에 상대방의 관점을 바꾸거나 다시 생각하도록 설득하려면 어떻게 해야 하는지를 상대방에게 물어보는 것도 도움이 될 수 있다. 상대방이 '절대로 설득당할 일이 없다'고 대답한다고 해도 중요한 정보를 얻은 것이다. 더 이상의 설득 시도가 시간 낭비에 불과하다는 정보 말이다. 만약 좀 더 미묘한 대답이 돌아온다면 장애물을 알아냈으니 과연 극복 가능한지 판단해야 한다(어떻게 하면 내 관점이 바뀔 수 있을지 스스로 생각해보는 것도 유익하다).

진실을 인식하는 인간의 능력은 제한적이다

마지막으로 특정한 믿음을 절대적인 진실로 생각하는 사람들을 대할 때의 문제를 살펴보자. 성경이나 코란 같은 성전을 바탕으로 하는 종교적 관점을 가진 사람들이 있을 수 있다. 그 반대편에는 관찰과 측정이 가능한 사실과 증거만을 최고로 치고, 신념을 토대로 하는 믿음은 무조건 묵살하는 사람들도 있다.

문제는 개인의 믿음을 어떻게 생산적으로 이야기하느냐다. 이러한 맥락에서는 좀 더 어렵게 느껴질 수 있겠지만 답은 모든 '배우는 대화'와 똑같다. 존중심을 가지고 상대방의 관점을 이해하려 노력하라는 것이다. 여기서 셈빗 싱내빙에 데에 띤기 베알 수도 있다. 그리고 상대방 역시 무언가를 배울 수 있도록 도와줄 최선의 방법이 뭔지도 찾을 수 있다.

자신의 믿음을 절대 진리로 여기면 '이것은 상호 이해의 일반적인 법칙에서 예외가 돼야만 해. 절대적 진리니까 상대방이 알도록 도와주기만 하면 되잖아?'라고 생각하게 된다. 그러나 이것은 한마디로 틀린 생각이다. 우리에게는 상대방이 나와 똑같은 것을 보도록 만들 힘이 없다. 일방적이고 다급한 설득은 이해가 아닌 저항을 키울 뿐이다.

문제는 진실이 무엇인가에 대한 사람들의 생각이 일치하지 않는다는 것이다. 내가 자신의 생각을 확신하는 만큼 다른 사람도 마찬가지다. 모든 구성원이 어떤 절대 진리를 믿는 공동체라 할지라도 의미의 해석에는 차이가 있을 수 있다. 단적인 예로 유일신과 성서의 절대적 진리를 믿는 신학자들 사이에서도 각기 다른 해석과 주장을 내놓는 경우를 적지 않게 볼 수 있다.

과학자들도 이 문제를 인정하고 있다. 과학자들은 물리학 '법칙' 같은 관찰 가능한 사실과 명제가 있다고 주장하지만, 한편으로는 지식의 현재 상태에 대해 건전한 회의주의도 가지고 있다. 우주 탐사나 의학 연구, 입자물리학 등 현재 진리라고 생각하는 것이 새로운 발견으로 완전히 뒤집어질 수도 있기 때문이다.

따라서 중요한 질문은 절대적 사실이 존재하는가가 아니라 우리가 그것을 인식할 수 있는가, 얼마나 잘 인식할 수 있는가가 된다. 어쩌면 절대적인 확신이 불가능하다는 것이야말로 인간이 유일하게 확신할 수 있는 것일지도 모른다. 절대적 확신은 신의 영역이다. 당신이 신을 믿지 않는다고 해도.

그렇다고 자신에게 중요한 문제에 대해 열정과 확신으로 주장을 펼칠 수 없다는 뜻은 아니다. 하지만 그럴 때는 자만을 피하고 겸손과 존중심을 유지해야 한다. 결국 내 관점도 시간에 따라 바뀔 수도 있기 때문이다. 마찬가지로 견해가 다르다고 해서 상대가 나쁘거나 단순한 사람이거나 문제를 제대로 숙고하지 않았다는 뜻은 아니다.

진실 찾기가 목적지보다는 여정에 가깝다면, 견해가 다른 사람과의 활발한 대화는 사각지대를 비추고, 추측을 알아차리고 시험하며, 이해를 넓히기 위해 꼭 필요한 과정이다.

갈수록 분열이 심해지는 사회에서

이 글을 쓰고 있는 2010년 봄, 세계의 많은 지역이 사회, 정치, 종교, 도덕적인 분열에 마주하고 있다. 정부의 규모와 역할, 의료보험 개혁, 교육 개혁, 낙태, 동성애 결혼, 이민 정책, 국가 안보, 기후와 에너지 정책, 경제 등도 시험대에 올라 있다. 중도파가 점점 줄어들고 의견의 격차가 커지고 있다. 분열된 양쪽에서는 화와 분노가 만연하다. 다들 타인의 경청하지 않는 무심한 태도에 질렸다고 생각한다. 부패와 거짓, 어리석음, 이기적인 헛소리가 박식한 견해와 공공정책으로 통하는 것에 신물이 난다.

이러한 일에 대해 이 책을 쓴 우리의 생각은 어떨까? 우리의 관점은 중요하지 않다. 하지만 우리는 토론의 절차에 대해서는 분명한 관점을 가지고 있다. 분열이 심해지면서 열정적이고 효과적인 대화가 어려워졌지만, 또 그만큼 중요성이 커졌다. 열정적인 관점에는 해당 사안에 대해 잘 알아야 하고 다른 편견을 지닌 사람들에게 귀 기울여야 하는 책임이 따른다. 의견 일치에 이르거나 공통점을 찾으려는 목표가 꼭 있어야 하는 것은 아니다. 하지만 적어도 이웃의 관점을 이해하려는 목표는 있어야 한다. 미디어와 인터넷, 블로그, SNS 속 사람들 말고 진짜 '이웃' 말이다.

'자신에게 중요한 일에 열정적이 될수록 다른 의견을 가진 사람을 희화적으로 바라볼 가능성이 크다'는 주장에 대해 한번 생각해보자. 이 말에 당신은 화가 치밀 수도 있다. 말도 안 되는 일반화라고 말이다. 하지만 뒤집어 생각해보자. 타인이 당신의 관점이 이기적이거나 얕고 비열하고 심지어 사악하다고 한다면 당신은 상대방이 자신을 제대로 보고 있다고 생각하겠는가? 그들이 듣거나 읽은 것이 당신이 보고 느끼는 것을 정확히 나타내주는가? 그렇지 않다. 그들은 당신도 그들만큼 해당 사안을 중요시하고 나름의 원칙과 확신을 가지고 있으며 모두에게 해당되는 인간적인 한계와 나약함 앞에서도 올바른 선택을 내리려고 노력한다는 사실을 똑바로 보려고 하지 않고 묵살할 수 있는 것이다.

반대로 생각해도 그렇다. 이것은 낙태나 동성 결혼 같은 사안을 가지고 토론과 대화 학습을 진행한 '공공 대화 프로젝트Public Conversations Project' 연구에서 나온 교훈이다. 배우는 대화에 대해 교육을 들은 참가자들은 자신들의 심오한 가치가 '반대편 사람들'과 많이 겹친다는 사실을 알고 놀랐다. 그들은 동일한 우려에 대해 서로 미묘하게 비중을 달리 두기 때문에 결론이 크게 달라진다는 사실을 발견했다. 또한 그들은 이런 대화를 통해 '타인'의 인간적인 면모도 느끼게 되었다.

2

나쁜 의도를 가진 사람과
대화해야 한다면?

Q. 상대방이 나쁜 의도를 가지고 원하는 것을 얻기 위해 일부러 대화 방향을 빗나가게 한다면?

타인의 동기를 확실하게 알 수는 없다. 상대의 고의적이고 전략적으로 느껴지는 의도가 미처 내가 의식하지 못한 심리적 방어쇠에 의해 촉발된 성급하고 감정적인 반응일 수도 있고, 침착한 태도를 유지하는 능력이 한계에 이른 사람의 무모한 반응일 수도 있다. 명백히 이기적인 거짓말처럼 보이는 내용이 사실은 상대의 진짜 믿음인 경우도 놀라울 정도로 많다.

하지만 실제로 거짓말을 하거나 나쁜 의도를 가진 사람들도 분명히 있다. 의도적이건 아니건 자신이 원하는 바를 이루기 위해 조종하고 위협하고 일부러 지연시키고 애매하게 만들고 괴롭히고 옆길로 새게 만드는 것이다.

이런 상황에 대해 세 가지를 조언을 할 수 있다.

첫째, 나쁜 행동에 보상하지 않도록 주의하라. '귀찮은 상황을 피하기 위해' 상대방이 원하는 대로 해주면 나쁜 행동이 보상받는다는 사실을 가르쳐주는 것이므로 앞으로도 똑같은 행동이 나올 것이다.

둘째, '똑같이' 반응하지 않도록 주의하라. 당신의 행동은 이번 일을 넘어서까지 평판에 영향을 끼친다는 사실을 기억하라. 상대방이 거짓말을 한다고 똑같이 거짓말을 하면 당신의 진정성에 대한 평판만 깎일 뿐이다. '신뢰할 만한 것'과 '신뢰하는 것'은 같지 않다는 사실에 유의하자. 상대방이 믿음을 주지 않는데 꼭 믿어야 할 의무는 없다. 상대방이 "날 믿지 않는 겁니까?"라는 식으로 신뢰를 부추긴다면 '그리고 대화법'을 기억하라. "솔직히 난 믿을 수 있을지 확신할 만큼 당신을 알지 못합니다. 만약 사실을 말하는 것이라면 증거를 제시할 수 있겠죠." 똑같이 반응하지 말고 목표에 다가가는 방법에 집중한다.

셋째, 타인이 자신의 의도와 행동이 정당하다고 생각하는 이유를 이해하려고 애써라. 사람들은 흔히 나쁜 행동이 나쁜 인성에서 나온다고 생각한다. 나쁜 사람이라서 거짓말하는 것이라고 말이다. 그렇게 가정하면 상대방은 가망이 없는 사람이니 별다른 수도 없을 것이다. 하지만 현실적으로 사람은 자신의 의도가 정당하다고 느끼는 경우가 많고, 자신의 행동 또한 이용당하지 않기 위해 꼭 필요한 행동이라고 생각한다. 상대방의 관점에 동의하지 않더라도 그의 논리를 이해하려고 해보면 도움이 될 수 있다. 상대방의 논리가 있다면 다른 접근법으로 설득할 가능성도 존재하기 때문이다.

져주어야 하나, 맞서야 하나?

콜린과 매트는 웹디자인 회사를 50 대 50 지분으로 소유한 동업자다. 콜린의 이야기를 들어보자.

매트는 평소 합리적인 편이지만 정말로 원하는 것이 있을 때는 분노와 위협을 통해서라도 어떻게든 손에 넣으려고 합니다. 최근에 브랜딩 전략에 대해 상의하다가 그가 갑자기 폭발하더군요. "전부 똑같잖아! 안전한 길만 추구하려고 하는 자네한테 신물이 나!" 전 현재의 방향이 좋다고 말했을 뿐이었는데 매트는 위협으로 반응했습니다. "내가 하자는 대로 하지 않으면 내 지분을 매각하고 발 빼겠어." 처음에는 매트가 그럴 때마다 제가 숙이고 들어갔습니다. 그러면 한동안은 괜찮았지만 다음에도 그는 하고 싶은 대로 하기 위해 불같이 화를 냈죠. 저는 분한 마음이 쌓여만 갔습니다. 그래서 이제 저도 똑같이 하고 있습니다. 매트가 소리 지르면 전 더 크게 소리 지르죠. 하지만 갈등만 커져갈 뿐, 이젠 걷잡을 수 없는 지경에 이른 것 같습니다.

콜린은 매트와의 문제에 대해 처음에는 져주는 방법, 최근에는 똑같이 맞서는 방법, 이렇게 두 가지로 대처했다. 두 가지 방법 모두 효과가 없었다.

물론 져주어야 할 때도 있다. 상대방의 말이 맞는다고 납득할 때나 어떤 결과가 나보다는 상대방에게 더욱 중요할 때, 해결책이 아예 없는 것보다 있는 것이 낫고 당장 필요할 때 등이다. 하지만 져주는 방법은 어려운 행동에 대처하는 장기적인 전략으로는 유익하지 않다.

나쁜 행동에 보상을 해주면 그 행동이 계속 되풀이될 수밖에 없다.

서로의 변동성이 정상으로 간주되는 관계가 있다. 그것이 양쪽 모두를 만족시키는 평형 상태인 것이다. "남편과 소리 지르면서 싸우다가도 사이가 괜찮아져요. 그런 방법이 좋지 않다는 건가요?"라고 묻는 사람들이 있다. 그럴 때마다 그런 방법이 두 사람에게 효과적이라면 괜찮다고 대답해준다. 양쪽 모두가 서로의 개입 정도에 편안함을 느끼고 같은 해석을 이끌어내는 것이 중요하기 때문이다.

하지만 그런 관계에 놓여 있는 사람들은 대부분 편안함을 느끼지 못한다. '이런 식으로 대하는 건 날 존중하지 않는다는 뜻이야. 내가 마음 상해 할 것을 알면서'라고 생각한다. 콜린처럼 그들은 치열한 언쟁이나 개인적인 공격에서 회복되기까지 몇 시간에서 며칠이 걸릴 수도 있다.

콜린이 좌절감을 느끼는 이유를 쉽게 알 수 있다. 져주는 것도 소용없고 똑같이 반응하는 것도 나을 것 없다면 어떻게 해야 하는가?

우선 매트가 상황을 바라보는 관점을 이해하고 행동과 반응의 악순환을 찾아보면 도움이 된다. 예를 들어 매트는 콜린이 변화를 거부하는 것이 자신을 괴롭히는 행동이라고 느낄 수 있다. 고의적이라는 생각에 화가 날 것이다. 수동적 공격성에서 나온 전략이라고 생각할지도 모른다.

이러한 통찰은 새로운 대화에 유익한 길을 제시해준다. 하지만 매트가 의식적이건 무의식적이건 최후통첩이 효과적이라는 생각을 고수한다고 해보자. 그렇다면 콜린은 어떤 조치를 취할 수 있을까?

앞에서 이 역학관계 분석의 효과를 설명했다. 역학관계 분석은 경청과 문제 해결 노력이 실패했을 때 시도해볼 만하다. 역학관계 분석에는 '대화 자체에서 발생하는 문제를 토론의 주제로 내놓는 것'이 필요하다. 특히 상대방의 암묵적인 의사결정 법칙을 명확하게 밝히면 큰 도움이 된다. 이 경우 매트가 콜린이 받아들이기를 원하는 암묵적 법칙은 '기분이 상하면 내가 원하는 대로 할 수 있다'인 듯하다. 이렇게 보면 그것이 기업 운영이나 파트너십 관계에서 얼마나 형편없는 원칙인지 분명하게 보인다. '만약 두 사람이 모두 이 전략을 사용한다면'이라고 상호성의 테스트를 적용해보면 문제가 더욱 분명해진다. 누구 목소리가 제일 큰지를 기준으로 자원을 배치하거나 마케팅 전략을 선택한다면 기업은 결코 성공할 수 없다.

콜린은 역학관계를 분석할 때 상대방의 의도를 비난하지 말아야 한다. "자네는 화를 내서 원하는 것을 얻으려고 해"라고 말하면 안 된다. 매트는 자신이 화를 낸다는 사실을 알아차리지 못하거나 인정하지 않을 수도 있고, 화를 내서 목표를 달성하려고 한다는 말에 이의를 제기할 가능성도 매우 높다. 그러면 매트의 실제 의도에 대한 의미 없는 논쟁으로 대화가 빗나간다.

대신 콜린은 제3의 이야기를 활용해 딜레마를 설명하고 공동의 문제 해결을 제의해야 한다. "자네는 우리 회사의 브랜딩 전략을 새롭게 시작해야 한다는 생각이 강하지. 난 지금의 방식이 좋아. 서로 의견 차이가 심하면 어떻게 결정을 내려야 할까?" 만약 매트가 "내 방식대로 하지 않으면 그만두겠어"라고 반응하면 콜린은 바로 그 대화의 역학관계를 분석해야 한다. "그만둘 마음이 누가 큰지가 우리의 의사결정 방식이구나. 그건 시속 사능한 의사결정 과정도 아니고 최신의 선택을 내릴 수 있는 방법도 아닌 것 같아. 우선 한 걸음 뒤로 물러나서 우리의 목표를 다시 살펴보는 것이 보다 나은 접근법인 것 같아."

역학관계 분석은 그 자체로 중립적이고(제3의 이야기) 상황을 중립적으로 만들어준다(콜린은 매트에게 억지 믿음을 강요할 수 없고 매트도 역시 마찬가지다). 콜린의 입장은 확실하고 중심이 잡혀 있다. "설득은 환영하지만 난 아직 설득되진 않았어. 언제 설득될지는 내가 결정해. 자네의 분노는 자네 생각이 얼마나 강한지 말해주지만 나를 설득시킬 적절한 자료와 추론, 원칙에는 영향을 끼치지 않아."

콜린의 설명에서 그의 좌절감이 어느 정도인지는 확실히 알기 어렵다. 매트의 행동이 단지 거슬리는 것일까, 아니면 콜린 스스로 샌드백이라고 느낄 정도일까? 만약 후자라면 콜린은 "더 이상은 못 참아"라는 식으로 매트에게 변덕스러운 행동을 고치라고 요구하고 싶을 것이다. "소리치고 협박하는 모습을 계속 두고 볼 수 없어. 더 이상 못 참아! 이제 그만해!"

이 말을 머릿속으로 연습할 때는 매우 시원하고 고소하게 느껴질 것이다. 하지만 과연 효과적인 전략인지 차근차근 생각해보면 문제가 드러난다. 콜린이 그렇게 말할 때 매트의 머릿속에서는 어떤 생각이 떠오를지 생각해보자. '제정신이 아니군. 내가 언제 화를 냈다고'라거나 '자네가 지나치게 예민하다는 증거일 뿐이야', '나한테 이래라저래라 하지 마', '내가 자네보다 열정이 클 뿐인데 어쩌라고' 같은 생각이 떠오를지도 모른다. 매트의 입장에서 보자면, 그가 콜린에게 안전한 길만 선택하는 것에 신물 난다고 말했을 때 이미 그 자신이 "더 이상은 못 참아"라고 말한 셈이다. 그것은 콜린에게 좋은 영향을 끼치지 못했다. 따라서 콜린이 매트에게 똑같이 한다면 역시 별다른 성과를 거둘 수 없을 것이다.

그러므로 우리는 다른 방법을 추천한다. 콜린은 마음속으로는 더이상 못 참는다고 다짐할 수 있다. 결의를 느끼는 것은 잘못이 아니다. 하지만 콜린은 (실제로 "더 이상은 못 참아"라고 입 밖으로 말함으로써) 매트를 통제하려 하지 말고 자신이 보고 생각하고 원하는 것과 취할 행동에 집중해야 한다. 다음과 같은 핵심 포인트가 있을 수 있다.

- 내가 보는 시선은 이렇다.
- 내가 받는 영향은 이렇다.
- 네가 내 인식에 동의하지 않거나 자신의 행동이 정당하다고 생각할 수도 있다.
- 누가 옳은지는 중요하지 않다. 현재 우리의 상호작용 방법이 나에게는 맞지 않는다.
- 이 행동을 바꿔달라고 당신에게 부탁하는 것이다.
- 만약 계속된다면 나는 이렇게 하겠다.

콜린은 자신이 옳다고 주장하고 있지 않다. 자신이 옳다고는 생각하지만 과연 확실한지는 그도 알 수 없다. 그가 확실히 아는 것은 매트와의 상황이 자신에게 맞지 않는다는 사실뿐이다. 콜린은 이 사실을 매트에게 이해시킬 필요가 있다. 매트를 통제하기 위해서가 아니라 그가 행동을 바꿀지, 바꾼다면 어떻게 바꿀지 신중한 선택을 내리는 데 필요한 정보를 주기 위해서다. 물론 이 방법을 활용하려면 콜린은 변화가 없는 경우 맞닥뜨릴 결과에 대해 신중하게 생각해야 하고 매트에게도 분명히 설명해주어야 한다.

이 전략은 다른 어려운 행동에도 도움이 될 수 있다. 상대방이 대화 도중에 항상 주제를 바꾸거나 당신을 공격하는 쪽으로 이끌고 가면 상대방의 관점을 이해하려고 노력하고 선의의 문제 해결에 열린 태도를 취해야 한다. 하지만 상대방이 계속 고의적으로 대화 방향을 바꾸거나 괴롭힌다면 역학관계를 분석하고, 필요하다면 변화가 없을 때 따르는 결과를 명확하게 밝힌다.

3

정신적 문제가 있는 사람과
어떻게 대화하죠?

Q. 상대방에게 정신질환이 있는데, 이런 경우에도 대화를 할 수 있을까?

이 책에서 다루는 주제는 인간의 상호작용이 복잡하다는 사실이다. 한 사람은 선하고 또 다른 사람은 악해서가 아니다. 각자의 스타일과 행동, 추측, 이해관계가 교차하는 지점에서 문제가 발생한다.

그래도 특별히 대화가 어려운 사람들이 있다. 우울증, 불안, 조울증, 중독, 강박장애, 자아도취, 주의결핍장애, 그 밖의 다양한 정신질환은 걱정과 비효율성, 좌절감, 절망을 초래하는 인간관계 문제를 일으킬 수 있다. 정신적으로 아픈 사람과 일하거나 사는 사람은 그것이 얼마나 힘든 일인지 잘 알 것이다. 그들과의 힘든 상황에 수반되는 여러 대화 유형을 고려할 때 대화 기술이 도움이 될 수도 있지만, 그보다는 가족과 동료, 공동체, 정신건강 전문가들의 도움이 중요하다.

그밖에도 도움이 될 수 있는 것이 최소한 두 가지가 있다. 첫째, 정신질환이 있는 사람의 관점과 행동을 '미쳤다'거나 '논리적이지 않다'로 치부하는 경우가 많지만 내면의 논리를 갖춘 증상도 많다. 강박증이 있는 사람은 특정한 의식을 따르지 않으면 극도로 부정적인 결과가 나타날 것이라고 생각한다(대부분은 상상에 불과하다). 그들의 의식은 파괴적이고 때로는 정상적인 생활을 어렵게 만들기도 하지만, 강력한 불안감에 대한 자기치료의 일종이기도 하다.

마찬가지로 중독에도 내면의 논리가 존재한다. 중독자는 단기적인 고통 대신 단기적인 쾌락(혹은 고통 감소)을 선택하는 것이다. 단지 오늘 하루를 견디는 것이 목적이라면 내일 더 큰 고통이 따를 것이라는 사실을 무시하는 행동도 그들에게는 어느 정도 타당하다. 병을 내면에서부터 이해하면 사랑하는 사람이나 동료의 행동에 대한 통찰이 생길 수 있다. 내가 무심코 하는 어떤 행동이 그들의 증상을 악화시키는지 이해하고, 도와줄 방법은 어떤 것이 있을지 생각해볼 수 있다.

우울증과 공포증, 정신적 및 정서적 장애에 시달리는 사람들은 주변 사람들에게 상처나 좌절감을 주기 위해 일부러 어렵게 구는 것이 아니다. 질환에 의해 자신의 세계관 자체가 왜곡되었기 때문에, 여기에 대처하기 위한 불가피한 행동인 경우가 많다. 물론 그렇다고 행동에 대한 책임감이 덜어지는 것은 아니다. 하지만 당신을 속상하게 만드는 그들의 행동이 질환 때문이라는 사실을 상기하면 영향이 줄어들 수 있다.

또 한 가지 유념해야 할 점은 임상적으로 진단된 정신질환 이외에 정도가 덜한 증상도 인간관계에 심각한 단절을 초래할 수 있다는 사실이다. 시도 때도 없이 감정이 오락가락하고, 작은 일에도 쉽게 분노하며, 자신에게만 몰두하거나 다른 관점은 잘 받아들이려 하지 않는 사람들도 있다. 동료에게 휴가를 잘 보냈는지 물었는데 "사흘밖에 안 쉬었는데 뭘!"이라고 톡 쏘는 대답이 돌아올 수도 있다. 이상할 정도로 방어적인 대답이다. 상대방에게는 그 질문이 "그렇게 오래 쉬면 어떡해"라는 비난처럼 들렸기 때문이라는 사실을 깨닫기 전까지는 말이다. 사람은 누구나 상대방의 의도를 지나치게 부정적으로 받아들일 수 있다. 하지만 훨씬 자주, 더욱 견고하게 상대방의 의도를 오해하는 사람들도 있다. 그렇게 오해하다 보면 상대방의 의도에 대한 추측이 정말로 사실이 되어버릴 수도 있다. 그러면 깨뜨리기 어려운 악순환이 되고 만다.

이러한 난관에 직면했을 때는 절대로 어떤 결과가 보장될 수 없다는 사실을 기억해야 한다. 타인에게 변화를 강요하거나 내가 원하는 일을 억지로 시킬 수는 없다. 성공이 타인의 행동에 달려 있다고 생각하면 타인에게 결과의 주도권을 맡기는 것이고, 상황은 악화될 수밖에 없다. 생산적인 교환이 이루어지도록 힘쓰고 자신의 행동이 문제의 일부가 되어 타인의 반응에 기여하는 일이 없도록 최선을 다하는 것을 목표로 삼아야 한다.

이러한 사실을 기억한다면 여러 접근법을 이용해 어려운 역학관계를 바꿀 수 있다. 자세한 사항은 구체적 상황에 따라 달라지겠지만 아무리 다르거나 이상해 보여도 먼저 타인의 관점을 이해하려고 애쓰는 노력이 뒷받침되어야만 한다. 다음 세 가지 예를 살펴보자.

애디의 이야기

애디는 사이가 좋지 않은 어머니와 로빈 이모의 중간에 끼어 있다.

로빈 이모는 엄마가 이기적이고 끔찍한 사람이라고 말하면서 저도 동의하게 만들려고 해요. 지난 5년 동안 저는 부드럽지만 단호하게 엄마를 옹호하면서 이모의 관점에 균형을 잡아주려고 노력했어요. 하지만 그럴 때마다 이모는 전화기에 대고 소리를 질러요. "네 엄마는 내가 자기 손주들의 생일에 축하 카드를 보내는 걸 항상 까먹는다고 하지. 빌어먹을 거짓말쟁이 같으니라고!"처럼 아무 말이나 내뱉으시죠. 저는 차분하게 엄마의 입장을 설명하지만 소용없어요. 이모의 행동이 저에게 어떤 영향을 끼치는지도 말씀드렸어요. "이모, 이모가 그렇게 말할 때마다 전 속상해요"라고 말이에요. 하지만 소용없어요. 이모가 힘드셔서 그런 거라고 공감하려고도 하지만 역시 소용없죠. 두 분의 사이가 나쁜 것에 이모가 어떤 원인을 제공하는지 지적해도 소용없어요. 가끔은 제가 이성을 잃어요. "왜 우리 엄마한테 막말하세요?" 하지만 그것 역시 소용이 없네요.

애디는 이모가 까다로운 사람이지만 외롭기도 하다는 사실을 잘 알고 있다. 그녀가 이모와 연락하는 것도 이모의 외로움을 덜어주고 싶어서다. 적어도 누군가가 묻는다면 애디는 그렇게 대답할 것이고 그녀 스스로도 그렇게 믿고 있다. 하지만 더 깊이 들여다보면 애디는 이모를 도와주는 것뿐만 아니라 이모를 바꾸려는 동기도 있다는 사실을 알 수 있다. 어떻게 말하고 어떻게 인간관계를 맺어야 하는지 자신의 관점대로 이모를 행동하게 만들려는 것이다. 하지만 그런 변화는 애디의 통제권을 벗어나는 일이다. 애디는『괴물들이 사는 나라』라는 그림책에 나오는 주인공 맥스와 비슷하다. 맥스는 배를 타고 항해를 하다가 구제불능의 무서운 괴물들이 사는 섬나라로 가게 된다. 맥스가 마법을 써서 "조용히 해!"라고 하자 괴물들은 꼼짝도 하지 못한다. 하지만 현실 세계에서는 그런 마법이 통하지 않는다. 타인을 통제할 수 있다는 환상을 버리기는 쉽지 않다. 하지만 이는 유익한 접근법을 찾는 첫걸음이 될 수 있다.

　다음으로 이모가 처한 상황에 대해 생각해보자. 자신에게 중요한 무언가가 걸려 있지 않다면 로빈 이모는 대화를 계속하려고 하지도 않을 것이다. 그녀에게는 무엇보다도 교감이 중요하다. 상호작용이 아예 없는 것보다는 차라리 부정적인 상호작용일지라도 하고자 하는 것이다. 로빈은 애정과 소속감, 자신이 가족 내에서 중요한 역할을 맡고 있다는 믿음을 원한다. 그러나 로빈의 감정을 살펴보면 가족들이 자신의 말에 귀 기울이지 않는다고 느끼고 좌절감에 빠져 있다는 것을 추측할 수 있다. 자매에게서 느끼는 속상함을 털어놓고 싶지만 아무도 귀 기울여주지 않는 것이다. 애디는 이모의 주요 관심사를 이해하는 동시에 대화를 다른 방향으로 나아가게 할 필요가 있다.

　이 방법의 목적은 대화를 중심에서 벗어나게 하는 것이다. 보통은 좋은 방법이 아니지만 고착 상태이거나 상황이 정말로 잘못된 방향으로 나아갈 때는 다른 방향의 큰 에너지를 불어넣는 것도 도움이 된다. 예를 들어 애디는 이렇게 말할 수 있다. "맞아요. 엄마가 짜증나게 할 때도 있긴 하죠. 사람은 완벽하지 않잖아요. 엄마뿐만 아니라 우리 가족 모두가 가끔 짜증나게 해요. 하지만 확실한 건 엄마가 이모를 사랑하고 이모도 엄마를 사랑한다는 거예요. 그게 두 분에게 중요한 거죠."

이러한 언급은 몇 가지 이유로 유용하다. 첫째, 유머와 가벼운 태도는 이 상황이 세상이 끝날 정도로 심각한 것이 아님을 상기시켜준다. 둘째, 처음부터 강한 공감이 작용한다. 엄마가 가끔 짜증나게 할 때가 있다고 동의하는 애디의 모습은 엄마에 대한 배신처럼 느껴질 수도 있지만 사실일 수도 있다(특히 가족 사이에서는 누구든 짜증날 때가 있으니까). 로빈은 오랫동안 누군가 자매를 감싸기만 하지 말고 자신의 좌절감에 귀 기울이게 만들려고 애썼다. 셋째, 사랑 표현이기 때문이다. "서로 사랑한다는 것이 중요하다"는 애디의 말은 로빈에게 그녀가 사랑받고 있으며 가족 안에서 중요한 역할을 하고 있음을 일깨워주므로 외로움에 대한 두려움을 없애줄 수 있다.

이와 관련해 생각해볼 만한 감동적인 사례가 하나 있다. 오토바이 순찰 경찰관 케빈 브릭스Kevin Briggs에 관한 이야기다(2003년 10월 13일 자 「뉴요커」에 소개된 기사를 참고했다). 샌프란시스코의 금문교는 세계적으로 유명한 관광지이기도 하지만, 한편으로는 다리에서 뛰어내려 자살하려는 사람들이 많은 곳이기도 하다. 브릭스는 다리에서 뛰어내리려는 사람들을 설득하는 매우 효과적인 대화 기술을 가지고 있었다. 그 결과 브릭스가 목숨을 구한 사람들이 지금까지 200명이 넘는다고 한다. 그의 대화 기술은 무엇일까? 그는 뛰어내리지 말라는 말은 하지 않는다. 대신 "내일 뭐할 거예요?" 하고 묻고는 아무 계획이 없다고 하면 "같이 만들어봅시다" 하고 말을 건넨다.

피터의 이야기

대형 제약 회사에 다니는 피터는 루체라의 상사다. 피터가 설명하는 이야기를 들어보자.

루체라는 훌륭한 과학자이고 대단히 성실하며 직관도 뛰어납니다. 하지만 그녀는 같이 일하기가 무척 어려운 사람이에요. 누군가 피드백을 주려고 하면 그녀는 그 피드백이 이러이러해서 틀렸고 당신의 선입견일 뿐이라면서 공격적으로 거부합니다. 얼마 전에 제가 그녀의 부하 직원 두 명이 그녀가 지나치게 비판적이라고 생각한다는 사실을 전해주자 그녀는 "상사에 대해선 다들 그렇게 얘기하죠"라고 하더군요. 그러고는 최근에 자신이 비판 강도를 줄이고 동료들을 인정해주는 태도를 보이려고 노력했는데 그들은 자신을 모함이나 하다니 불쾌하다고 덧붙였습니다. 부하 직원들이 그녀를 모함할 이유가 있는지 묻자 그녀는 "이유는 없죠. 질투심 때문에 공격하는 게 분명해요"라고 하더군요.

피터의 이야기는 인식의 부재가 루체라를 방해하고 있음을 보여준다. 이 역학관계에서 분노나 방어, 혐오나 취약성의 신호는 소통자의 인식 바깥, '사각지대'에 존재한다. 세 가지 주요 사각지대에는 어조, 얼굴 표정, 보디랭귀지가 있다. 듣는 사람은 이것들을 깊이 의식하지만 말하는 사람은 그렇지 못하다. "물론 그들의 실패가 역겨웠지만 입 밖으로 말하진 않았어. 그러니 당연히 알 리가 없잖아?" 하지만 그들도 안다. 들리지 않아도 보이기 때문이다. 화자가 모르는 사이에 메시지가 비언어적 요소로 새어나오는 것이다.

루체라는 주변 사람들의 행동 원인에 대한 정보를 많이 놓치고 있다. 그녀가 보기에 '새롭게 바뀐 루체라'는 주변의 무능력한 사람들에게도 친절하고 인내심이 강하다. 하지만 그녀는 자신이 문제 발생에 미묘하지만 강력한 원인을 제공하고 있다는 것은 알지 못한다(이를테면 눈을 굴리는 모습이나 어조로 혐오감이 전달된다는 사실). 따라서 동료들이 부당한 대우를 호소해도 그녀는 '난 부당하게 대우하지 않았어'라고 생각한다. 자신은 절대로 부당하게 대우한 적이 없는데 왜 그러는지 의아할 뿐이다. 결국 그녀는 그들이 자신에게 부정적인 피드백을 줄 만한 이유는 질투, 야심, 옹졸함, 까다로운 성격 등 그들의 문제 때문이라는 결론에 도달한다. 따라서 루체라는 자신이 받는 피드백이 정말로 공평하지 못하다고 믿는다. 그것이 그녀가 떠올릴 수 있는 유일한 설명이기 때문이다.

피터가 루체라의 자기 봉합적인 자각 부족을 깨뜨릴 수 있도록 도와주는 방법에는 두 가지가 있다. 먼저 루체라가 놓치고 있는 정보를 주는 것이다. 자신의 모습이 담긴 영상을 본다면 현재 인지하지 못하고 행하는 자신의 행동 문제를 깨달을 수도 있다. 물론 고통스러운 인식의 과정이겠지만 말이다. 만약 루체라가 자신의 소통 방법이 남들 눈에 어떻게 보이는지를 알아차린다면 부하 직원들의 피드백에 대한 다른 이유를 떠올리기도 쉬워질 것이다. 그러면 피터는 그녀가 부하 직원들과 이 상황에 대해 다시 생각하고 새로운 대처 방법을 고안하도록 도와줄 수 있다.

피터는 이렇게 말할 수도 있다. "동료들의 불만이 사실인지의 여부는 잠깐 제쳐두고 대신 '만약 사실이라면?'이라고 생각해봅시다. 그렇다면 동료들은 왜 그런 이야기를 한 것일까요?"

알다시피 사람들이 일어난 일에 대해 반박하는 이유 중 하나는 상대방의 관점이 자신의 정체성을 위협하기 때문이다. 이 방법은 그 문제를 직접적으로 다룬다. 따라서 피터는 루체라가 자신의 행동이 의도하지 않은 결과를 가져온 사실에 위협을 느끼지 않을 방법을 찾도록 도와줄 수 있을 것이다.

마탐바의 이야기

마탐바가 일하고 있는 부서의 팀원들은 새로운 상사가 별로 탐탁지 않다.

예전 상사는 협동 정신이 매우 뛰어났고, 모든 결정을 감정에 휘둘리지 않고 분별 있게 내렸습니다. 의견 차이가 있어도 편하게 반박할 수 있었고 적어도 경청해주었죠. 하지만 새 상사는 매우 위계적이고 심지어 약간 독재적인 면까지 있습니다. 질문은 할 수 있지만 환영받지 못하죠. 가끔은 질문할 때 노골적으로 경직된 표정을 지어서 계속 질문했다가는 보복이 있을 거라는 느낌마저 듭니다. 팀원들은 상사의 나쁜 행동에 보상을 해주고 싶지 않아서 그럴 때마다 상사에게 맞서려고 하지만, 매우 급격하고 파괴적으로 갈등이 악화됩니다. 역학관계 분석을 통한 대화법도 통하지 않는 상황인 것 같아요.

마탐바의 이야기를 들은 컨설턴트는 새 상사가 사실은 두려움 때문에 그런 행동을 보일 수도 있다는 가능성을 제기했다. 미탐바는 상사가 포부가 크며 항상 성공적인 모습을 보여줘야 한다는 걱정에 사로잡혀 있다는 것을 알고 있었다. 컨설턴트의 질문에 답하다 보니 부하 직원들이 상사에게 검증되지 않은 행동 방침을 제안할 때마다 어려운 상황이 벌어진다는 사실을 알게 되었다. 컨설턴트는 부하 직원들의 아이디어가 체면 상실이나 당혹감, 공개적인 실패로 이어질까 봐 상사가 두려워하는 것이라는 분석을 내놓았다.

컨설턴트는 상사에게 확고하게 반대하기보다는 상사가 우려하는 점을 물어보라고 조언했다. "이 방향으로 나갈 경우 무엇이 염려되십니까"라고 질문하자 놀랍게도 상사는 곧바로 답을 내놓았다. 그는 문제가 될 수 있는 시나리오를 제시했는데, 팀원들이 생각하기에는 실제로 일어날 가능성이 낮은 일이었다. 그들이 상사의 두려움을 알고 난 뒤에는 그것을 입증하고 다룰 수 있었다. "저도 그 부분이 우려됩니다! 실제로 생기지 않게 만들도록 하죠. 그런 일이 생기지 않도록 이렇게 하면 어떻겠습니까?" 그러자 상사는 팀원들이 예상하지 못한 반응을 했다. "그럼 괜찮겠네요. 그 부분만 확실하다면 원하는 대로 하세요."

유난히 대화가 어려운 사람이 있다는 사실을 받아들일 때의 위험은 자신에게는 잘못이 없다고 생각하는 것이다. 그러나 아무리 상대방이 어려운 성격의 사람이라도 당신의 도발이 상황을 더욱 어렵게 만들 수 있다. 예컨대 상대방에게 편집증이 있는 것이 사실이라도 그에게 해코지하려는 사람이 정말로 있을 수도 있다. 따라서 당신이 고의로 혹은 자신도 모르게 어려운 관계를 만들거나 지속시키고 있지는 않은지 늘 생각해보아야 한다. 자신이 어떤 원인을 제공했는지 알아차리기는 쉽지 않으므로 일의 결과에 아무런 이해관계가 없는 중립적인 관찰자의 눈과 통찰이 필요할 수도 있다.

사람들이 자신이 원인 제공을 한 사실을 인정하지 않으려는 이유는 정체성을 위협하기 때문인 경우가 많다. 따라서 상대방이 정체성 위협을 느끼지 않으면서도 자신이 얼마나 원인 제공을 했는지 알아차리거나 좀 더 미묘한 관점으로 자신을 바라보도록 도와줘야 할 수도 있다.

여러 개의 유효한 관점, 공동 원인 제공 가능성, 탓하지 않고 원인 분석하기, 완전하지 않은 정체성 같은 개념이 많은 사람에게 새롭게 느껴질 것이다. 이것들을 이해하고 익숙해지는 데는 시간이 걸릴 수도 있다. 변화가 제대로 일어나지 않아도 너무 일찍 포기하거나 놀라지 마라. 상대방이 협조적인 대화에 약간의 열린 태도를 보여주기 시작할 때쯤엔 자신은 이미 포기한 뒤라서 미묘한 변화를 알아차리지 못하는 비극이 너무도 자주 일어난다.

4

상사와의 대화는
어떻게 해야 할까요?

Q. 상대방이 상사처럼 커다란 권한을 가진 사람이라면 어떻게 해야 할까?

회의에서 혹은 어떤 업무를 논의하는 일대일 대화에서 상사의 의견에 반대해야 하는 상황이라면? 윗사람과의 대화는 어렵게 느껴질 수밖에 없다. 부하 직원들에게 반대 의견을 내놓으라고 말하는 상사는 많지만 대부분은 진심이 아니다. 부하 직원들은 문제를 제기했다가 상사로부터 미묘하게 불쾌감을 전달받고 나면 더 이상은 반대 의견을 내놓지 않게 된다. 상사가 겉으로 하는 말이 아니라 은연중에 유인하는 대로 행동하게 되는 것이다.

단지 '올바른 일'이라는 이유로 상사에게 반박하는 위험을 무릅쓰는 것은 권하지 않는다. 부당함에 이의를 제기하고 해고당하라고 가르치는 책이 아니니까 말이다. 이것은 비용과 이익의 문제다. 반대 의사를 밝히는 것이 대단히 극적인 결과를 가져오는 경우는 드물다. 대부분은 눈에 보이지 않는 이득이 있을 뿐이다. 당당하게 반대 의사를 밝히는 것은 단기적으로는 사람들의 심기를 불편하게 만들지 몰라도 장기적으로는 동료들, 그리고 종종 상사의 존중을 얻게 해준다. 그리고 누구의 심기도 불편하게 하지 않을 때도 많다.

설문조사에 따르면 대다수의 상사는 부하 직원들이 자신을 효율적이고 유능하고 배려 많은 사람으로 본다고 생각하지만, 실제로 상사를 긍정적으로 바라보는 부하 직원은 소수에 불과하다. 놀라운 일은 아니다. 부정적인 이야기나 들으려고 조직의 높은 자리에 오른 사람은 없다.

그렇다면 어떻게 해야 할까? 방법은 영향력을 이용하는 것이다. 우선 힘의 두 가지 유형인 통제력과 영향력을 구분하자. 통제력은 어떤 일이 일어나게 만드는 일방적인 능력이다. 한편 영향력은 타인의 생각에 영향을 끼치는 능력이다. 당신의 상사는 제한적인 통제력을 가지고 있다. 상사는 협상 없이 당신을 해고하거나 전근시키거나 매력 없는 프로젝트를 맡길 수 있다(물론 이것은 극단적인 가정이다. 아무리 상사라 할지라도 이처럼 일방적인 결정을 실행하는 데는 대부분 형식적이거나 비형식적인 제한이 따른다). 반면 당신은 상사를 해고하거나 전근시킬 수 없다.

상사가 의사결정자라는 사실을 명백하게 인정하면 그들이 당신의 말에 더욱 귀 기울이도록 만들 수 있다. 상사에게 이렇게 말해보는 것이다. "고려해야 할 요인이 많은 것은 알지만 당신이 어떤 결정을 하건 저는 동의합니다. 단지 저는 당신이 ……을 알고 고려하셨는지 여쭤보고 싶습니다."

그러면 상사는 영향력 발휘에 좀 더 열린 태도가 될 것이다. 뭔가를 밀고 나가거나 영역을 지키거나 자신이 의사결정자임을 명확히 할 필요가 없기 때문이다. 당신이 상사의 지위를 인정한다고 분명한 신호를 보냈으므로 한결 느긋하고 수용적인 태도가 되는 것이다.

바로 이 단계에서 당신에게 무엇이, 왜 중요한지 이야기하라. 사람들은 상사에게 영향을 끼치려고 모든 시도를 다 해보았다고 말하지만 "당신에게 중요한 일이라고 상사에게 말해보았나요"라고 물으면 대개는 "당연히 알 거라고 생각해요"라고 대답한다. 실제로 "저에게 중요한 일입니다"라고 말하지 않은 것이다. 무엇이 왜 자신에게 중요한지 분명하게 말해야 타인에게 영향을 끼칠 수 있다. 당신의 주장이 얼마나 강한지, 그리고 대립되는 고려사항이 있는지에 따라 상대방을 설득할 수도 있고 그렇지 못할 수도 있지만 어쨌든 영향은 줄 수 있다. 위협하는 게 아니라 신중한 의사결정에 필요한 정보를 상대방에게 제공하는 것이 목적이다.

상대방이 상사일 때 '원인 제공 분석'에 대한 이야기를 어떻게 꺼내야 하는지 물어보는 사람들이 많다. 대부분의 경우 상사에게 "물론 제 잘못도 있지만 당신 잘못이 더 큽니다!"라고 말하는 것은 좋은 방법이 아닐 테니까. 그렇다고 원인 분석을 아예 하지 말아야 한다는 뜻은 아니다. 인정하건 하지 않건 상사도 문제 발생에 크고 작은 원인을 제공한다. 자신의 관점을 지나치게 믿거나, 표현하지 않으면서 속마음을 알아채기를 바라거나, 질문 자체를 아예 하지 못하게 만들고 있을 수도 있다. 겉으로는 '언제든 사무실로 찾아오라'고 하지만 실제로 그럴 경우 불이익이 따를 수도 있다.

그렇다면 상사에게 문제를 어떻게 제기할까? 한 가지 방법은 우리가 '요청의 언어'라고 부르는 것이다. "제가 마감 시간을 맞추지 못한 이유는 당신이 금요일 오후에야 지시했기 때문입니다"라고 말하는 대신 이렇게 말해보자. "다시는 이런 일이 생기지 않도록 최선을 다하겠습니다. 앞으로 변화가 필요한 부분을 세 가지 발견했습니다. 또한 복잡한 프로젝트의 경우 좀 더 넉넉한 시간이 주어진다면 도움이 될 것 같습니다. 금요일이 아닌 수요일에 업무 지시가 주어지면 새 프로젝트와 기존 프로젝트, 그 밖의 옮기기 어려운 일들의 균형을 맞출 수 있을 것입니다. 지시 시점이 어느 정도까지 빨라질 수 있을지 모르겠네요. 어떻게 생각하십니까?"

역설적이게도 질문과 경청에는 상당한 설득력이 있다. 앞에서 살펴본 것처럼 경청은 단지 정보를 흡수하는 것이 아니다. 경청은 타인에게 영향을 끼친다. 타인의 내면의 목소리를 조용하게 해준다. 상대방의 말에 귀 기울이고 인정한다는 느낌을 주면 상대방을 귀 기울이게 만들기도 쉬워진다. 또한 상대방에게 관심을 기울이고 있다는 것도 알려준다. 이것은 창조적인 문제 해결의 토대가 된다.

또한 대화가 상사에게 어떤 이익을 줄 수 있는지 설명한다. "저는 이 프로젝트를 꼭 성공시키고 싶습니다. 효율적인 실행을 위해 논리를 제대로 이해하려면 약간의 도움이 필요합니다." 물론 이 방법이 성공하려면 당신은 배우려는 태도를 취해야 한다. 상사가 틀렸음을 보여주려는 것이 대화의 진짜 목적이라면 위험하다. 확신하는 입장에서 메시지를 전달할 때처럼 문제가 발생할 것이기 때문이다.

배우려는 태도는 자신의 관점을 포기한다는 뜻이 아니다. 상사의 아이디어가 성공할지 확신이 없다면 상사가 모르는 것을 찾는 것뿐만 아니라 자신이 놓치고 있는 부분도 찾으려고 해야 한다. 새로 온 상사가 특정한 접근법을 추천한다면 아무리 같은 부서의 베테랑들이 그 방법은 말도 안 되는 것이라고 말해도 그의 관점에 어느 정도의 타당성이 있을 수 있다.

팀의 성공에 상사와의 '더 많은 대화'가 필수적인데 좀처럼 기회가 생기지 않아서 답답하다면 그 목표도 대화 구성에 포함시킬 수 있다. "모두가 신속한 진행을 바랄 것입니다. 반드시 성공하는 것도 모두에게 중요하죠. 저는 이 프로젝트의 성공을 간절히 바라지만 제가 잘해 낼 수 있을지 아직 자신이 없습니다. 구체적으로는 앞으로 펼쳐질 몇 가지 반대에 어떻게 답할 것인지 설명해주신다면 도움이 될 것 같습니다. 예를 들어……"

상사가 대화를 거부하는 경우

첫째, 까다로운 상사를 상대할 때는 '기습적인 대화'를 해서는 안 된다. 대화 계획을 미리 세워놓아야 한다. 시간을 투자하고 완전히 집중하는 상태로 대화가 이루어져야 한다.

그렇다면 회의는 어떻게 시작해야 할까? 제3의 이야기로 시작해 당신의 우려를 이야기하고 그것이 왜 상사의 우려가 되어야 하는지 이야기한다. 예를 들어보자. "문제를 제기하는 방식에 대해 이야기하고 싶습니다. 그것이 사기와 생산성에 영향을 끼치기 때문입니다"라고 하거나 "회의에서 반대 의견을 내는 방법에 대해 이야기하고 싶습니다. 어떤 조언을 해주시겠습니까?"라고 물어보는 것이다.

당신은 상사가 어떤 문제에 대해 이야기하도록 만들 수는 없지만 확고하게 어떤 주장을 할 수는 있다. 하지만 상사가 논의를 계속하는 것 자체를 당신의 무능함이나 약점의 신호라고 주장한다면 쉽지 않을 것이다. 그래서 철저한 준비가 필수적이다. 필요한 자료를 읽거나 해당 사안을 다루는 데 필요한 준비를 해야 한다. 그러면 해당 사안에 대해 철저하게 고민해본 결과 상사에게 찾아올 수밖에 없었다고 자신 있게 말할 수 있다.

상사가 또라이인 경우

스탠퍼드 경영대학원 교수 로버트 서튼Robert Sutton 은 도발적인 제목의 저서 『또라이 제로 조직』에서 "협박자, 소름 끼치는 인간, 얼간이, 고문관, 중상모략가, 병적인 자기주의자 등 우리의 직장 생활을 불행하게 만드는 모든 유형"에 대처하는 방법을 알려준다. 저자는 그들이 일으키는 정서적, 신체적, 경제적 피해를 언급하면서 "아무리 사업에 중요한 사람이라고 해도 절대로 참아주지 말라"라고 조언한다. 하지만 많은 기업이 그냥 참는다. 경쟁력 상실은 물론 상충되는 주장과 인식을 살펴보는 일의 복잡함까지 그 이유는 다양하다.

사람이 남을 괴롭히는 이유에는 여러 가지가 있다. 정신질환이나 기분 탓일 수도 있다. 혹은 괴롭히는 행동이 목표를 달성하는 가장 좋은 방법이라는 것을 '습득'했거나 기업 문화가 요구하는 것이라고 추측하기 때문일 수도 있다. 나쁜 기분을 마음껏 표출하는 것이 성공의 특권이라는 믿음 때문일 수도 있다.

이러운 행동을 보이는 사람은 자신의 문제를 알아보지 못하나, 예를 들어보자. 상사에게 팀이 3분기 목표를 달성하지 못했다고 보고하자 상사가 폭발한다. 그는 당신과 팀원, 고객 등 목표 미달에 책임이 있다고 생각되는 사람을 전부 공격한다. 당신은 상사가 화를 낸다는 사실을 지적한다. 그러자 상사는 "난 화난 게 아니야. 이 수치가 나쁜 거야"라고 한다. 마치 사실은 한 번에 하나일 수밖에 없다는 듯이. 정말로 그는 그렇게 생각한다. 그에게 분노는 정당화될 수 있는 감정이다. 원인 있는 분노는 '괜찮다'고 생각하는 것이다. 그래서 상사와 문제에 대한 대화를 나누기가 더욱 어려워진다.

모욕하는 사람과의 싸움에서 큰 부분을 차지하는 것은 바로 당신의 정체성 대화다. 그 사람이 활용하는 분노와 수치심 주기 전략은 당신의 자신감과 가치 의식을 해친다. 그의 피드백은 액면 그대로 받아들여서도 안 되고 완전히 거부해서도 안 된다. 대신 모욕하는 사람의 평가와는 별개로 자신의 업무 성과를 평가하는 방법을 찾는다. 물론 말처럼 쉬운 일은 아니지만 도움이 될 수 있다.

때로는 차선의 해결책이 최선의 전략이기도 하다. 꼭 필요할 때만 그 사람을 상대하고 그 밖의 인간관계를 최대한 가꾸며 명백한 방아쇠를 피하려고 한다. 또한 대부분의 상황은 양자택일이 아니라는 것도 알아야 한다. 원하는 일주일 휴가를 얻을 수는 없어도 금요일에 쉴 수 있을지 모른다. 알짜배기 프로젝트를 맡지는 못해도 눈도장은 찍은 셈이다. 작은 성공이 모이면 시간이 지날수록 마음에는 평화가 찾아온다.

조직 내의 구조적, 형식적인 경로를 알고 있어야 한다. 상사가 까다롭거나 모욕하는 사람이라면 인사과에 이야기하거나 노조와 함께 정식으로 불만을 제기할 수도 있다. 상사가 진지한 대화를 거부할 경우 같은 뜻을 가진 사람들을 모아서 문제 제기를 해볼 수도 있다. 상사의 행동을 더 이상 견딜 수 없다면 직장을 그만두겠다고 경고하거나 그래도 상사가 수그러들지 않으면 다른 행동을 취할 수 있다.

결국 당신은 "나에게 어떤 대안이 있는가?"와 "가치 있는 일인가?"라는 질문에 마주하게 될 것이다. 다른 가능성이 없으면 직장을 그만두라는 말이 아니다(특히 부양할 가족이 있는 경우). 하지만 그런 선택권도 있다는 사실을 알면 상사의 괴롭힘에 당당하게 맞서는 자신감이 생긴다. 최악의 상황을 견딜 수 있다는 것을 아는 것보다 빠르게 자신감을 길러주는 방법은 없다. 서튼 교수는 이러한 힘든 질문을 다루는 복잡성을 훌륭하게 설명한다.

> 좌절감이 느껴질 때 (…) 모욕은 자신의 잘못이 아니고 마법처럼 사라지는 일도 아닌 것으로 프레임을 재구성하여 당신의 몸과 마음을 보호하라. 이길 가능성이 높은 작은 싸움을 찾아서 달려든다. 작은 승리는 주도권을 느끼게 해주고 단순히 기분 전환이 되어주기도 한다. 당신이 작은 싸움을 계속 해나가고 다른 사람들도 동참하면 장기적으로 모두의 상황이 나아진다. 하지만 이 방법에는 어두운 면도 있다. 딱 적당한 수준의 보호를 제공하기 때문에 출구라는 선택지가 있는데도 혹독한 상황에서 발을 빼지 못하도록 만든다는 것이다.
>
> ―『또라이 제로 조직』 중에서

5

아랫사람과의 대화는
어떻게 해야 할까요?

Q. 상사가 부하 직원에게, 부모가 자녀에게, 윗사람이 아랫사람에게 그냥 명령하면 왜 안 될까?

그래도 된다. 몇몇 독자들은 이 책을 읽고서 종종 답답한 오해를 하곤 한다. 이 책이 의사결정을 내리고 실행하는 것에 반대하고 행동보다 말이 중요하며 모두가 동등한 결정권을 가지며 전원이 동의하지 않을 경우 앞으로 나아가면 안 된다는 생각을 담고 있다는 오해 말이다. 단언컨대 그것은 우리의 관점이 아니다. 당신이 CEO건 부모건 우리는 최대한 빠르고 효율적으로 의사결정을 내리고 그것에 대해 분명하게 설명하고 실행과 효율성에 대해 책임질 것을 권한다.

또한 의사결정을 내리거나 실행하거나 문제를 해결할 때 '대화'만으로 성공하는 경우는 드물다. 의사결정에는 다음을 구분하는 것이 유용하다.

- **명령**: 내가 결정하고 통보한다
- **상의**: 상대의 참여를 요청한 후 내가 결정하고 통보한다
- **협동/협상**: 함께 결정한다
- **위임**: 상대가 결정한다

당신은 '상의'인데 상대방은 '협상'이라고 생각한다면 상대방은 당신이 조언을 듣고도 따르지 않을 경우 당황스러울 것이다. 미리 역할을 명확하게 하는 것이 중요하다. 타인에게 기대와 다른 역할을 맡길 경우 어려운 대화가 필요할 수밖에 없다. 그래도 당신이 상대방의 마음에 들지 않는 선택을 내릴 때까지 기다리지 말고 미리 대화하는 편이 훨씬 쉽다.

하지만 상대방이 느끼는 좌절감은 인정해주어야 한다. 누구나 느껴본 적 있을 것이다. "내가 책임자니까 내 말대로 해", "그 일을 제시간에 다 끝내놔라", "술 먹지 말고 12시 전에 들어와라" 등. 액셀을 밟아도 차가 앞으로 나가지 않는 것과 같다. 차는 당신 말을 들을 생각이 없다. 당신이 어디에 가야 한다는 것도, 화가 났다는 것도 신경 쓰지 않는다. 그냥 계속 액셀을 밟아도 소용없다는 사실만큼은 확실하다. 그런데도 상사와 부모는 계속 그 방법을 쓴다. 아무런 결과를 이끌어내지 못하는데도 계속 '말'만 한다.

차의 시동이 꺼졌을 때 가장 먼저 할 일은 원인 진단이다. 연료가 떨어졌는가? 트랜스미션이 고장 났는가? 배터리가 나갔는가? 그런데 우리는 타인의 행동에 영향을 주려고 할 때 이런 단계들을 건너뛴다. 왜 내가 원하는 대로 하지 않는 거지? 이 책에서 강조한 방법은 앞

동으로 원인을 제공한 부분을 분석하는 것이다. 문제를 바로잡는 일은 한 사람이 완전히 통제할 수 있는 것이 아니다. 상사인 당신과 부하 직원이 모두 원인을 제공했다면 일방적인 명령으로 해결하기 어렵다.

하지만 쌍방의 의사소통이 상사나 부모로서의 역할과 권리, 책임을 포기한다는 뜻은 아니다. 결국 이 모든 것은 '그리고 대화법'으로 귀결된다. 부모와 자녀의 보기를 들어보자. 10대 자녀에게 음주와 운전이 허용되어야 하는가? 안 된다. 이것은 10대 자녀와 상의할 문제가 아니다. 하지만 그 메시지를 분명하고 단호하게 전달하는 것이 대화의 끝은 아니다. 자녀의 생각과 감정, 질문에 귀 기울여볼 필요가 있다. 법칙을 협상하기 위해서가 아니라 명확함과 문제 해결을 필요로 하는, 법칙과 관련된 문제가 있기 때문이다(특히 법칙의 실행에 대한 자신감 문제). 마약에 취하는 것이 음주와 똑같은가? 고작 몇백 미터를 움직인 것도 운전인가? 자녀가 부모에게 연락하는 가장 좋은 방법은 무엇인가? 미성년자인 자녀가 술을 마시고 집으로 태워달라고 전화한다면 어떻게 훈육해야 하는가? 자녀가 음주와 인기, 친밀함에 관한 어떤 압박을 경험하고 있다면 어떻게 관리할 수 있는가?

직장의 예를 들어보자. 한 직원을 근신에 처하기로 했다. 이 사실을 전달할 때 어떤 논의가 이루어져야 하는가? 결정 자체는 이미 내려졌다.

'그리고 대화법'을 항상 가장 중요한 위치에 두어야 한다. 상사인 당신은 명확하고 단호하게 최종 결정을 내렸다. 문제의 여러 원인을 이해하고 인간적인 교감을 쌓고 업무 관계를 개선하며 의사결정과 그에 따르는 결과를 명확히 하기 위해서 서로 대화를 해야만 한다. 부분적으로는 이런 대화라고 할 수 있다. "근신이 불공평한 처사라고 생각한다는 것을 이해합니다. 그 이야기를 해봅시다. 당신의 관점을 듣고 내 관점도 알려주고 싶습니다. 그전에 확실히 할 것은 이것이 협상할 수 있는 의사결정이 아니라는 점입니다. 나는 이미 근신 결정을 내렸습니다. 이 대화의 목적은 이 문제에 대해 소통이 단절된 이유를 찾고 방지하기 위해서, 내가 당신에게 좀 더 효과적인 코칭을 해주기 위해서입니다."

이것은 이미 결정을 내린 후에도 대화가 필요한 사례다. 그 반대의 상황을 생각해보자. 대화가 이루어진 이후의 의사결정이다. 당신이 어느 직원과 남들보다 업무 처리 시간이 두 배 이상 걸리는 이유에 대해 배우는 대화를 나누었다고 해보자. 당신은 해당 직원뿐만 아니라 자신도 원인을 제공했다는 사실을 발견했고, 생산성을 떨어뜨리는 제도적·구조적 방해물에 대해 살펴보았다. '원인 분석'을 한 것이다.

이제는 결정을 내릴 시간이다. 부하 직원이 선호하는 결과는 장애물이 바로잡히는 것이다. 자신이 원인을 제공한 부분을 바꾸고 상사도 원인을 제공한 부분을 바꾸면 제도적·구조적 장애물이 해결되는 것이다. 그러면 생산성이 크게 올라갈 것이라고 생각한다.

하지만 상사인 당신의 관점은 다르다. 사안에 대해 진지하게 생각해본 결과, 문제의 원인 중에는 통제할 수 없는 요소도 있지만 부하 직원이 자신의 강점을 발휘할 수 있는 업무를 맡고 있지 않다고 생각하는 부분도 있었다. 이런 경우 상대방의 원인 제공에 변화를 주는 것만으로는 충분하지 않다. 당신은 직원이 책임감이 적은 역할로 이동해야 한다고 생각한다.

그렇다면 어떻게 해야 하는가? 당신이 의사결정자라면 결정을 하면 된다. 공동 원인 제공 분석을 통해 근본적인 문제가 파악되었으므로 현명한 결정을 내릴 수 있다. 특정한 해결책을 선택해야 하는 것도 아니고 결정할 사람이 바뀌는 것도 아니다.

대화는 항상 경청과 질문으로 시작해야 할까?

그렇지 않다. 앞에서 "경청은 항상 중요하다"라고 했는데, 이것은 모든 조건이 평등하다면 항상 먼저 경청하는 것이 중요하다는 뜻이다. 하지만 모든 조건이 평등하지 않다면 예외다. 경청이 항상 중요하다는 말을 무조건적으로 받아들이면 주장을 펼쳐야 할 때 복잡한 상황에 휘말리게 된다. 예를 들어 상사가 마감 기한을 지키지 못한 부하직원에게 말하는 경우, 대화가 다음과 같이 흘러갈 것이다.

상사 본인이 마감 엄수를 잘하고 있다고 생각합니까?

직원 예. 잘하고 있다고 생각합니다.

상사 하지만 중요한 업무의 마감에 늦은 적이 몇 번 있지 않은가요?

직원 그렇진 않습니다.

상사 밴쿠버 프로젝트의 경우는 어떤가요?

직원 잘했다고 생각했는데요.

상사 일처리가 늦었다고 생각하지 않나요?

여기에서 상사는 유도신문 같은 질문만 계속하지 말고 자신의 주장을 펼칠 필요가 있다. "밴쿠버 프로젝트에 대해 이야기해보죠. 그건은 사흘 늦었었습니다. 그 이유와 영향, 앞으로의 예방법을 찾아봅시다." 문제를 제기하고 문제에 대한 자신의 관점을 나눈 다음에 질문 모드로 돌입해야 한다. 그때 질문과 주장을 합쳐서 사용한다.

늘 그렇듯이 기준은 목적이다. 상사의 유일한 대화 목적이 직원의 관점을 알기 위한 것일 수도 있지만, 이 대화에서 상사의 목적은 그것이 아니다. 알고자 할 때는 질문을, 전할 말이 있을 때는 판정을 이용한다. 결국 단호한 자기주장과 질문을 합쳐야만 통찰을 모으고, 몰랐던 것을 알게 해주며, 창의적이고 효과적인 문제 해결의 토대를 세울 수 있다.

우리가 경청을 강조하는 이유는 대화에서 단호하지 못한 것보다 경청하지 않아서 생기는 실수가 훨씬 많기 때문이다. 화가 나고 상처받고 두려움과 압박감을 느끼면 내면의 목소리가 커지고 호기심이 줄어든다. 따라서 어려운 대화에서 경청하려면 기분이 좀 나쁘더라도, 또 상대방이 하는 말을 이미 다 알고 있다는 생각이 들어도, 항상 내가 더 알아야 할 무언가가 있다는 사실을 잊지 마라.

6

언어가 달라도
대화 방법은 같을까요?

Q. 이 책의 대화 기술은 지극히 미국적인 접근법이 아닐까? 다른 문화권에서는 어떻게 해야 할까?

미국이 아닌 국가에 사는 독자들에게는 이 책이 매우 '미국적인' 대화 기술을 제시한다고 느껴질 수도 있다. "한국에서는 그런 식의 대화가 통하지 않습니다"라고 말이다. 그럴 때마다 우리는 "대부분의 미국인도 이런 식으로 말하지 않습니다"라고 대답한다. 미국뿐만 아니라 그 어떤 국가에서도 이 책의 예시로 나온 대사처럼 말하지 않는다. 개념을 명확하게 전달하기 위해 양식화된 언어를 사용했을 뿐이다. 예를 들어 정말로 호기심에서 하는 질문과 사실은 비난인 '복잡한' 질문의 차이점을 구분하도록 도와주기 위해서다. 일단 개념이 이해되면 자신에게 편안한 언어를 사용해 집과 직장, 사회 등에서 실제로 말하는 방식으로 바꿔서 생각할 수 있다.

하지만 세계화의 영향이 큰 만큼 이 책의 내용을 서로 다른 문화권에서 적용하는 문제는 중요하다. 우리는 어려운 대화의 근본적인 구조, 즉 대화 도중에 내면의 목소리를 바쁘게 만드는 범인은 전 세계 어디든 똑같다는 사실을 발견했다. 남아프리카에서나 미국 사우스캐롤라이나에서나 똑같이 누가 옳은가와 누구 탓인가에 집중한다. 인도에 사는 사람도, 아이오와에 사는 사람도 똑같이 격렬한 감정을 감당하기 어려워한다. 터키 사람도 테네시 사람도 정체성이 흔들리면 강하게 반응한다(때로는 '체면'을 잃지 않으려는 노력으로 표현된다).

내면의 목소리와 그 안의 세 가지 유형의 대화는 인간의 보편적이고 기본적인 측면인 듯하다. 문화권마다 다른 것은 내면의 목소리를 표현할 것인지, 언제 어떻게 할 것인지 하는 문제다.

흔히 미국인은 직설적이고 위계에 별로 신경 쓰지 않는다고 알려져 있다. 반면 영국인은 감정을 잘 드러내지 않기로 유명하고, 여러 아시아 국가에서는 위계 안에서 반대 의견을 말하거나 자기주장을 펼치는 것에 제한이 있다고 알려져 있다. 그렇다 보니 이 책에서 문제를 회피하거나 곪아터지게 놔두지 말고 직접적으로 제기하라고 장려하는 것이 미국 문화 때문이라고 보기 쉽다.

하지만 문화라는 것은 단순한 전형보다 훨씬 복잡하다. 미국에서도 지역마다 직설적인 문화의 정도가 다양하고, 같은 지역에서도 집집마다 차이가 있다. 같은 미국 안에서도 위계적인 구조로 이루어진 기업이 있고 평등한 구조를 자랑스러워하는 기업도 있다. 어떤 산업은 기업들이 전반적으로 '예의를 차리는' 문화인 반면, 직설적이고 공격적인 의사소통이 일반적인 산업도 있다이뿐 아니라 다른 문화권의 의사소통 규범에 대한 외부인의 인식은 단순한 오해에서 비롯되는 경우가 많다. 예를 들어 미국인은 일본에서는 상사에게 자기주장을 펼치는 것이 허용되지 않는다고 생각할 수 있다. 하지만 일본인들은 상사의 의사결정에 동의할 수 없을 때 명시적으로는 말하지 않더라도 분명한 신호를 보낸다고 주장할 것이다. 보디랭귀지나 특정 단어 선택, 침묵 등으로 그렇게 할 수 있다. 문화적으로 적절한 언어로 변환되었을 뿐 분명히 대화가 이루어지는 것이다. 하지만 미국인은 그런 신호를 놓치기 때문에 '대화'가 이루어지지 않았다고 생각한다. 적절한 시간과 장소, 표출 방식의 문제다.

사람들이 적절하다고 생각하는 직접성 또는 간접성의 정도는 상대방과의 관계를 지키기 위해(혹은 관계를 지속할지 판단하기 위해) 필요한 전제와 밀접한 연관을 가진다. 어떤 곳에서는(또는 어떤 가정에서는) 소리 높여 주장을 펼치거나 열띤 논쟁을 하는 것이 정상적인 표준이다. "애정 표현하고는 상관없어. 난 널 좋아하고 존중하니까 사실대로 내 생각을 얘기할 거야. 그게 바람직한 관계의 신호니까!"

그런가 하면 갈등을 간접적으로 표현하는 것이 서로의 관계를 지키고 가꿔나가는 것이라고 생각하는 문화도 있다. 직접적으로 말하면 관계에 균열이 생길까 봐 암시를 주거나 제3자를 통해 전달하거나 비유적으로 말한다. 관계가 결과보다 경시되는 경우도 있다. "관계를 지속하려면 내가 원하는 대로 해" 하는 식이다. 또 어떤 사람들은 정반대로 "관계가 깨질 수도 있는 위험을 무릅쓰기 싫어. 네가 원하는 대로 해줄게" 하고 말할 수도 있다.

하지만 관계를 지킬지, 아니면 문제에 대해 좋은 대화를 나눌지 중에서 하나를 선택할 필요는 없다고 생각한다. 의견 차이가 있어도 서로를 존중하면서 단호하게 주장을 펼칠 수 있다. 관계를 지키고 탄탄하게 해주는 것은 합의의 정도가 아니라 진심 어린 경청과 공감, 설득에 대한 열린 태도다. 자신의 생각을 주장하고 그 생각이 어떤 경우에 바뀔 수 있는지 설명하고 상대방에게 설득되었을 때는 동의할 수 있다. "내가 맞고 너는 틀리다"라고 말하거나 생각하지 않고도 말이다. 대신 이렇게 생각할 수 있다. '네가 맞고 내가 뭔가를 놓치고 있을 수도 있지만(그런 경우가 종종 있으니까) 아직은 동의할 수가 없다.'

이를 위해서는 어떤 문화권이건 내면의 목소리를 변화시켜야 한다. 이러한 변화 없이 '직설적인' 태도만 취한다면 도움이 되지 않는다. 수류탄을 던지면서 아무것도 파괴시키지 않을 수 있는 사람은 없다. 상대방을 비난하거나 무조건 자신이 옳다고 한다면 어느 문화권이건 대화가 잘못될 수밖에 없다.

사고의 전환이 이루어지면 어떤 문화권에서건, 상대방이 얼마나 더 높은 사람이건 좀 더 직접적으로 대화할 수 있다. 우리는 지난 10년 동안 전 세계 6개 대륙의 사람들과 일하면서 그들의 내면의 목소리를 듣고 사고의 전환을 통해 중대한 사안을 성공적으로 해결하도록 도와주었다. 이런 방법이 타인의 '체면'을 손상시킬까 봐 우려하는 사람들도 간혹 있지만, 상대방을 비난하지 않고(물론 제3의 이야기를 통해서) 공동의 문제를 제기한다는 것을 알고 안심한다.

이 책의 기술이 서로 다른 문화 간의 소통 문제를 성공적으로 해결해준다는 것이 입증된 이유는 다름 아닌 문화 차이 때문인지도 모른나 나국석 화성에서 일하거나 이베닐 및 화상 회의로 서 세세의 사상 팀원들과 일하다 보면 타인의 감정을 상하게 만드는 일이 자주 생긴다. 좋은 업무 관계를 유지하려면 의도치 않게 상대방에게 끼치는 영향에 대해 서로 대화를 나눌 수 있어야 한다. 업무 관계에서 발생하는 혼란과 좌절에 내가 어떤 원인을 제공하는지 알고 자신에게는 아무렇지 않은 문제에 우루과이나 우간다의 동료가 격렬한 감정으로 반응하는 이유에 호기심을 가지면 서로의 이해관계와 가치, 추측, 암묵적 법칙의 차이를 파악할 수 있다.

7

직접 만나서 하는 대화가 아닐 때는 어쩌죠?

Q. 얼굴을 마주보고 하는 대화가 아닐 때는 어떻게 해야 할까? 전화나 이메일상의 대화는 어떻게 다를까?

많은 사람에게 이메일과 문자는 집과 직장에서 기본적인 의사소통 수단이 되었다. 같은 사무실 안에서 혹은 같은 층에서 일하는 동료 사이라도 마찬가지다. 이메일에는 장점과 단점이 있다. 갈등을 악화시키는 이메일의 특징을 피하려면 현명하게 사용하는 방법을 배워야 한다.

이메일은 매우 효율적인 연락 수단이다. 심사숙고하여 답변을 신중하게 작성해 보낼 수도 있고, 대화 내용을 기록해주는 역할도 한다. 화가 나면 잠깐 머리를 식힌 후에 답을 할 수도 있고, 피곤하면 나중에 할 수도 있다. 또한 많은 사람이 실제로는 용기가 없어서 못 하는 어려운 대화를 시작하는 수단으로 이메일을 사용하기도 한다. 바빠서 긴 대화를 나누기 어려운 경우에도 이메일로 친구에게 안부를 전할 수 있으며, 프로젝트를 진행할 때도 완벽한 수단이다.

하지만 약간 복잡한 일을 이메일로 하려고 하면 관계에 문제가 생길 수 있다. 왜일까? 다름 아니라 방금 언급한 장점들 때문이다. 이메일은 대화가 아니라 일련의 독백이다. 도중에 상대방의 말을 명확하게 확인할 수도, 상대방의 반응과 정확한 방향을 볼 수도, 상대방의 의도를 추측할 수도 없다. 결국 이메일에서는 자신만의 해석과 감정 반응에 고착되기 쉽다.

이메일은 말하는 사람의 의도를 파악하게 해주는 어조나 얼굴 표정, 보디랭귀지도 전달해주지 않는다(얼굴을 보면서 말할 때도 파악하기가 어려운데 말이다). 이메일에 "당신이 보내준 사업 계획서를 살펴보니 참 대단하더군요"라고 적혀 있다면, 과연 '당신의 사업 계획이 대단히 좋다'는 뜻인가 아니면 '참 대단하다, 그런 것도 사업이라고 계획했다니'의 뜻인가? "넌 정말 또라이야! ㅋㅋㅋ"라는 친구의 이메일은 유쾌한 친밀감일까 실질적인 공격일까? 이메일만으로는 상대방의 의도를 파악하기 어렵다.

이메일은 결국 문자이므로 무감정 지대라고 생각하기 쉽다. 하지만 실제로 이메일은 조직에서 가장 감정적인 의사소통 수단이다. 직접적으로 표현되는 경우는 드물지만 감정이 글에 스며 있어 상대방에게 감정적인 반응을 일으킨다. 그래서 직접적으로건 간접적으로건 반격하게 만드는 경우가 많다. 또한 이메일을 통한 소통은 완벽한 비밀이 보장되지 않는다. 두 사람 사이에 긴밀히 오고 갔던 이메일이라 해도 언제든 제3자에게 전달될 수 있다.

물론 이런 점들만 제외한다면 이메일은 매우 편리한 대화 수단임은 틀림없다. 그러므로 이번에는 이메일로 대화를 나눌 때의 주의사항을 알아보자.

갈등 상황에서 이메일을 읽을 때

추측에 의문을 제기하라. 방아쇠가 당겨지면 상대방의 의도와 성격에 대한 추측이 물밀듯 밀려온다. 특히 피곤하거나 스트레스받거나 약자 입장에 처한 기분이 들거나 할 때는 부정적인 것이 더욱 두드러져 보인다. 상대방의 진짜 의도를 알지 못한다는 사실을 상기하라. 이메일을 처음 읽었을 때의 감정이 정확하지 않을 수 있다. 보낸 사람이 당신에 대해 복합적이거나 긍정적인 의도를 가졌을 수도 있고, 심지어 특정한 의도가 없을 때도 있다. 일주일 동안 연락이 없는 이유도 당신을 곤란하게 만들려고 그런 거라기보다는 정말 바빠서일 가능성이 크다. 당신이 공격으로 받아들인 것이 사실은 당신의 공격에 대한 방어일 수도 있다. 당신은 공격한 적이 없다고? 그게 문제다.

잠시 멈춰라. 이메일을 읽고 부정적인 감정이 격렬하게 든다면 일단 멈춘다. 아무것도 하지 않는다. 즉각 답장해야만 하는 다급한 이유가 없다면('엄청 화가 난다'는 이유는 제쳐놓는다) 기다려라. 이상적으로는 하루, 적어도 한 시간은 기다린다. 좀 더 균형 잡힌 감정 상태가 되었을 때 다시 읽는다. 그렇게 격렬한 감정을 느꼈다는 것이 이상하게 느껴질 것이다.

때로는 전화가 더 나은 방법일 수 있다. 이메일로 인한 갈등은 이메일로 풀 수 없다. 이 법칙에는 예외가 전혀 없다. 짜증, 혼란, 상처,

불안 등 어떤 감정이 느껴진다면 대화 방식을 바꿔야 한다. '얼마든지 글로 분명하게 쓸 수 있다. 평소보다 깊이 생각하고 신중할 것이고 안 전한 방향을 택할 것이다'라고 생각할지도 모른다. 하지만 그런 생각 에 속지 마라. 갈등 속에서 쓰는 글은 어떤 내용이든 기분 나쁘게 받 아들여질 수 있다. 당신이 너그럽고 합리적이고 공들여 쓴 이메일을 읽고 상대방이 '훌륭해'라고 생각할 수도 있다. 하지만 '자기만 침착 하고 이성적인 사람인 듯이 이런 위선적인 이메일을 보내다니!'라고 생각할 수도 있다. 문제를 피하려면 전화해서 직접 대화를 나누어야 한다.

갈등 상황에서 이메일을 쓸 때

의도와 추론, 감정(감정 표출이 적절한 상황이라면)을 매우 명확하게 한다. 자신을 설명하는 데 특별한 노력을 기울인다. 의도와 추론, 감 정을 명확하게 하면 가까운 동료건 지구 반대편의 다른 문화권에 사 는 하청업체 담당자이건 오해를 피할 수 있다. "이 질문을 하는 이유 는 우리와 그쪽의 의견이 일치하는지 확인하기 위해서입니다", "…… 을 하게 될지, 언제 하게 될지는 확실하지 않습니다", "이 일을 지금 바로 한다고 해도 커다란 문제는 없지만 기다렸다가 나중에 한다면 많은 비용이 들어갑니다", "이런 일이 또 발생해서 매우 안타깝습니 다. 앞으로 같은 문제가 되풀이되지 않도록 일어난 상황을 분석하고 해결 방안을 찾는 것이 저에게는 매우 중요합니다"라고 쓴다. "맘대 로 해!"라고 신경질적인 반응을 보이는 것보다는 "이런 일이 일어날 때마다 나는 좌절감을 느낀다"가 낫다. 감정을 표출할 때는 명확하게 해야 대화로 이어질 수 있다. 퉁명스러운 태도로 감정을 표현한다면 상대방에게는 비난처럼 느껴지므로 화가 날 것이고, 관계에 악영향을 미칠 것이다.

다음으로 회신이 늦어질 경우 마냥 기다리게 하지 말고 상황을 알려준다. 이메일을 이용한 의사소통에서 가장 흔히 발생하는 단절은 회신이 늦어져서 생기는 결과다. 이메일에 적힌 질문에 뭐라고 답해야 할지 확실하지 않아서, 좀 더 생각해보거나 누군가에게 물어본 뒤에 답변하려고 회신을 바로 하지 않는 경우가 많다. 하지만 실질적인 답이 생기기까지는 생각보다 오래 걸린다. 답을 기다리는 상대방은 '왜 답장을 안 하지? 내가 기분을 상하게 했나?' 혹은 '나에 대해 신경 쓰지 않는 게 분명해', '날 피하는 거야'라고 생각할 수 있다. 이런 패턴은 예측 가능하고 얼마든지 피할 수 있다. 곧바로 답장을 하지 않을 것이라면 이유가 무엇이고 언제 답을 할 것인지 간단한 회신으로 알려준다. "댄에게 확인한 뒤 며칠 안으로 답을 하겠습니다. 화요일까지 연락이 없으면 한 번 더 상기시켜주세요. 고맙습니다!"라고 간단히 보내놓는 것이다.

상대방의 마지막 이메일에 담긴 분위기나 의도가 의아하다면 추측하지 말고 답장을 하기 전에 먼저 짧게 문의를 한다. "짜증이 나신 건지 모르겠네요. 제가 좀 더 빨리 답변을 했어야 했나요?" 속사포처럼 곧바로 이메일을 쓰면 갈등이 커지므로 먼저 모호함을 없애야 한다.

마지막으로 상대방에게 내가 놓치고 있는 것을 물어본다. 이메일은 독백이므로 상대방에게 솔직한 대화와 반응을 이끌어내야 한다.

내가 모르는 중요한 것이 있을 수 있다는 가능성을 진지하게 받아들이고 상대방의 생각에 열린 태도를 보여주면 상대방도 내면의 목소리를 드러내기가 수월하다. 결과적으로 오해나 잘못된 추측을 일찍 바로잡을 수 있다.

갈등 상황에서의 전화 통화

전화 통화는 어려운 대화 수단이다. 이메일보다는 덜하지만 그래도 큰 위험이 따른다. 전화로는 어조를 전달할 수 있지만(그런 면에서는 이메일보다 한 수 위지만) 얼굴 표정까지 보여주지는 못한다. 그래서 미묘한 감정과 의미를 이해하기가 어렵다. 불평하는 소리만 들릴 뿐 눈빛에 담긴 연약함과 슬픔은 보이지 않는다. 치매 걸린 아버지를 간호하는 어머니에게 곧바로 문제 해결("도와줄 사람을 구하세요")이나 응원("다 괜찮을 거예요!")의 말을 던지기 쉽다. 공감("엄마, 얼마나 힘드실지 상상조차 안 가네요")이나 인정("힘드실 텐데도 꿋꿋하신 모습이 저에게도 큰 힘을 줍니다")을 제공하려면 더 많은 노력과 자각이 필요하다.

8
직장에서도 감정을
표현해야 할까요?

Q. 왜 '직장에서도 감정을 표현하라'고 조언할까? 의사결정은 사실에 의거해서 내려야 하지 않을까?

직장마다 수용되는 감정 표현이 있는가 하면 숨겨야 하는 감정도 있다. 스트레스와 답답함, 자부심, 충성심, 열정 같은 것은 조직 문화에서 대부분 수용되는 편이다. 반면 실망, 회의감, 질투, 상처 등은 수용되는 경우가 적다. 직설적인 표현도 마찬가지다.

암묵적인 법칙이 어떻건 조직 문화의 공식적인 노선은 보통 이렇다. 업무에 방해가 되므로 감정은 개입시키지 말 것. 하지만 인간은 감정을 제쳐둘 수가 없다. 감정은 우리의 뇌와 몸이 작동하면 필히 동반된다. 이메일을 읽거나 회의를 하거나 내 업무 처리에 대해 누군가가 하는 말을 들을 때 감정 반응이 생긴다. 놀라움, 분노, 혼란, 배신감, 초소함, 두려움, 분함 등 무수히 많은 감정이 일어난다.

공식적인 노선과 달리 직장에는 감정이 스며들어 있다. 직장에서 감정을 배제하는 것은(가능한 일도 아니지만) 나쁜 일이다. 투지와 자부심, 만족감, 헌신은 물론 심지어 불안감이나 좌절감을 포함한 감정이야말로 불가능해 보이는 문제와 계속 씨름해 해결책을 찾게 만들어주기 때문이다. 또 한편으로 생산성을 떨어뜨리는 것은 부정적인 감정 자체가 아니라 그런 감정을 인정하지 않고 솔직하게 대처하지 않아서다.

또한 의사결정에는 어느 정도의 감정이 필요하다. 뇌를 다쳐서 감정 능력이 손상되면 회의 일정 같은 간단한 선택을 하는 데도 어려움을 겪는다. 상충하는 선택들의 결과를 열거할 수는 있지만 그중에서 가장 선호하는 것을 말하지는 못한다.

직장에 감정이 이미 존재한다고 보면 문제는 '감정을 어떻게 다루어야 하는가'일 것이다. 일반적으로 우리는 감정에 대해 명시적으로 이야기하지 않고 높아진 어조나 퉁명스러운 이메일 답장, 은근한 비아냥 같은 것으로 대화 에너지를 고갈시킨다. 감정을 언쟁이나 비난, 침묵, 회피로 바꿀 때도 많다. 감정을 다른 것으로 바꾸거나 무시하면 실제로 일어나는 상황(감정과 그 원인)에 직접적으로 대처할 수 없다. 결과적으로 부당한 대우를 받는다고 느끼고, 업무 관계가 껄끄러워지고, 사기가 떨어지고, 감정이 업무 처리에 방해가 되기 시작한다.

왜 그럴까? 어떤 사안이 어려운 대화의 주제가 될 때쯤에는 최소한 두 가지 문제가 있기 때문이다. 실질적인 비즈니스 문제나 의견 차이(어떤 전략이 최선인가, 누가 문제를 다룰 것인가, 기존의 실수에 대해 어느 정도나 대가를 치러야 하는가 등), 그리고 지금까지 상대방과의 대화에서 받은 느낌(무시, 공개적인 당혹감, 소외감, 불공평한 비난 등)이다.

업무상 인간관계의 문제점을 알고 해결하지 않으면 비즈니스 문제를 해결하기가 힘들다. "나는 좌절감을 느낍니다. 우리가 계속 똑같은 자리를 빙빙 도는 것 같군요"라거나 "그 일에 선택되지 않아서 실망했습니다", "일의 진행이 자꾸 늦어지는 이유가 뭔지 잘 모르겠군요"처럼 간단한 말이 될 수도 있다. 상황에 대한 서로의 인식이나 과거의 경험에 따라 달라지는 해석을 살펴보는 것처럼 좀 더 노력이 필요할 수도 있다. 구성원들이 둘러앉아 모든 감정에 대해 한가로이 담소를 나누는 직장을 만들어야 한다는 뜻이 아니다. 직접적으로 감정을 다루면 일의 핵심에 빨리 이를 수 있어 만족스러운 해결책을 찾을 가능성도 높아진다는 뜻이다.

직장에서 무례하지 않게 감정 표현하기

어떤 감정을 언제, 어떻게 드러내는지에 따라 그럴 수도 있다. 감정에 대해 직접적으로 말하지 않는 기업 문화라면 그 패턴에서 벗어나는 것이 불편할 것이다. 감정을 드러내는 것이 약하거나 프로답지 못하거나 시간 낭비라고 명시적으로 말하는 조직도 있다.

그런 문화라면 수용 가능한 언어를 사용하고 감정에 대한 토론의 목적이 비즈니스 목표를 성공시키기 위해서임을 분명히 해야 한다. "내 가치를 몰라줘서 상처를 받았습니다" 같은 말이 좋게 받아들여지지 않는 환경이라면 대신 이렇게 말할 수 있을 것이다. "매분기에 이 일을 일찍 끝낼 수 있는 방법을 찾고 싶습니다. 저는 회의가 끝난 후에 좌절감을 느낄 때가 많은데 당신 또한 자주 그러리라 생각됩니다.

그 이유와 좀 더 효과적인 절차에 대해 이야기 나눌 수 있을까요?"

타이밍과 장소, 맥락도 중요하다. 마감을 앞두고 있는 시점이라면 일에서 느끼는 감정에 대한 토론을 시작하기에 좋은 타이밍이 아니다. 복도에서 예정 없이 이루어지는 회의 또한 마찬가지다. 분기마다 있는 상사와의 코칭 시간이라면 괜찮을 것이다.

마지막으로 감정의 문제를 어떻게 제기하느냐도 중요하다. 울거나 소리 지르거나 뿌루퉁하거나 눈을 부라리거나 발을 구르는 등의 감정적인 태도로 감정을 전한다면 약하고 통제 불능이거나 프로다워 보이지 않을 것이다.

어떤 감정을 드러내야 하는지의 문제를 생각해보자면 다른 것보다 덜 위험한 감정이 있다. 동료나 부하 직원의 일처리에 대한 진심 어린 감사의 감정은 표현해도 묵살되는 일이 없다. 새 프로젝트에 대한 열정이나 성공적으로 끝낸 일에 대한 자부심 또한 항상 환영받는다. 자신의 역할이나 업무 범위에 대한 혼란, 팀원들에 대해 내린 결정이 가져올 영향에 대한 초조함, 타인의 관점에 대한 호기심도 건설적인 해결책을 함께 찾자는 요청만큼이나 상대방이 귀 기울인다.

감정을 나누는 것은 동료와의 관계 변화를 꾀하는 덜 위험한 방법일 수도 있다. 당신의 본보기가 타인에게도 격려가 되어 큰 조직 문화에 속한 팀에 영향을 줄 것이다. 결국 기업 문화라는 것은 다수의 개인적 관계로 이루어지므로 당신이 바꾸는 하나의 관계가 전체적인 문화를 개선한다.

의사결정은 이성적이야 한다는 오해

감정에 대한 대화가 의사결정의 질을 떨어뜨릴까 봐 걱정하는 사람들이 많다. 신중하지 않으면 정말로 그럴 수 있다. 나사NASA와 모튼 티오콜Morton Thiokol 사의 엔지니어들이 추운 날씨에 챌린저호를 발사하는 것이 안전한지에 대해 내린 의사결정을 예로 들어보자.

1986년 1월, 나사에서는 우주왕복선 챌린저호의 발사를 2주 앞두고 비행 준비 검토에 들어갔다. 날씨가 추우면 안전성이 떨어질 수 있지만, 발사 예정일의 기온은 큰 문제가 없을 것으로 보고되었다. 그러나 발사 예정일 하루 전, 기온은 갑자기 급격히 떨어졌다. 나사와 모튼 티오콜은 발사 가능 여부를 논의하는 화상회의를 개최했다. 처음에 모튼 티오콜의 엔지니어들은 발사에 반대하는 의견을 냈다. 기온이 너무 낮아 우주왕복선의 안전을 보장할 수 없다는 것이었다. 그러나 일정에 맞춰 발사를 준비하고 있던 나사의 관리자들이 여기에 이의를 제기했다. 발사 일정을 지켜야 한다는 압박감이 관리자들로 하여금 이성적인 판단을 할 수 없게 만든 것이다. 결국 챌린저호는 다음 날 발사된 지 73초 만에 공중에서 폭발했다.

감정을 드러내지 않는 것 또한 의사결정의 질을 해칠 수 있다. 감정의 존재를 인정하고 토론 가능하게 만들면 감정도 무게를 가늠해볼 필요가 있는 요인으로 받아들여진다. 예를 들어 직원에 대한 클라이언트의 선호도는 변화를 결정하기 전에 알아야 할 가치가 있는 일이다. 조직 개편이 커리어에 끼치는 영향에 대한 사람들의 두려움과 우려를 파악하면 창의적인 해결책을 찾기가 수월해지고 단순히 명확한 것만으로 저항이 줄어든다. 또는 의도하지 않은 결괴를 피할 수 있도록 장기적인 유인 효과를 밝혀줄 수도 있다. 예를 들어 직원들이 위험을 감수하는 일이 자신에게 불리하게 작용한다고 느끼고, 그것이 직원들의 사기를 떨어뜨리며 미래의 위험 감수에도 방해가 된다면 경영진은 그런 토론에 개입해야 한다. 만약 직원들이 감정을 억눌러야 하고 부당한 대우에 대한 토론을 제기할 수 없다면 경영진은 현재의 시스템이 바람직한 행동을 막고 있다는 사실을 깨닫지 못할 것이다.

그럴 경우 감정의 존재 자체는 특정한 의사결정의 이유가 아닐 수도 있지만 다른 접근법을 고려해 봐야 하는, 비즈니스적으로 타당한 이유를 가리키는 단서일 수도 있다. 그것을 탐구하고 추적해야 한다. 예를 들어 챌린저호 발사에 대한 대화에서 모튼 티오콜은 나사의 강력한 이의 제기에 우려 사항을 입증하고 더욱 자세히 조사하는 식으로 반응할 수도 있었다. "지금 저희가 정보를 드리는 타이밍이 늦은 것은 사실이고 양측 모두에 엄청난 압박이 되고 있습니다. 발사 당일의 예상 기온이 평상시보다 훨씬 낮을 것이라는 사실은 지금 막 알게 되었지만 이런 우려는 그동안 계속 쌓여온 것입니다. 우리의 의사소통 과정을 분석해 다시는 이런 일이 없도록 해야 합니다. 데이터 분석에 대해서는, 여러분에게 어떤 점이 문제이고 왜 자료 해석을 다르게 하는지 좀 더 자세히 말씀 부탁드립니다."

나사 엔지니어 또한 이런 식으로 소통할 수 있었다. "우려하시는 바를 잘 들었습니다. 우리에게는 자료가 훨씬 덜 명확한 듯하다는 점이 걱정스럽습니다. 우리가 보지 못하는 어떤 점을 여러분이 보고 있는지 궁금합니다. 차근차근 설명해주시지 않겠습니까?" 감정은 토론의 일부분이지만 격렬한 감정이 의사소통을 이끌어가서는 안 된다.

감정이 비즈니스 대화의 일부가 되어야만 하는 더 중요한 이유는 생각을 압도하지 않도록 하기 위해서다. 경청과 이해, 감정을 통한 공감 표현은 생각에 압도당하지 않도록 해준다. 따라서 침착한 태도로 상대방의 관점에 개방적이 될 수 있다.

예를 들어 승진에 실패한 직원이라면 실망감과 속상함을 느낄 수밖에 없을 것이다. 하지만 그런 반응에 대해 상사인 당신과 이야기를 나눌 수 없다면 배신감과 좌절감, 인정받지 못하는 기분 또한 느낄 수 있다. 그러면 그들은 당신을 비난하기 시작할 가능성이 높다. 당신이 같이 일하기 힘든 상사이거나 자신을 싫어하고 사람을 편애한다고 할 수도 있다. 하지만 당신이 그들의 감정을 이끌어내고 그들의 반응을 중요하게 여긴다는 사실을 보여준다면 승진하지 못한 이유를 받아들이고 성과 개선을 위해 함께 노력할 가능성이 커진다. 그들의 감정에 귀 기울이고 진정으로 이해하려고 하면 의사결정에 변화가 없더라도 관계와 사기에 도움이 된다. 물론 경청 과정에서 알게 된 무언가가 당신의 관점을 바꿀 가능성도 있다.

감정 표현의 불편함 외에도 사람들이 비즈니스(또는 사적) 대화에 감정을 개입시키는 것을 우려하는 주된 이유는 감정에 대처하는 유일한 방법은 상대방이 원하는 대로 해주는 것뿐이라는 본능적인 두려움 때문이다. 예를 들어 직원의 화난 감정을 '바로잡는' 방법은 그를 승진시켜주는 것뿐이라고 생각한다.

물론 사실이 아니다. 알아주는 것과 의사결정을 구분하고 감정 문제를 바로잡아야 한다는 책임감에서 빗어나는 깃이야말로 감정 관리의 열쇠다. 당신의 의도를 명확하게 하면 도움이 된다. "이 상황에 대한 서로의 감정에 대한 이야기를 나누고 싶습니다. 최대한 많은 정보를 가지고 결정을 내릴 수 있기 위함입니다. 물론 결국 나는 당신의 성과와 업무 기준, 회사를 위한 최선을 기준으로 결정을 내려야 합니다." 이렇게 하면 직원의 화나고 실망한 감정에 귀 기울이고 이해하면서도 승진 여부를 객관적으로 결정할 수 있다.

9

하루하루가 너무 바빠서
대화에 신경 쓸 시간이 없어요

Q. 일상에 치이다 보면 대화에 신경 쓸 시간이나 있을까?

없다. 남이 왜 자신의 (누가 봐도) 전략적으로 훌륭한 해결책에 반대하는지 이해하려고 애쓰는 데 시간을 보내고 싶은 사람은 없다. 팀워크를 망치고 휴가도 즐기지 못하게 만드는 까다로운 동료를 상대하느라 오후 시간을 할애하고 싶은 사람은 없다.

자료를 분석하고 프레젠테이션을 준비하고 테스트도 해봐야 하고 이메일 회신을 보내고 자녀를 학교에서 데려와야 한다. 모두 다급한 일이고 하고 나면 할 일 목록에서 만족스럽게 지울 수 있는 일이며, 안 하면 나쁜 결과가 눈에 뻔한 일들이다. 반면 복잡한 대화를 시작하는 것은 그렇게 매력적인 일이 아니다. 감정 소모가 심하고 좋은 결과가 보장되지도 않는다. 단기적으로 반대가 적은 일에 집중하면서 복잡한 대화를 회피하는 것도 당연한 일이다. 하지만 그것은 잘못된 신택이다. 사람들은 선택이 이런 것이라고 생각한다.

이 어려운 대화에 시간을 쏟아야 하는가? 아니면 시간도 들고 번거로우니 마법처럼 저절로 사라지도록 내버려두어야 하는가? 이것이 선택의 문제라면 이런 책은 애초에 필요하지도 않을 것이다. 선택에 대해 좀 더 현실적으로 분석해보자.

우리는 이미 문제를 곱씹으면서 시간과 에너지를 쏟고 있다. 일이나 개인적인 관계에서 해결되지 않은 갈등은 우리도 모르는 사이 은밀하게 에너지와 관심을 고갈시킨다. 혼자 씩씩거리고, 동료에게 분통을 터뜨리고, 배우자에게 불평하고, 제2의 해결책을 마련하고, 밤잠을 설치며 아까 했어야 했던 말을 떠올리고, 상대방이 성격장애인지 인터넷에서 찾아보는 시간도 전부 포함해야 한다.

당사자가 아닌 다른 동료에게 좌절감을 표출할 수는 있어도 그러면 문제를 직접적으로 다루어야 할 필요성이 줄어든다. 또한 당신은 그 동료를 갈등에 끌어들인 셈이 된다. 당신이 그에게 부정적인 관점과 짜증을 전달했기 때문이다. 혹은 그가 양쪽에서 고충을 들어야 하는 난감한 상황에 빠졌기 때문이다. 친구나 배우자에게 불평하면 상대방이 '구제불능'이고 당신이 무고한 피해자라는 일방적인 이야기가 굳어진다. 당신 또한 문제에 원인을 제공한 것이 보여도 친구는 반박하거나 다른 관점을 보도록 도와주기 어렵다. 따라서 당신은 친구가 자신의 편이라고 생각해서 자신이 느끼는 분노를 더욱 정당화한다. 그러면 상대방과 대화를 할 때 한쪽으로 치우쳐진 비난과 주장을 쏟아낼 가능성이 커진다.

우리는 이미 문제를 곱씹고 있으므로 그 시간과 에너지를 속상하게 만드는 일이 아닌 유익한 방향에 쏟아야 한다. 제3자에게 격한 감정을 터뜨리면서 (암묵적으로) 동의를 요구하지 말고 그들의 진정한 조언과 코칭을 얻으면 어떨까? 친구와 동료는 다른 관점을 이해하고 우리 자신도 원인 제공을 했다는 것을 알게 해주고 우리를 과민 반응하게 만드는 타인의 의도나 정체성 문제에 대해 생각하게 해준다. 문제의 본질과 관점을 명확하게 표현하는 방법을 찾도록 도와줄 수 있다.

이 책에 나온 '하버드식 대화법 체크리스트'를 사용하고 자신의 스타일과 습관에 따라 응용하는 방법에 익숙해지면 더욱 신속하고 효율적으로 준비할 수 있다. 출근 시간이나 화상회의를 1~2분 중단하면서 체크리스트에 대해 생각해볼 수 있을 것이다. 불행에 빠져 있는 대신 상황에 대한 기분을 나아지게 만들고 해결 방법을 찾는 데 집중할 수 있다.

7분으로 7시간을 절약한다

자신이 참여하는 모든 대화와 씨름해야 하고, 늘 현재 진행형으로 끝없이 시도해야 한다고 받아들일까 봐 걱정된다. 분명한 사실은 인생은 짧으며 그만한 감정적 에너지를 가진 사람은 없다는 것이다.

대부분의 대화는 신속하게 이루어질 수 있다. 일찍 문제를 제기하고 오해를 발견하고 의도를 분명히 하는 질문을 던질수록 빠르게 상황을 해결 짓고 다음으로 넘어갈 수 있다. 곪게 놔두면 문제가 더욱 커진다. 따라서 지금 7분을 투자해 프로젝트의 범위에 대한 당신과 클라이언트의 기대가 다른 이유를 짚어본다면 혼란과 쇄실, 비용 초과의 7시간을(혹은 7개월을) 절약할 수 있다.

어떤 문제를 제기하고 토론하는 방식이 노련할수록 대화도 효율적이 된다. 존중하라고만 하지 말고 당신의 요청이 왜 문제가 되는지 공급업체에 질문하라. 그러면 그들이 저항하는 이유를 알 수 있고 함께 문제를 해결할 수 있다. 좌절감을 안은 채로 10분간의 논쟁을 피한다면 상대방의 상사, 당신의 상사 혹은 다른 업체를 상대하느라 더 많은 시간이 들어간다.

마지막으로 우리 동료 스티븐슨 카를바흐Stevenson Carlebach의 말대로 사람들이 쉬운 대화와 어려운 대화에 각각 쓰는 시간은 인간의 시간과 개의 시간의 차이와도 같다. 실제보다 일곱 배나 길게 느껴질 수 있다는 것이다. 실제로 우리가 함께 일해본 사람들 중에는 내면의 시간 개념을 바로잡기 시작한 이들도 있다. 그들은 영원처럼 느껴지는 힘든 전화 통화를 하고 난 뒤 전화기에 기록된 통화 시간을 확인한다. 영원처럼 느껴졌던 시간이 단지 4분에 불과했다는 사실이 확인되면 문제가 있는 것이므로 진짜 문제를 해결하려고 한다.

이것이야말로 유익하게 보낸 시간이다.

10

흑백논리에서
벗어나기가 힘들어요

Q. 정체성 대화가 '나는 완벽하다'와 '나는 형편없다'라는 흑백논리에서 벗어나지 못하면 어떻게 해야 할까?

예를 살펴보는 것으로 시작해보자.

저는 집에서나 직장에서나 비판을 받으면 상대방을 비판하는 것으로 반응할 때가 많습니다. 결국 갈등이 심해지거나 상대방이 저와의 소통을 피하게 됩니다. 슬픈 일은 상대방의 피드백이 옳을 때도 제가 이런다는 사실입니다! "도움이 됩니다. 개선하겠습니다"라거나 "고마워요. 자세히 얘기해보죠"처럼 단순하게 반응하려고 마음먹지만 막상 비판을 받으면 언제 그랬냐는 듯이 평소의 패턴으로 빠집니다. 사람들과의 관계도 나빠지고 있지만 바꿀 수가 없습니다.

안토니오는 상황을 숙고한 결과 자신의 행동이 유능하고 가치 있는 사람은 타인을 실망시키지 않는다는 믿음에서 비롯된다는 사실을 알게 되었다. 그는 남을 실망시키면 거절 혹은 절연당할까 봐 걱정된다. 무엇보다 그런 자신을 스스로가 견디지 못할까 봐 두렵다. "제가 자신에 대해 아는 것이 있다면, 남에게 상처 주지 않으면 실망시킬 일도 없다는 거예요." 안토니오는 참을 수 없는 죄책감 또는 수치심을 적어도 순간적으로 피하기 위해 상대방의 비판이 틀리거나 나쁜 의도가 있는 것이라고 생각한다. 그러면 화가 나서 문제를 제기한 상대방의 실수 때문에 생긴 상황이라는 것을 보여주려 하는 것이다.

나중에 감정이 가라앉으면 자신의 반응이 얼마나 도발적이고 불안정한지가 보이지만 막상 일이 벌어지고 있을 때는 다른 생각을 할 수가 없다. 아무리 유능하고 가치 있는 사람이라도 컨디션이 나쁠 때도 있고 경솔하거나 이기적인 선택을 할 수 있으며 단순히 무심할 때도 있다는 것을 머리로는 알고 있다. 하지만 비판받는 상황이 닥치면 도무지 완벽하지 않아도 된다고 느껴지지가 않는다. 두려움과 절박함에 가슴이 쿵쾅거리고 오랫동안 연마된 본능이 장악한다.

누구나 이런 절망감을 느껴본 적 있을 것이다. 민감한 행동과 추측, 그런 것들을 자극하는 인간관계를 바꾸기가 왜 그리 힘든 걸까? 방법이 없을까?

정체성은 어디에서 오는가

정체성은 신경계의 배선에 의한 인생 경험과 우리의 선택에 따른 경험 해석(즉 우리가 하는 이야기)의 복잡한 상호작용에서 발달한다.

신경계의 배선은 바꿀 수 없고(새로운 신경가소성 연구가 의문을 던지고 는 있지만) 과거의 경험도 바꿀 수 없다. 하지만 자신의 경험에 대해 하는 이야기는 바꿀 수 있다.

유아기와 아동기에는 좋건 나쁘건 부모에게 받는 대우를 당연하 게 생각하고 그 이유를 설명하는 이야기를 만든다. "내가 나빠서 엉 덩이를 맞은 거야", "내가 귀여우니까 부모님이 날 사랑하는 거야", "난 동생한테 항상 친절하니까 가치 있는 사람이야."

말을 할 수 있게 되기 전부터 우리는 타인과의 관계를 통해 자신에 대한 이미지를 발달시킨다. 예를 들어 한 동료는 갈등 많은 가정에서 형제자매의 중간에 낀 아이였는데 중재자 역할을 할 때마다 보상을 받았다. 그래서 그녀는 자신에 대해 '절대로 흥분하지 않는 이성적인 사람'이라는 이미지를 발전시켰다. 성인이 된 후에도 친구들이 스트 레스 상황에서 공정한 조언이 필요할 때마다 그녀를 찾지만 정작 그 녀는 자신이 원하는 것을 주장하거나 격한 감정을 표현하지 못해 어 려움을 겪는다. 갈등을 조장하는 사람이 아니라 없애주는 사람이라 는 정체성으로 자신을 바라보기 때문이다.

자기 이미지는 일상적인 경험과 인간관계에서 발달할 수 있지만 인생을 바꿔놓는 트라우마에서 생기기도 한다. 안토니오는 다섯 살 때 부모님이 이혼을 했는데 그것이 자신의 잘못이라고 생각했다. 그 일로 '아버지가 떠난 건 내가 나쁜 아이라서야. 다시는 나쁜 사람이 되지 않을 거야'라는 가르침을 얻은 것이다. 이것은 스스로 완벽하지 못한 상황에 대해 안토니오가 왜 그렇게 위협을 느끼는지 알려준다. 물론 부모의 이혼에서 '착하고 좋은 사람이어도 소용이 없어. 어쨌ㅡ

사람은 다 떠나니까 남한테 의존하지 말자'라고 다른 교훈을 얻는 사람도 있을 것이다. 이것은 지나치게 독립적인 사람이나 정반대로 피해자라는 정체성을 심어줄 수 있다.

안토니오는 모든 사람이 그러하듯 살아가면서 새로운 경험을 할 때마다 자기 이미지와 일관적인 방법으로 해석하려고 할 것이다. 실수에 대한 피드백은 '절대로 다시는 나쁜 사람이 되지 않을 거야'라는 그의 정체성을 이루는 주요 기둥을 위협한다. 만약 그 기둥이 무너지면 그를 받쳐줄 것이 없다. 그래서 그는 자신을 지키기 위해 '내 잘못이 아니야! 그럴 수가 없어!'라고 발버둥치는 것이다.

이제 안토니오는 자기 이미지의 해로운 점을 알아차렸지만 그것을 바꾸는 것은 여전히 어려운 일이다. 무의식에 가까울 정도로 깊이 새겨진 익숙한 이미지라서 다른 대안은 모호하고 무섭게 느껴진다. 완전하게 인식하지는 못하지만 안토니오에게는 두 가지 선택권이 있다. 기둥을 유지하거나(부정) 무너뜨리는 것(과장)이다.

현실적인 기대로 리셋하라

앞에서 살펴보았듯이 정체성 딜레마를 양지로 끌어와 비현실적인 흑백논리 증후군을 알아차리고 현실적인 기대로 리셋하면 도움이 된다. 하지만 안토니오의 경우처럼 그런 해결법이 '지속'되지 않는다면 어떻게 해야 할까?

안토니오는 정체성 문제와 그 결과를 인지하고 있지만 스스로를 누군가를 실망시킬 수 있는 사람으로 받아들일 수 있는 방법은 찾지 못했다. 이러한 난관에 도움 되는 방법이 몇 가지 있다.

자신에 대해 어떻게, 언제 알게 되었는지를 돌이켜보면 도움이 된다. 안토니오는 부모의 이혼 외에 자신의 정체성을 형성한 두 가지 중요한 사건을 숙고한다. 하나는 형 헥터가 나쁜 성적을 받아 가톨릭 학교에서 퇴학당한 사건이다. 안토니오는 아버지가 형에 대한 실망감을 드러내면서 '실패자'라고 말하고 형이 며칠 동안 울면서 잠드는 것을 다 보았다. 나머지는 안토니오가 5학년 때 큰 상을 받았을 때 "잘했구나"라고만 말한 부모님의 반응에 놀라고 상처받은 일이었다. 이 두 가지 경험으로 안토니오는 성공해야만 사랑받을 수 있으며 훌륭한 성과만으로는 충분하지 않을 수도 있다고 생각하게 되었다.

나중에 안토니오가 상 받은 일에 대해 물어보았을 때 놀랍게도 어머니는 이렇게 말했다. "우린 그때 네가 자랑스러웠어! 우리 가족 중에 그렇게 공부로 큰 상을 받은 사람은 없었잖니. 하지만 학교의 심리상담가 선생님이 영재 아이들을 너무 칭찬해주면 성과로만 사랑받는다는 메시지를 줄 수 있다고 해서 대단한 성취가 아닌 것처럼 했던 거야."

형에게 보인 아버지의 행동은 좀 더 복잡했다. 훗날 아버지는 너무 가혹했던 것을 후회한다고 털어놓았다. "난 단지 헥터가 나 같은 실수를 되풀이하지 않기를 바랐는데."

안토니오가 생각한 것처럼 사실은 조건적인 사랑이 아니었고 그가 이해하지 못한 방법으로 사랑이 표현되었을 뿐이었다. 안토니오는 어렸을 때 얻은 인간관계의 좁은 원칙에 자신을 가둬두고 살아온 것이다. 기억에 대한 다른 해석을 찾은 것이 정체성이 흔들리는 여파를 줄여주었다.

형이 처한 난관은 동생의 경우와 달랐다. '실패자'라는 아버지의 판단을 내면화한 헥터는 직장에서나 지역 사회에서나 리더로 나서기를 꺼려했고 제의를 받아도 거부했다. 시간이 지나면서 그는 학교 공부가 어려웠던 이유가 난독증과 큰 그림을 먼저 봐야 세부적인 내용을 이해할 수 있는 자신의 학습 스타일 때문이라는 사실을 알게 되었다. 하지만 그래도 헥터는 여전히 자신을 당혹스러운 '실패'를 한 열다섯 살 소년으로 보고 있었다. 다시는 그런 상황에 처하지 않으리라는 생각이 확고해서 책임감을 지닌 신뢰할 수 있는 사람으로 자신을 바라볼 수 없었다.

헥터를 현명하고 사려 깊은 사람으로 생각하고 자주 조언을 구하는 동료들은 그의 과묵함을 이해하기가 어려웠다. 헥터는 지역의 리더십 집단에 참여하라는 제의를 받고 친한 친구에게 털어놓은 것을 계기로 깨달음을 얻게 되었다. 친구가 그에게 말했다. "그 열다섯 살 소년에게 무슨 말을 해주고 싶어? 평생 실패만 할 팔자라고 말해주고 싶어? 아니면 실패에서 경험을 얻고 다음에 잘하라고 말해주고 싶어? 지금의 너는 그 아이와 전혀 달라." 헥터는 그때의 소년이 성장한 어른으로 자신을 새롭게 바라볼 수 있었다. 두려움은 여전했지만 경이로움과 자부심이 느껴져서 그 후로는 리더십 제안을 받아들이기 시작했다. 성공할 때마다 자신감이 커지고 두려움에 사로잡힌 소년은 희미해졌다.

하지만 결코 쉬운 일은 아니다. 부모와 교사, 급우, 이웃에게 신체적, 정서적 학대를 받은 경험이 정체성에 깊은 영향을 끼치는 경우도 있기 때문이다. 특히 트라우마의 경우에는 생리적인 변화 때문에 상황을 긍정적으로 바라보지 못하게 되었을 수도 있다.

하지만 트라우마가 없다고 해도 과거 경험의 재해석에는 한계가 따른다. 고등학교 때 친구가 별로 없었는데 오랜 세월이 흐른 지금 사실은 '인기인'이었다고 생각할 수는 없는 노릇이기 때문이다. 실제로 성적이 나빴는데 졸업생 대표였다고 '기억'하는 것도 도움이 될 리가 없다.

과거의 경험을 직면하라는 것은 사실이 아닌 것을 만들어내라는 뜻이 아니다. 우리가 자신에게 주는 정체성이라는 이름표의 이면을 들여다보고 상황의 맥락을 파악하고 필요하다면 과거에 일어난 일을 애도한다는 뜻이다. 고등학교 때 성적이 나빴다고 스스로를 '멍청하다'고 생각한다면 무모하고 백해무익한 일반화다. 놀랍겠지만 스스로 '똑똑하다'고 생각하는 사람이 위험 감수를 싫어하고 문제 해결에 쉽게 좌절감을 느끼기도 한다. 새로운 도전에 놓일 때마다 자신의 평판이 위험에 처할까 봐 걱정하는 것이다. 현실적으로 사람은 매일 조금씩 누구나 빠르면서도 느리고 강하면서도 약하고 의욕적이면서도 게으르다. 일반화로는 도저히 전부 담을 수 없는 모습이다.

또한 어떤 경험에서 얻은 경험이 '올바른지' 저절로 명확히 알 수 있는 것도 아니다. 평탄한 결혼 생활이 정서적으로 불안정했던 어린 시절에 배운 회복력 덕분이라고 생각하는 사람도 있는 반면, 똑같은 결핍의 결과로 이성과의 관계에 문제가 생겼다고 보는 사람도 있다.

안토니오는 과거의 경험을 돌아본 덕분에 정체성에 관한 흑백논리 증후군이 약해졌고 타인을 실망시켰을 때의 두려움도 줄어들었다. 차분해진 덕분에 새로운 반응을 시도해봐야 한나는 사실을 띠울릴 수 있다. 그렇게 조금씩 좋은 경험이 늘어날수록 점점 수월해진다.

과거의 경험을 다시 해석하는 것뿐만 아니라 새로운 행동과 자기 이미지를 강화해주는 새로운 경험을 만들어낼 수도 있다. 확신이 없어도 사실인 것처럼 행동하면서 기다려봐야 한다. 안토니오의 경우 '피드백에서 배움을 얻는 사람'이라는 마음 자세를 가지고 동료들의 부정적인 피드백을 구할 수 있을 것이다. 동료의 피드백이 자신을 정확히 묘사해주지는 않지만 사실인 것처럼 실험을 해보는 것이다. 피드백에 귀 기울이고 개선을 위해 노력한다면 사실이 될 것이고, 적어도 그 사실을 변화시키는 긍정적 경험도 쌓일 것이다.

스트레스가 심하면 기존의 방식대로 행동하기가 쉽다. 신경 경로는 너무 자주 사용해서 닳아 있다. 외부의 도움이 없으면 기존의 패턴을 알아차리지 못하고 지속적으로 중단할 수도 없다. 따라서 친구나 동료의 도움을 받는 것이 좋다. 안토니오는 동료 두 명에게 도움을 청했다. "피드백을 받아들이는 방법을 개선하려고 하는데 쉽지도 자연스럽지도 않네요. 내가 방어적으로 나오면 알려주는 방법으로 날 좀 도와주세요. 직접적인 코칭을 해도 된다고 허락하는 거예요. 그리고 인내심을 가져주기를 부탁드립니다. 실수할 때도 있겠지만 그때마다 내가 열심히 노력하고 있다는 것을 기억해주세요."

누구나 별다른 지도도 없이 경험을 해석하고 좋거나 나쁜 결정을 내렸다. 인생은 쉽지 않다. 우리에게 필요한 것은 자신을 위한 공감이다.

실수와 실패, 단점, 약함, 이기심, 어리석음까지도 자신의 모든 것을 있는 그대로 받아들이고 용서하는 것은 균형을 찾아 성장하는 중요한 단계다. 자신을 보살펴야 한다는 말이 곧바로 이해되는 사람도 있겠지만 평생 조금씩 변화를 주고 상기해야만 하는 일처럼 느껴지는 경우가 대부분일 것이다. 핑곗거리를 만들거나 타인에게 책임을 전가하라는 뜻이 아니다. 그것은 자신을 있는 그대로 받아들이고 보살피려는 작은 의도일 뿐이다. 마음에 들지 않으면 사과하고 애도한 뒤 곧바로 새롭고 더 나은 방법을 시도하면 된다.

정 안되면 포기해도 괜찮다

10대 자녀, 형제, 상사, 비즈니스 파트너가 구제불능이라면서 사연을 전해오는 독자가 많다. 그들을 도와주고 싶은 마음이 간절하기 때문이다. 우리는 그들에게 질문도 하고 제안도 하지만 "이미 해봤다"라거나 "싫다", "소용없을 것"이라는 대답으로 거절한다.

그들이 사실은 조언을 구하는 것이 아니라는 사실을 우리는 몇 년 전에 깨달았다. 그들은 포기에 대한 허락을 구하는 것이었다. "이젠 지쳤어요. 포기해도 괜찮을까요?"라고 말이다. 그래서 우리는 다른 답을 해주기 시작했다. "최선을 다해 모든 방법을 시도해보신 것 같군요."

사람들은 이 답변을 정말 좋아했다. 기쁨을 숨기지 못하는 경우가 대부분이었다. 기뻐하면서 집으로 돌아가 "여보, 전문가에게 물어봤는데 역시 '당신 어머니는 구제불능입니다!'라는 답을 받았어"라고 말하는 소리가 들릴 정도였다.

어려운 대화를 추진하는 것은 매우 힘들고 기운 빠지는 일이다. 특히 상대방이 나처럼 열린 태도를 보여주지 않거나 내가 원인 제공을 인정했는데도 고마워하지 않으면 더욱 그렇다. 내부분은 너무 깊이 박힌 패턴을 깨뜨리거나 오랫동안 계속된 마찰을 없애려는 헛된 시도가 될 때가 많다. 그런 변화는 쉽게 일어나지 않는다.

하지만 몇 달 동안 상대방을 도와주려고 시도하고 묵살당한 끝에 약간의 진동이 느껴진다면 이미 변화가 일어나고 있다는 뜻이다. 휴가를 주어 고맙다는 인사가 오거나 적어도 음성 메시지의 짜증 섞인 목소리가 줄어들 것이다. 약간의 따뜻함이 느껴지고 평소 같으면 언쟁으로 번졌을 일이 그냥 지나갈 수도 있다. 당신의 시도가 작은 변화를 만들고 있는 것이다. 스스로 좀 더 인내심을 발휘할 수 있다면 작은 변화만으로도 충분할 것이다.

하지만 끊임없이 벽에 머리를 박으라거나 자존감을 무너뜨리는 사람과의 관계를 지속하라는 뜻이 아니다. 편집증 걸린 상사와는 약간의 진전이 있어도 가족은 심각한 월요병에 걸린 당신 때문에 고통받아야 할 수도 있다. 여동생의 힘든 처지는 이해하지만 여동생에게 집착한다면 당신의 결혼 생활이 무너질 수도 있다. 여동생을 위해 최선을 다했지만 효과가 없었다. 그러면 포기해도 된다.

앞에서 말한 것처럼 당신은 타인을 바꿀 수 없다. 남을 바꿀 수 있다는 생각을 마침내 버릴 때 당신은 애초에 없었던 통제권도 버리는 셈이다. 상대방이 문제 발생에 원인 제공을 했는지 살펴보는 것을 거부하고 자신의 행동이 끼치는 영향을 책임지지 않으려 한다면 강요할 수 없다. 그저 당신은 자신을 냉철하게 돌아보고 새로운 관점에 열린 태도를 가지고 문제에 원인 제공을 한 부분을 고치며 자신에게 중요한 것에 솔직해지면 된다.

함께 상황을 개선하자고 타인에게 초대장을 보낼 수는 있다. 초대에 응할지는 상대방이 결정할 문제다. 포기는 쉽지 않다. 당신은 의리 있고 지지를 보내주는 사람, 배려하는 동료와 애정 많은 딸이 되고 싶을 것이다. 타인과 회사, 지역, 학교에 깊이 헌신하고 있을 것이다. 그렇기 때문에 포기가 과연 자신과 사랑하는 사람들을 위해 바람직한 선택인지, 포기해도 자신을 용서할 수 있을지 자신과 어려운 대화를 나눠야만 한다. 그것은 가장 어렵지만 가치 있는 대화일 것이다.

그럼 행운이 따르기를.

KI신서 9851

우주인들이
인간관계로
스트레스받을 때
우주정거장에서
가장 많이 읽은
대화책

1판 1쇄 발행 2003년 6월 23일
3판 2쇄 발행 2023년 1월 1일

지은이 더글러스 스톤·브루스 패튼·쉴라 힌 옮긴이 김영신
펴낸이 김영곤 펴낸곳 ㈜북이십일 21세기북스
교정교열 조창원
디자인 어나더페이퍼
출판마케팅영업본부 본부장 민안기
출판영업팀 최명열 김다운
제작팀 이영민 권경민

출판등록 2000년 5월 6일 제406-2003-061호
주소 (10881) 경기도 파주시 회동길 201 (문발동)
대표전화 031-955-2100 팩스 031-955-2151 이메일 book21@book21.co.kr

㈜북이십일 경계를 허무는 콘텐츠 리더

21세기북스 채널에서 도서 정보와 다양한 영상자료, 이벤트를 만나세요!
페이스북 facebook.com/jiinpill21   포스트 post.naver.com/21c_editors
인스타그램 instagram.com/jiinpill21   홈페이지 www.book21.com
유튜브 www.youtube.com/book21pub
서울대 가지 않아도 들을 수 있는 명강의! 〈서가명강〉
유튜브, 네이버, 팟캐스트에서 '서가명강'을 검색해보세요!

ⓒ 더글러스 스톤·브루스 패튼·쉴라 힌, 2018
ISBN 978-89-509-9694-9 03190